Zum Verkauf freigegeben
Hansestadt Rostock
Stadtbibliothek

D1703862

Jedes Kind auf der Welt hat das Recht, eine Schule zu besuchen. Bis zum Jahr 2030 sollen alle Mädchen und Jungen qualitativ gute Bildungsmöglichkeiten bekommen. Das ist eines der nachhaltigen Entwicklungsziele, die sich die Staatengemeinschaft für die nächsten Jahre vorgenommen hat. Denn Investitionen in Bildung eröffnen jedem Kind Chancen, seine Fähigkeiten zu entfalten und die Zukunft seines Landes mitzugestalten.

Doch Millionen von Kindern weltweit wird ihr Recht auf Bildung noch immer verweigert: weil ihre Familien bitterarm sind, weil die nächste Schule viele Kilometer entfernt liegt, weil Schulgebäude durch Naturkatastrophen und Konflikte verwüstet wurden – oder weil sie Mädchen sind. In vielen Schulen ist die Qualität des Unterrichts zudem so schlecht, dass die Kinder kaum etwas lernen und die Schule schnell wieder abbrechen.

In den letzten Jahren wurden in vielen Ländern beim Zugang zu Bildung große Fortschritte erzielt. Doch es geht zu langsam voran. Wenn die Regierungen ihre Anstrengungen nicht deutlich verstärken, wird das Entwicklungsziel für Bildung bis zum Jahr 2030 nicht erreicht. UNICEF fordert deshalb gezielte Investitionen, um Lernmöglichkeiten für die am stärksten benachteiligten Kinder zu schaffen. Die Länder, denen das gelingt, kommen nachweislich am schnellsten voran, »Bildung für alle« zu ermöglichen.

Ermutigende Beispiele zeigen: Kinder wollen lernen – überall! Mitten im syrischen Bürgerkrieg nehmen Mädchen und Jungen an Selbstlernkursen teil. Dabei lernen sie von zu Hause aus, wenn ihre Schulen zerstört sind oder der Schulweg zu gefährlich ist.

In den Nachbarländern Jordanien, Libanon, Irak und in der Türkei ermöglicht UNICEF Hunderttausenden Flüchtlingskindern Notunterricht und hilft so, eine »verlorene Generation« zu verhindern.

Der **UNICEF-Report 2018** stellt aktuelle Entwicklungen, Zahlen und Projekte zum Recht auf Bildung vor. Besonders geht er auf frühkindliche Bildung ein. Denn gerade in den ersten Lebensjahren entwickelt sich das menschliche Gehirn rasend schnell. Diese Entwicklungschance muss besser genutzt werden.

Inhalt

Lernen ist eine Reise in die Zukunft
Alexander Gerst, UNICEF-Botschafter 7

1 **Bildung bedeutet Chancen – für jedes Kind** 13

2 **Die Finanzierung von Bildung in Krisen und Konflikten**
Lena Dietz und Susanne Hassel, Politik / Kinderrechte, UNICEF Deutschland 41

3 **Bildung von Anfang an – ein Interview mit Pia Britto, Leiterin Early Childhood Development, UNICEF New York**
Anna Stechert, Leiterin Programmkommunikation, UNICEF Deutschland 51

4 **Bildungszugang für Flüchtlingskinder – das Beispiel Jordanien**
Phuong T. Nguyen, Leiterin Bildung, UNICEF Jordanien 61

5 **UNICEF-Perspektiven und -Projekte**
Innovative Lernprogramme in Syrien 77
»Unsere Kinder begeistern uns immer wieder« – Interview mit Susan und Stefan Findel zu ihrer Bildungsinitiative »Let Us Learn« 79
Von der Straße auf die Schulbank: Mursalin aus Bangladesch kann wieder lernen 82
Nigeria: Schule eröffnet Kindern eine neue Welt 84
Dürre und Klimawandel gefährden gute Schulbildung 86
Kinder haben ein Recht auf frühkindliche Bildung – auch Flüchtlingskinder! 87
»Kinderrechte in die Schulen!« – Das buddY-Programm Kinderrechte für Grundschulen 90

Daten zur Situation der Kinder in der Welt
Allgemeine Hinweise zu den Daten 95
Statistik 97
Länder nach Rangfolge ihrer Kindersterblichkeitsrate 103
Entwicklung der Sterblichkeitsrate von Kindern unter 5 Jahren 106

Tabellen

1 Grundindikatoren	108
2 Ernährung	120
3 Gesundheit	132
4 HIV / Aids	144
5 Bildung	156
6 Demografische Indikatoren	168
7 Frauen	178
8 Kinderschutz	190
9 Heranwachsende und junge Erwachsene	202
10 Unterschiede nach Wohnort – Stadt / Land	214
11 Unterschiede nach Haushaltsvermögen	226
12 Frühkindliche Entwicklung	238
13 Ökonomische Indikatoren	250

Definitionen

Definitionen der Weltregionen	265
Definitionen	268

Hauptquellen 277

UNICEF weltweit 283

Lernen ist eine Reise in die Zukunft

Alexander Gerst,
UNICEF-Botschafter

© ESA/NASA

Schon als Kind habe ich oft zu den Sternen geschaut. Ich erinnere mich noch an die Zeit, als die ersten Space Shuttles ins All und wieder zurück flogen. Da war ich vier Jahre alt. Einer, der meine Sehnsucht nach dem Unbekannten angeregt und bestärkt hat, war mein Großvater.

In seinem Keller hatte er einen kleinen Raum, vollgestopft mit Funkgeräten, Antennen, Schaltern und Knöpfen, er nannte ihn den »Check«. Als Amateurfunker sprach er von dort aus mit Menschen auf fremden Kontinenten, lange vor den Zeiten des Internets.

Als ich sechs Jahre alt war, hat er es irgendwie geschafft, seine Funkantenne auf den Mond zu richten, die Funkwellen hinauf zu schicken und die Reflexion von der Mondoberfläche wieder aufzufangen. Dann hat er mich in das Funkgerät sprechen lassen – und ungefähr zweieinhalb Sekunden später, so lange wie die Funkwellen brauchen, konnte ich meine eigene Stimme wieder hören, die verzerrt aus dem Lautsprecher kam. Als kleiner Junge war das eine unglaubliche Erfahrung: Ein kleiner Teil von mir war auf dem Mond gewesen und wieder zur Erde zurückgekehrt.

Warum erzähle ich das?

Ich bin fest davon überzeugt, dass jedes Kind eine tiefe Neugierde mitbringt. Wenn man kleine Kinder in eine Umgebung setzt, die sie nicht kennen, werden die meisten von ihnen schnell anfangen, sie zu erkunden. Neugier ist langfristig stärker als Furcht. Was verbirgt sich hinter der nächsten Tür, dem nächsten Baum, dem nächsten Berg?

Kinder leben in der Gegenwart – und gleichzeitig suchen sie das Neue, das Spannende, das Zukünftige. Mit jedem Lebensjahr, jeder neuen Erfahrung und Begegnung, gelangen sie über die Grenzen ihrer Welt und Zeit hinaus.

Aber auf dieser Reise in die Zukunft, die jeder von uns mit seiner Geburt beginnt, brauchen wir gute Bedingungen. Ob wir unsere Potenziale entfalten können, hängt ganz stark davon ab, wohin uns das Schicksal, die Lotterie des Lebens, geführt hat. Ob wir dort in Sicherheit aufwachsen können, Hilfe bekommen, wenn wir krank sind, und Orte zum Lernen haben. Und ob wir dort Menschen an unserer Seite vorfinden, die an uns glauben, die uns das Vertrauen und die Inspiration geben, hinter den Horizont zu schauen. So wie mein Großvater.

Neuere Forschungen zeigen, wie sehr bereits frühe Erfahrungen die Entwicklung des Gehirns beeinflussen. Noch bevor ein Kind zur Schule geht, verknüpfen sich in seinem Gehirn in jeder Sekunde zwischen 700 und 1000 Gehirnzellen, nie wieder im Leben lernen wir so schnell.

Was aber, wenn Kinder in ihrer Kindheit hungern, wenn sie keine medizinische Hilfe erhalten, wenn niemand mit ihnen spricht, wenn sie durch Gewalt und Krieg unter Dauerstress leiden? Dann ist die Wahrscheinlichkeit groß, dass sie auch später nicht richtig lernen und Schwierigkeiten nicht so gut bewältigen können.

Man schätzt, dass in den Entwicklungsländern rund 200 Millionen Kinder bereits vor ihrem fünften Geburtstag unter solchen Einschränkungen und Belastungen zu leiden haben. Anders als die Einschläge von Bomben und Raketen kann man die Verwüstungen, die sie in den Gehirnen und in den Seelen von Kindern anrichten, nicht auf den ersten Blick erkennen.

Wir neigen dazu, diese Probleme zu verdrängen oder für unlösbar zu halten. Dabei gab es noch nie zuvor so viel Wissen, so gute Medikamente, so ausgereifte Strategien und Kommunikationsmöglichkeiten, um gegenzusteuern.

Als Wissenschaftler und Astronaut habe ich gelernt: Auch die schwierigsten Probleme lassen sich lösen, wenn man offen und neugierig ist und mit anderen zusammenarbeitet.

Oft wünsche ich mir, dass mehr Menschen einmal die Chance bekommen, unsere Erde von außen aus dem All zu betrachten. Sie würden feststellen, wie schön sie ist – und wie verletzlich. Sie würden vielleicht verstehen, dass wir diesen Planeten nur von unseren Kindern geliehen haben. Und dass ihre Zukunft in unserer Verantwortung liegt.

Alexander Gerst, Astronaut der Europäischen Weltraumorganisation (ESA), umkreiste 2014 für 166 Tage an Bord der Internationalen Raumstation (ISS) die Erde. Vom Weltraum aus machte er auch auf die Lage der Kinder aufmerksam. 2018 wird der UNICEF-Botschafter als erster deutscher Kommandant der ISS wieder ins All aufbrechen.

1 Bildung bedeutet Chancen – für jedes Kind

© UNICEF/UNI160275/Ose

Hochwertige Bildung hat die Kraft, den generationenübergreifenden Teufelskreis fehlender Chancen zu durchbrechen. Sie kann das Leben von Kindern und das der Gemeinschaften, in denen sie aufwachsen, nachhaltig verbessern. Bildung gibt Kindern das Wissen und die Fähigkeiten, die sie für ein erfolgreiches Leben benötigen. Bildung bedeutet höheres Einkommen, weniger Armut und bessere Gesundheit. Damit sie aber diese Funktion erfüllen kann, muss Bildung im frühen Kindesalter beginnen – gefolgt von guten Lernangeboten, die allen Kindern, besonders den am stärksten benachteiligten, die Chance auf eine gute Entwicklung geben.

In reichen und armen Ländern weltweit hat sich Bildung seit langem als hervorragendes Mittel für mehr Chancengleichheit bewährt. Durch Bildung können Menschen ihr Potenzial entfalten und zur Gemeinschaft, letztlich sogar zur Welt als Ganzem, beitragen. Gute Bildung schafft Wissen, fördert Innovation, ermöglicht Wachstum und Wohlstand und begünstigt eine inklusive Gesellschaft. Seit Generationen ist hochwertige und gerechte Bildung ein Weg aus Not und Armut – für die Kinder selbst und für die Zukunft ganzer Nationen.

Dennoch wird Millionen von Kindern weltweit täglich das Recht auf Bildung genommen – durch Faktoren, auf die sie keinen Einfluss haben, wie Armut, Geschlecht, ethnische Zugehörigkeit, Behinderung oder Wohnort. Bewaffnete Konflikte, Naturkatastrophen und die Auswirkungen des Klimawandels gefährden die Chance auf Schulbesuch zusätzlich. Wenn öffentliche Mittel zudem nicht am Ort des größten Bedarfs eingesetzt werden, kann dies die Gräben des vorhandenen Bildungssystems eher noch vertiefen statt sie zu überwinden.

Zwei Hürden gilt es zu überwinden: fehlenden Zugang und mangelnde Lernerfolge. Länder sollten deshalb umfassende Frühförderung und Lernmöglichkeiten gewährleisten und sich darauf konzentrieren, bei den am stärksten benachteiligten Kindern am schnellsten voranzukommen. Nur so ist es möglich, die Unterschiede bei den Lernerfolgen der reichsten und der ärmsten Kinder bis zum Jahr 2030 zu verringern.

Zugang zu Bildung – von Anfang an

Die UN-Kinderrechtskonvention verbrieft das Recht auf Schulbesuch und Lernen für jedes Kind. Dieses Recht beginnt in früher Kindheit – die nachhaltigen Entwicklungsziele (Sustainable Development

Goals / SDGs) rufen deshalb die Regierungen auf, sicherzustellen, »dass alle Mädchen und Jungen Zugang zu hochwertiger frühkindlicher Erziehung, Betreuung und Vorschulbildung erhalten.« Frühförderung trägt dazu bei, die Nachteile von Kindern zu kompensieren, die in einem armen bzw. bildungsfernen Umfeld zur Welt kommen. Diese Investition hat einen doppelten Vorteil: Sie ist nicht nur gerecht, sondern auch effizient.

Ein Schlüssel zum Erfolg sind umfassende Maßnahmen rund um Ernährung, Gesundheit, sauberes Wasser, Zugang zu Sanitäreinrichtungen und gute Hygiene. Der Schwerpunkt liegt auf der Versorgungsqualität von Säuglingen und Kleinkindern, dies beinhaltet auch den Schutz der Kinder.

Es gibt Anhaltspunkte dafür, dass dieser ganzheitliche Ansatz funktioniert: Umfassende Frühfördermaßnahmen, die Ernährung, Schutz und Anregungen kombinieren, verbessern die geistige Entwicklung von Kleinkindern nachweislich.[1] Ausgewogenere Ernährung und Vorbereitung auf das Lernen schlagen sich in größeren Lernerfolgen nieder. Und das führt wiederum zu verbesserter Gesundheit der Kinder und einem höheren Einkommen als Erwachsene. Eine Langzeitstudie in Jamaika ergab ein um 42 Prozent höheres Durchschnittseinkommen durch frühkindliche Anregung.[2] Forschungsarbeiten aus den USA beziffern den »Return on Investment« für Frühförderung mit jährlich 7 bis 10 Prozent.[3]

Bemühungen, das Recht auf Bildung zu schützen und auszuweiten – beginnend in der frühen Kindheit –, gibt es seit Jahrzehnten. Oftmals waren sie äußerst erfolgreich. Die aktuellen Einschulungsraten deuten jedoch auf eine mögliche Verlangsamung dieses Fortschritts hin: Seit dem Jahr 2011 hat die weltweite Zahl der Kinder, die keine Schule besuchen, zugenommen.[4]

In den meisten Ländern besucht nicht einmal die Hälfte der Kinder Frühförderprogramme.[5] Rund 263 Millionen Kindern und Jugendlichen weltweit bleibt die Chance verwehrt, die Schule zu besuchen und abzuschließen – darunter etwa 61 Millionen im Grundschulalter (6–11 Jahre), 60 Millionen zwischen 12 und 14 Jahren sowie 142 Millionen zwischen 15 und 17 Jahren.[6] Über die Hälfte der Kinder im Grundschulalter, die keine Schule besuchen, leben in Afrika südlich der Sahara.[7] Ferner bleibt das Geschlechtergefälle bei der Einschulung ein Problem.

Die Entwicklung der Einschulungsraten lässt für das Erreichen von SDG 4 nichts Gutes erwarten. Das Ziel fordert bis 2030 neben frühkindlicher Bildung auch den Besuch von Grundschulen und weiterführenden Schulen für alle Kinder. Sollte sich der gegenwärtige Trend jedoch fortsetzen, würde es im Jahr 2030 wie folgt aussehen:

1 Bildung bedeutet Chancen – für jedes Kind

Abbildung 1: **Wenn aktuelle Trends anhalten, wird SDG 4 bis 2030 nicht erreicht**

Prognostizierte Schulabschlussraten (2010–2100*)

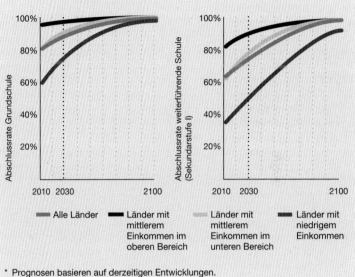

* Prognosen basieren auf derzeitigen Entwicklungen.

Quelle: EFA Global Monitoring Report, »How long will it take to achieve universal primary and secondary education?«, Mitteilung zu den technischen Hintergründen zum Aktionsplan der Post-2015-Bildungsagenda, UNESCO, Paris, Mai 2015

- In Ländern mit niedrigem Einkommen schließen nur drei von zehn Kindern die Grundschule und maximal eines von zehn Kindern eine weiterführende Schule ab.[8]
- In Ländern mit mittlerem Einkommen im unteren Bereich schließen sieben von zehn Kindern die Grundschule und vier von zehn Kindern eine weiterführende Schule ab.[9]

Ebenso ist auf Grundlage der gegenwärtigen Entwicklung abzusehen, dass in Ländern mit niedrigem Einkommen ein Abschluss der Grundschule für alle Kinder erst um die nächste Jahrhundertwende herum realistisch sein wird.[10]

Damit die Bildungsziele erreicht werden können, gilt es vor allem, die bisher vom System zurückgelassenen Kinder zu identifizieren. Oft sind von Lernmöglichkeiten ausgeschlossene Kinder gleich mehrfach benachteiligt. So haben Mädchen aus armen Familien in ländlichen Regionen gewöhnlich die schlechtesten Chancen auf Bildung.[11] Benachteiligung von und mangelnde Angebote für Kinder sind häufig die Folge von Diskriminierung aufgrund ethnischer Zugehörigkeit oder Behinderung.

Manche Kinder, die nicht zur Schule gehen, sehen buchstäblich nie ein Klassenzimmer von innen. Andere – besonders die aus den ärmsten Haushalten – werden eingeschult, ohne für einen erfolgreichen Schulbesuch gerüstet zu sein.[12] Manche brechen den Schulbesuch bereits vor dem Ende der Grundschulzeit ab. Für viele andere stellt der Übergang von der Primar- in die Sekundarstufe I bzw. von dieser in die Sekundarstufe II eine unüberwindbare Hürde dar (vgl. Abb. 2).

Für Benachteiligung gibt es zahlreiche Gründe. In China spielt beispielsweise die Abwanderung aus ländlichen Gebieten in die Städte eine Rolle.[13] Lebt ein Kind schon in der Stadt, ist aber noch in seinem Heimatdorf offiziell gemeldet, kann das den Anspruch auf Bildungsangebote am Wohnort erheblich einschränken.

Ein weiterer wesentlicher Faktor ist Armut. Armut beeinflusst Bildungschancen von Anfang an – in jedem Land nehmen beispielsweise die ärmsten Kinder mit der geringsten Wahrscheinlichkeit an Frühförderprogrammen teil.[14] Und die Benachteiligung setzt sich fort. In Afrika südlich der Sahara haben knapp 60 Prozent der 20–24-Jährigen aus dem ärmsten Fünftel der Bevölkerung weniger als vier Jahre lang eine Schule besucht. Im Gegensatz dazu sind es beim reichsten Fünftel lediglich 15 Prozent.[15] In Ägypten und Tansania verdoppelt die Tatsache, arm geboren zu sein, das Risiko, bei der Bildung zu kurz zu kommen. Für Frauen ist das Risiko in beiden Ländern sogar noch größer.[16]

In den letzten Jahren hat der Besuch der Grundschule zugenommen und materiell bedingte Ungleichheiten beim Zugang haben sich in vielen Ländern verringert.[17] Trotzdem: Kinder aus den ärmsten Haushalten besuchen jetzt zwar eher eine Schule, es ist jedoch auch wahrscheinlicher als bei ihren materiell bessergestellten Mitschülerinnen und Mitschülern, dass sie die Schule wieder abbrechen.[18]

In Pakistan besuchen mehr als 5,6 Millionen Kinder im Grundschulalter keine Schule.[19] Auch gibt es erhebliche, materiell bedingte Unterschiede bei Anwesenheit und Abschluss. Kinder aus den reichsten 20 Prozent der Bevölkerung besuchen die Schule im Schnitt neun Jahre länger als Kinder aus den ärmsten 20 Prozent. Dieses Wohlstandsgefälle wird verstärkt durch die geschlechtsspezifische Benachteiligung von Mädchen sowie durch regionale Ungleichheiten. Obwohl

1 Bildung bedeutet Chancen – für jedes Kind 19

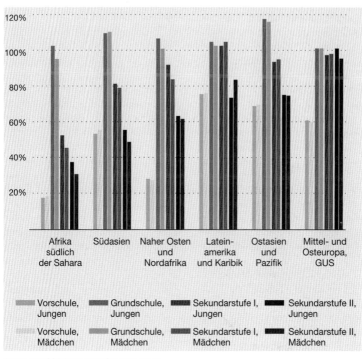

Abbildung 2: **Viele Mädchen und Jungen brechen die Schule vorzeitig ab**
Einschulungsrate (bereinigt) in Vorschule, Grundschule und weiterführende Schulen (2013)

Quelle: UNESCO Institute for Statistics, 2015

Pakistan landesweit Fortschritte macht, bleiben bestimmte Gruppen – vor allem arme Mädchen aus ländlichen Regionen – ausgeschlossen.[20]

Analysen helfen zu beurteilen, wann Ungleichheiten sich im Laufe der Schullaufbahn verstärken. In Nigeria beginnt dies schon früh: 2013 waren weniger als ein Drittel aller armen Kinder im Alter von 15 bis 17 Jahren im richtigen Alter eingeschult worden – im Gegensatz zu fast allen Kindern aus reicheren Haushalten. Die Kluft wächst mit jeder weiteren Stufe auf dem Bildungsweg. Kinder aus armen Verhältnissen brechen häufiger die Schule ab. Die Sekundarstufe II besuchen nur noch 7 Prozent der Kinder aus armen Verhältnissen, verglichen mit 80 Prozent der wohlhabenderen Mädchen und Jungen.

Ungleichheiten beim Lernerfolg

Bildung bedeutet aber nicht nur einen Schulabschluss; was zählt, ist das Gelernte. Hier scheinen die Bildungssysteme Millionen von Kindern einfach zu vergessen. 2013 verfügten weltweit knapp 250 Millionen Kinder im Grundschulalter – deutlich mehr als ein Drittel der 650 Millionen Kinder in dieser Altersgruppe – nicht über grundlegende Lese-, Schreib- und Rechenkompetenzen.[21] Rund 130 Millionen von ihnen verfügten selbst nach vier oder mehr Jahren Schulbesuch nicht über diese Fähigkeiten.

Lerndefizite setzen früh ein, manchmal bereits vor der Grundschule. In 28 Ländern oder Regionen mit entsprechenden Daten besaß 2014 weniger als die Hälfte der Kinder im Alter von drei bis fünf Jahren altersgemäß entwickelte Lese-, Schreib- und Rechenkompetenzen.[22] Diese Defizite geben auf verschiedenen Ebenen Anlass zur Besorgnis. Denn in der frühen Kindheit sowie in der Grundschule erwerben Kinder die Grundlagen, um später Probleme lösen, an der weiterführenden Schule ihr Potenzial entfalten und erfolgreich am Arbeitsmarkt bestehen zu können.

Gute Erfahrungen zu Hause sind die Voraussetzung für erfolgreiches Lernen. In den meisten Ländern wird mehr als die Hälfte der Drei- bis etwa Fünfjährigen zu Hause von einem Erwachsenen beim Lernen unterstützt. Nur rund die Hälfte hat zu Hause jedoch Zugang zu mindestens drei Büchern.[23]

In vielen Fällen hat Armut bei Kindern nachweislich Lerndefizite zur Folge. Schon vor ihrem fünften Geburtstag ist bei Kindern aus armen Haushalten die Wahrscheinlichkeit von Entwicklungsverzögerungen bei Lese-, Schreib- und Rechenkompetenzen höher als bei ihren wohlhabenderen Altersgenossen.[24] In Indien beispielsweise verschärft sich die Ungleichheit zwischen Kindern aus den ärmsten und den reichsten Haushalten zwischen sieben und elf Jahren und führt bei den Schülerinnen und Schülern zu einem Unterschied von 19 Prozent bei der Fähigkeit zu subtrahieren.[25]

Bei materiell benachteiligten Kindern von Eltern, die selbst keine Schule besucht haben, entstehen starke Multiplikatoreffekte – insbesondere bei Mädchen. In Indien genießen elfjährige Mädchen und Jungen aus den reichsten Haushalten mit gut gebildeten Eltern enorme schulische Vorteile. Sie erwerben mit sechsmal höherer Wahrscheinlichkeit grundlegende Lese- und Rechenfähigkeiten als Mädchen aus den ärmsten Haushalten mit bildungsfernen Eltern.[26]

Auch wenn Nachweise bisher nur vereinzelt vorliegen: Ein wachsender Teil der Forschung bestätigt dieses Muster. Untersuchungen aus fünf lateinamerikanischen Ländern zeigen erhebliche materiell bedingte Unterschiede bei den Ergebnissen standardisierter Tests für Sprachentwicklung. Besonders groß sind die Unterschiede bei Dreijährigen. Und es gibt keinerlei Zeichen für eine Besserung, sobald die Kinder in die Schule kommen.[27]

Die Defizite bleiben während der Schullaufbahn bestehen. In Lateinamerika ergab eine überregionale Analyse, dass über ein Viertel aller Kinder in der 3. Klasse nicht in der Lage war, einem einfachen Text grundlegende Sätze oder Informationen zu entnehmen. In ländlichen Schulen in Indien war laut einer Studie aus dem Jahr 2014 nur knapp die Hälfte der Kinder der 5. Klasse in der Lage, einen einfachen, eigentlich für die 2. Klasse bestimmten Text zu lesen.[28] Die Hälfte der Kinder konnte auch keine zweistelligen Zahlen subtrahieren, nur etwa ein Viertel konnte einfache Divisionsaufgaben lösen.[29]

Die gleichen Probleme treten auch in anderen Ländern auf. 2012 konnte in Uganda, wo es große Erfolge bei der Einschulungsrate gab, nur gut die Hälfte der Kinder in der 5. Klasse eine Geschichte auf dem Niveau der 2. Klasse lesen.[30] In Kenia konnte ein Drittel der Kinder der 5. Klasse Rechenaufgaben für die 2. Klasse nicht lösen. 10 Prozent der Kinder konnten diese Aufgaben noch nicht einmal in der 8. Klasse lösen.[31]

Auch in weiterführenden Schulen zeigen internationale Vergleichstests in vielen Ländern mit niedrigem bis mittlerem Einkommen ein erschreckend niedriges Lernniveau. In der jüngsten PISA-Studie lagen die Leistungen von zwei Dritteln (oder mehr) der Schülerinnen und Schüler der Sekundarstufe in Argentinien, Brasilien, Kolumbien, Indonesien, Jordanien, Katar, Peru und Tunesien unterhalb der Kompetenzstufe 2, einem Indikator für mathematische Grundkenntnisse. Nicht einmal 1 Prozent erreichten mit ihren Leistungen eine der beiden oberen Kompetenzstufen. Zum Vergleich: In den einkommensstarken Staaten der Organisationen für wirtschaftliche Zusammenarbeit und Entwicklung (OECD) wurden nur durchschnittlich 23 Prozent aller Schüler als leistungsschwach eingestuft, 13 Prozent erreichten die höchste Kompetenzstufe.[32]

Studien aus Lateinamerika bestätigen diesen Zusammenhang. So zeigten Untersuchungen der Interamerikanischen Entwicklungsbank zu den PISA-Ergebnissen von 2012, dass die durchschnittliche Kluft zwischen den ärmsten und den reichsten Schülerinnen und Schülern im gleichen Alter und aus der gleichen Region zwei vollen Schuljahren entsprach.[33]

Viele Bildungssysteme scheitern also an der Aufgabe, Kindern die notwendigen Fähigkeiten zu vermitteln, mit denen sie später als Erwachsene produktiv sein und zur Entwicklung ihres Landes beitragen können. Laut Internationaler Arbeitsorganisation (ILO) gibt es in Ländern mit niedrigem Einkommen dreimal so viele schlecht ausgebildete junge Arbeitskräfte wie in Ländern mit mittlerem Einkommen im oberen Bereich. In Afrika südlich der Sahara verfügen drei von fünf Arbeitskräften nicht über das für ihren Job erforderliche Bildungsniveau.[34] Umfragen unter Arbeitgebern im Nahen Osten und Nordafrika ergaben ein deutliches Missverhältnis zwischen den Kompetenzen, die in der Schule vermittelt werden, und jenen, welche die moderne Geschäftswelt verlangt.[35] Dieses Missverhältnis ist einer der Gründe für die anhaltend hohe Arbeitslosigkeit unter jungen Menschen in der Region – und auch weltweit. »Ohne deutliche Verbesserungen der Lernniveaus wird die steigende Einschulungsrate kaum zu der besseren Lebensqualität führen, die viele Menschen in Lateinamerika anstreben«[36], fasste die hochrangige Commission for Quality Education for All in Latin America das Problem zusammen.

Auch in Ländern mit hohem Einkommen gibt es Herausforderungen. Immer mehr Kinder in den OECD-Staaten haben Zugang zu Bildung, 80 Prozent der jungen Menschen erwerben Qualifikationen der Sekundarstufe II, 25 Prozent durchlaufen den tertiären Bildungsbereich.[37] Rund 20 Prozent schließen die Sekundarstufe jedoch nicht ab und sind als Erwachsene mit der Aussicht auf niedrigere Löhne, unsicherere Arbeitsverhältnisse und Ausgrenzung konfrontiert.[38] Dieses Bildungsgefälle führt zu tiefgreifenden Ungleichheiten bei Wohlstand und Chancen und erschwert die Entwicklung inklusiver Gesellschaften.[39]

Für Regierungen ist es am kosteneffektivsten, die Ursachen dieser Probleme innerhalb der Bildungssysteme anzugehen. So hat beispielsweise die tunesische Regierung sowohl einen umfassenden Reformprozess für bessere Lernerfolge von Schülerinnen und Schülern in die Wege geleitet als auch ein umfassendes Programm für Kinder initiiert, die keine Schule besuchen.

Gleichzeitig müssen viele junge Menschen mit den Folgen von Fehlern aus der Vergangenheit leben. So stellte der Global Education Monitoring Report der UNESCO von 2012 fest, dass 200 Millionen junge Menschen im Alter von 15 bis 24 Jahren die Schule ohne wichtige Grundkenntnisse verlassen. Diesen Rückstand anzugehen erfordert Investitionen in den zweiten Bildungsweg sowie, über Kooperation zwischen Regierungen und Privatwirtschaft, in Trainings für Jugendliche und junge Erwachsene.[40]

Bildung in Nothilfe- und Krisensituationen

Weltweit gefährden zunehmend komplexe und anhaltende Not- und Krisensituationen das Recht auf Bildung. Sie beeinflussen das Leben und die Bildung von Kindern nicht nur vorübergehend. Sie verhindern den Zugang zu Bildung oft für die gesamte Kindheit oder sogar für das gesamte Leben. Auch wenn bewaffnete Konflikte, Epidemien oder Naturkatastrophen das Leben jedes Kindes zerstören können, sind ihnen doch die ärmsten und am stärksten benachteiligten Kinder am ehesten schutzlos ausgeliefert.

Rund 75 Millionen Kinder im Alter von drei bis 18 Jahren in 35 Ländern brauchen dringend die Chance auf Bildung. 17 Millionen dieser Kinder sind Flüchtlinge, Binnenvertriebene oder gehören anderen gefährdeten Bevölkerungsgruppen an.[41] In Konfliktregionen leiden besonders die Bildungschancen der Mädchen: Die Wahrscheinlichkeit, dass sie keine Schule besuchen, ist hier zweieinhalbmal so groß wie in friedlicheren Regionen.[42]

In Konfliktsituationen ist Bildung oftmals direkt oder indirekt unter Beschuss. Schulen werden zerstört, das Leben von Lehrkräften sowie Schülerinnen und Schülern ist in Gefahr.[43] Einer Studie der Global Coalition to Protect Education from Attack (GCPEA) zufolge gab es in den fünf Jahren bis 2013 in 70 Ländern nachweislich Tausende Angriffe gegen Schülerinnen und Schüler sowie gegen Lehrkräfte und Lehreinrichtungen. Dazu zählten Bombardierungen, Entführungen, illegale Festnahmen sowie Folter und Ermordung.[44]

Beispiele dafür gibt es zuhauf. So entführte im Jahr 2014 die bewaffnete Gruppe Boko Haram in Nigeria Hunderte Frauen und Mädchen. Zwischen 2012 und 2014 ermordete die Gruppe im Nordosten Nigerias 314 Schülerinnen und Schüler.[45] Seit Beginn ihrer bewaffneten Angriffe bis Ende 2015 hat die Gruppe über 600 Lehrkräfte ermordet und über 1200 Schulen beschädigt oder zerstört.[46]

Kinder und ihre Lehrer sind auch in Jemen, Syrien und zahlreichen anderen Ländern immer wieder Ziele von Angriffen, Entführungen und Ermordungen. Allein 2014 gab es 163 Angriffe auf Schulen in Afghanistan, neun auf Schulen in der Zentralafrikanischen Republik und 67 bestätigte Angriffe auf Schulen in Irak.[47]

Wenn Kinder und Familien aufgrund bewaffneter Konflikte fliehen müssen, bleiben sie häufig dauerhaft heimatlos: Ende 2014 lebte die Hälfte aller Flüchtlinge weltweit seit mehr als zehn Jahren im Exil. Für mindestens die Hälfte aller Binnenvertriebenen war es sehr wahrscheinlich, drei Jahre oder länger entwurzelt zu sein.[48] Für sie ist die Vertreibung zu einer neuen Normalität geworden.

Die zerstörerische Wirkung bewaffneter Konflikte

Konflikte haben unmittelbare und oftmals lebensbedrohliche Folgen für Kinder. In Syrien hat der bewaffnete Konflikt die Fortschritte im Bildungsbereich nicht nur zum Stillstand gebracht, sondern sogar rückgängig gemacht: Im Jahr 2010, vor dem Ausbruch der Krise, besuchten fast alle Kinder im Grundschulalter sowie 90 Prozent der Kinder zwischen zehn und 16 Jahren die Schule. Sechs Jahre später gingen in Syrien dagegen mehr als 1,7 Millionen schulfähige Kinder im Alter von fünf bis 17 Jahren nicht mehr zum Unterricht. Dazu kommen rund 730 000 syrische Flüchtlingskinder im Schulalter, die sich in benachbarten Ländern aufhalten und dort keine Schule besuchen – das ist fast jedes zweite syrische Flüchtlingskind.

Mehr als die Hälfte der knapp 4,6 Millionen Flüchtlinge, die vor dem Konflikt in Nachbarländer geflohen sind, sind Kinder. Viele von ihnen blicken einer Zukunft ohne Hoffnung durch Bildung entgegen. Die Nachbarländer Syriens tun viel, um mit dem Zustrom an syrischen Flüchtlingen umzugehen. So haben die libanesische und die jordanische Regierung mit Hilfe von UNICEF sowie verschiedener Geber ein innovatives Zweischichtsystem an 500 Schulen ins Leben gerufen.[49] Dennoch klafft noch immer eine erhebliche Lücke zwischen Angebot und Bedarf. Eine der größten Hürden ist die Unterrichtssprache. Hinzu kommt, dass die Aufnahmeländer syrische Lehrkräfte nicht im öffentlichen Bildungswesen anstellen.

Eine weitere, zunehmend größere Gefahr für Kinder ist der Klimawandel und das damit einhergehende höhere Risiko von Dürren und Fluten. Klimabedingte Naturkatastrophen verschärfen das Risiko von Missbrauch, Vernachlässigung, Menschenhandel und Kinderarbeit.[50] Naturkatastrophen können zudem erhebliche Schäden an der schulischen Infrastruktur anrichten. Als Zyklon Pam 2015 den Inselstaat Vanuatu verwüstete, waren rund 80 Prozent aller Schulen betroffen. Sie wurden beschädigt oder als Evakuierungszentren genutzt.[51] Im gesamten Pazifikraum liegen viele Schulen kleiner Inselstaaten unvermeidbar in Küstennähe. Klimawandel und wetterbedingte Notsituationen erschweren hier die Bemühungen, Kindern Zugang zu hochwertigen Bildungsangeboten zu ermöglichen.[52]

Trotz aller Herausforderungen durch Konflikte und Klimawandel bezieht sich nur ein geringer Teil der Appelle für humanitäre Nothilfe auf den Bereich Bildung – und lediglich ein Bruchteil wird auch finanziert. Nur 2,7 Prozent aller Mittel für humanitäre Nothilfe kommen der Bildung zugute.[53] Der Bildung wird derzeit in der humanitären Hilfe also nur geringe Priorität zugeschrieben. Das widerspricht den Hoffnungen der von Krisen betroffenen Eltern und Kinder.[54] Ihnen würde Bildung helfen, ein Gefühl von Sicherheit, Normalität und vor allem die Hoffnung auf eine bessere Zukunft wiederherzustellen. Aktuell sind die Mechanismen der Entwicklungszusammenarbeit demzufolge nur unzureichend auf die tatsächlichen Bedürfnisse abgestimmt. Bildung für Kinder, die längerfristig als Vertriebene leben müssen, lässt sich nicht durch kurzfristige (und grundsätzlich unterfinanzierte) Hilfeaufrufe finanzieren. Es braucht einen ganzheitlichen Ansatz, der eine Brücke zwischen humanitärer Hilfe und Entwicklung schlägt. So können Bildungsprogramme in oder nach Notsituationen Kindern die Chance geben, wieder Tritt zu fassen und ein produktives, friedliches und erfülltes Leben zu führen.

Der Nutzen hochwertiger Bildung

Demografische Veränderungen verdeutlichen die Bedeutung von Bildung für alle Kinder, besonders für die bisher ausgeschlossenen. In den nächsten 15 Jahren wird die weltweite Bevölkerungsgruppe der 15–24-Jährigen um etwa 100 Millionen Menschen anwachsen. Den größten Anteil werden Asien und Afrika haben.[55]
Wenn sich die gegenwärtige Entwicklung bis zum Jahr 2030 fortsetzt, kann fehlende Bildung nicht nur die künftigen Beschäftigungsaussichten dieser jungen Menschen, sondern auch das Wirtschaftswachstum ihrer Länder sowie die Stabilität und den gesellschaftlichen Zusammenhalt gefährden. Durch wachsende Ungleichheit zwischen verschiedenen gesellschaftlichen Gruppen bei der Bildung ist das Risiko von Konflikten in vielen Ländern mit niedrigem bis mittlerem Einkommen bereits gestiegen.[56]
Wenn diese wachsende, junge Bevölkerungsgruppe als Erwachsene die nötigen Fähigkeiten besitzt, sich eine gesicherte Existenz aufzubauen und gute Entscheidungen zu treffen, könnte dies tiefgreifende gesellschaftliche und wirtschaftliche Veränderungen bewirken.[57]
Gerechte und hochwertige Bildung eröffnet die Chance, einen generationenübergreifenden ausweglosen Kreislauf zu beenden: Mit jedem zusätzlichen Jahr an Bildung steigt für ein Kind das durchschnittliche Einkommen im Erwachsenenalter um etwa 10 Prozent. Und für jedes zusätzliche durch junge Menschen abgeschlossene Schuljahr sinkt die Armutsrate in einem Land um 9 Prozent.[58] Die Erträge von Bildung sind dabei in Ländern mit niedrigem bis mittlerem Einkommen im unteren Bereich am größten.[59]
Einige der höchsten Erträge überhaupt bietet die Bildung von Mädchen. Sie befähigt diese, sich während Schwangerschaft, Geburt und

Der Einfluss von Bildung auf Teilhabe und gesellschaftliches Engagement

Im Vergleich zu Gleichaltrigen, die nicht zur Schule gegangen sind, unterstützen in 18 afrikanischen Ländern südlich der Sahara fast einundeinhalb Mal so viele junge Erwachsene mit Grundschulbildung demokratische Strukturen.

Die Wahlbeteiligung von jungen Erwachsenen mit Grundschulbildung ist in 14 lateinamerikanischen Ländern um 5 Prozentpunkte höher als die von Gleichaltrigen, die keine Schule besucht haben. Wenn junge Erwachsene eine weiterführende Schule besucht haben, ist sie sogar um 9 Prozentpunkte höher.

In weltweit 29 Ländern mit vorwiegend hohen Einkommen sorgen sich 25 Prozent der Menschen, die keine weiterführende Schule besucht haben, um ihre Umwelt. Der Anteil steigt mit höherer Schulbildung – auf 37 Prozent bei Menschen, die eine weiterführende Schule besucht haben, und sogar 46 Prozent bei Menschen mit Hochschulbildung.

Umfragen in Lateinamerika haben ergeben, dass sich Menschen, die eine weiterführende Schule besuchen, mit einer um 47 Prozent geringeren Wahrscheinlichkeit rassistisch äußern als Menschen, die nur über Grundschulbildung verfügen. In den arabischen Ländern ist die Bereitschaft, Menschen anderer Religionen unvoreingenommen gegenüberzutreten, bei denjenigen am größten, die eine weiterführende Schule besucht haben. Sie äußern Intoleranz mit einer um 14 Prozent geringeren Wahrscheinlichkeit als Menschen, die nur die Grundschule abgeschlossen haben.

Die Wahrscheinlichkeit, dass sich äthiopische Bauern an den Klimawandel anpassen können, erhöht sich um 20 Prozent, wenn sie sechs Jahre eine Schule besucht haben. Sie schützen dann beispielsweise die Böden besser und variieren bei Pflanzzeiten und -sorten.

Quelle:
UNESCO: EFA Global Monitoring Report 2013/4. Teaching and Learning: Achieving quality for all, Paris (2014), S. 17

---

der ersten Lebensjahre besser um die Gesundheitsversorgung ihrer Kinder zu kümmern (vgl. Abb 3). Dies schlägt sich in geringerer Kindersterblichkeit, weniger Geburten, mehr Gesundheitsbewusstsein sowie späterer Eheschließung und erster Geburt nieder.[60] Kinder – insbesondere Mädchen – von gebildeten Müttern besuchen mit höherer Wahrscheinlichkeit die Schule und setzen sich dafür ein, dass auch ihre eigenen Kinder Bildung erhalten (vgl. Abb. 4). Bildung geht zudem mit mehr zivilgesellschaftlichem Engagement und Teilhabe am politischen Prozess einher.[61]

Bildung kann auch eine Waffe im Kampf gegen Kinderrechtsverletzungen sein. So war die Einführung der Schulpflicht in den heutzutage wohlhabenden Ländern ein wesentlicher Baustein, um die Kinderarbeit im späten 19. und frühen 20. Jahrhundert zurückzudrängen.[62] Unterstützt durch Maßnahmen gegen Armut und für bessere Lernmöglichkeiten könnte die Schulpflicht in Ländern mit niedrigem bis mittlerem Einkommen im unteren Bereich im 21. Jahrhundert eine ähnliche Rolle spielen.

Bildung wirkt jedoch nicht allein durch mehr Schuljahre, sondern durch Lernerfolge. Diese beeinflussen Einkommenshöhe und -verteilung sowie das langfristige Wirtschaftswachstum.[63] Würden allen Kindern in Ländern mit mittlerem Einkommen im unteren Bereich grundlegende Lese-, Schreib- und Rechenkompetenzen vermittelt, ergäbe sich im Laufe ihres Lebens eine 13-fache Steigerung des Bruttoinlandsprodukts (BIP).[64]

Mehr Wissen kann auch dazu beitragen, Wirtschaftswachstum inklusiver zu gestalten. Denn Ungleichheiten beim Zugang zu hochwertiger Bildung sind entscheidend für spätere Einkommensunterschiede. Ein Abbau dieses Gefälles würde die Bedingungen für ein gerechteres Wachstum schaffen, die Wirtschaftsleistung erhöhen und die Armut reduzieren.[65]

Kinder im gesamten Lernprozess erreichen

Gute Bildung beginnt mit Maßnahmen in der frühen Kindheit. Besonders für Kinder aus den am stärksten benachteiligten Haushalten verbessern sie die Erfolgsaussichten in der Grundschule.

Aber nicht alle Kinder haben Zugang dazu: In Kap Verde ergab eine Untersuchung unter Erstklässlern einen 14-prozentigen Vorteil für Kinder, die die Vorschule besucht hatten, gegenüber anderen Kindern.[66] Ein Gutachten aus Argentinien von 2009 ergab, dass der Besuch der Vorschule einen deutlich positiven Effekt auf die Ergebnisse in standardisierten Tests für die 3. Klasse in Mathematik und Spanisch hatte. Auch wirkte sich der Vorschulbesuch positiv auf Aufmerksamkeit im Unterricht, Einsatz, Disziplin und Anwesenheit aus. Kinder aus ärmeren Gemeinden profitierten davon noch mehr als andere Kinder.[67]

Auch in Bangladesch, Bolivien, Indonesien und anderen Ländern trug die Frühförderung ärmerer Kinder stets zu einer Verringerung der Bildungskluft bei.[68] Leider erhalten Kinder in den ärmsten Ländern mit dem höchsten Anteil an Kinderarmut Frühförderung am seltensten.[69] Um Chancengleichheit bei Bildung herzustellen gilt es, sich auf die Kinder zu konzentrieren, die im Laufe des Lernprozesses zurückbleiben. Hier müssen die Fortschritte beschleunigt werden, wenn diese Kinder die begünstigteren in den Bereichen Anwesenheit in der Schule und Lernerfolg bis zum Jahr 2030 einholen sollen.

1 Bildung bedeutet Chancen – für jedes Kind

Abbildung 3: **Bildung und Kindersterblichkeit**
Sterblichkeitsrate von Kindern unter 5 Jahren nach Bildungsgrad der Mutter*

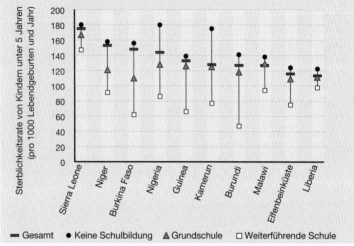

* dargestellt sind die zehn vom Autor untersuchten Länder mit der höchsten Kindersterblichkeitsrate

Quelle: »The Investment Case for Education and Equity«, UNICEF, Januar 2015, S. 102

Je nach Land kann das ganz unterschiedlich aussehen. So gab es auf den Philippinen, in Senegal und Uganda viele Kinder jeden Alters, die keine Schule besuchen. In Senegal gibt es zwar große Unterschiede bei den Einschulungsraten verschiedener gesellschaftlicher Gruppen, gemeinsam ist ihnen jedoch, dass alle von einem flächendeckenden Schulabschluss weit entfernt sind. Die Herausforderung ist also, den Prozess im Allgemeinen und den für benachteiligte Gruppen im Speziellen zu beschleunigen. Im Gegensatz zu Senegal haben auf den Philippinen und in Uganda fast alle Kinder aus den reichsten Haushalten und Regionen einen Schulabschluss. Deshalb wäre es sinnvoll, sich in diesen Ländern auf die ärmsten und am stärksten benachteiligten Kinder zu konzentrieren.

In Bangladesch zeigt das Programm für benachteiligte Kinder, die keine Schule besuchen, wie Regierungs- und Nichtregierungsorganisationen gemeinsam innovative Strategien entwickeln können. Sogenannte Ananda-Schulen (dt.: Freude am Lernen) geben Kindern in armen Regionen mit niedrigen Schulabschlussraten eine zweite

Abbildung 4: **Bildung und Familienplanung**
Fruchtbarkeitsrate von Frauen nach Bildungsgrad (2008–2012)*

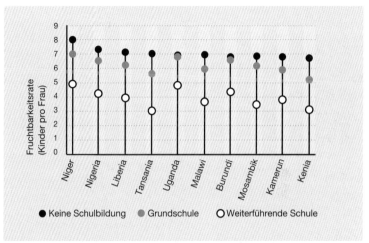

* untersucht wurden 48 Länder mit niedrigem und mittlerem Einkommen, dargestellt sind die zehn Länder mit der höchsten Fruchtbarkeitsrate

Quelle: »The Investment Case for Education and Equity«, UNICEF, Januar 2015, S. 11

Chance auf Bildung. Mit formellen und informellen Methoden wurden die 8–14-Jährigen auf die Abschlussprüfung der 5. Klasse vorbereitet. Dadurch gelang es zwischen 2005 und 2012, mehr als 790 000 Kinder in 90 der ärmsten Upazilas (Subdistrikte) des Landes zu erreichen. Die Abschlussrate betrug 83 Prozent.[70] Perspektivisch gesehen sollen weitere Subdistrikte erreicht werden. Initiativen wie die in Bangladesch zeigen: Um die am schwierigsten zu erreichenden Kinder auch tatsächlich zu erreichen, braucht es Einsatzbereitschaft und den Willen, neue Bildungsansätze auszuprobieren, die den lokalen, nationalen und globalen Bedürfnissen gerecht werden. Einige Innovationen bedienen sich neuer Technologien – zum Beispiel »EduTrac«, ein mobilfunkbasiertes Datenerfassungssystem. Mit Hilfe von SMS ermöglicht es beispielsweise in Uganda, Bildungsindikatoren in Echtzeit auszutauschen.[71] Das Programm »eLearning Sudan« nutzt Tablets, um Kinder in entlegenen Dörfern des Bundesstaates Nordkordofan zu erreichen. Hier stehen herkömmliche Bildungsmethoden nicht zur Verfügung.[72] In Krisenregionen werden Selbstlernprogramme erstellt, die Kindern unter Anleitung von Erwachsenen das Lernen ermöglichen. Doch auch Einstellungen und kulturelle Normen müssen sich ändern. In Montenegro beispielsweise begann 2010 eine breit angelegte, landesweite Aufklärungs- und Informationskampagne zum Thema Bildung für Kinder mit Behinderung. Sie trug dazu bei, größeres öffentliches Interesse an dem Thema zu wecken.[73] Eine Umfrage aus dem Jahr 2014 zeigte, dass 78 Prozent der Bürgerinnen und Bürger Montenegros inklusive Bildung unterstützen.[74]

Ziel Chancengleichheit

Ziele zur Chancengleichheit ermöglichen es im Rahmen nationaler Bildungsstrategien, Fortschritte bei den am schwersten zu erreichenden Kindern zur Priorität zu machen und zu beschleunigen – abgestimmt auf die nationale Situation. Auf dem Weg bis zum Jahr 2030 sollten dabei Zwischenziele vereinbart werden. So könnten sich Regierungen zum Beispiel vornehmen, Ungleichheiten beim Zugang zu Frühförderung, Primar- und Sekundarstufe I aufgrund von Einkommen, Geschlecht, ethnischer Zugehörigkeit oder Wohnort bis zum Jahr 2022 zu halbieren. Oder sie könnten einen besonderen Schwerpunkt auf Mädchen aus den ärmsten Haushalten legen. Ähnliche Zwischenziele ließen sich setzen, um Ungleichheiten bei Lernerfolgen zu verringern.[75]

Chancengleichheitsziele können allerdings nur dann etwas bewegen, wenn sie fester Bestandteil einer Reformpolitik sind. Um die Kluft beim Schulbesuch zu überwinden, braucht es detaillierte Daten darüber, welche Kinder keine Schule besuchen oder Gefahr laufen, diese abzubrechen. Einige der Chancengleichheitsziele lassen sich im Rahmen des Bildungssystems erreichen, andere erfordern es, Benachteiligungen zu bekämpfen, die durch Armut, Geschlecht, ethnische Zugehörigkeit oder Behinderung entstehen.

Auf den Unterricht kommt es an

Untrennbar mit den Themen effizientes Lernen und Chancengleichheit verbunden sind die Lehrkräfte. Gute Lehrerinnen und Lehrer können Leben verändern. Schlecht ausgebildetes, unterbezahltes und ineffizientes Lehrpersonal gefährdet hingegen die Chancen der Kinder und verstärkt Ungerechtigkeit oftmals noch. So sind in vielen Ländern Fehlzeiten des Lehrpersonals ein Problem. In einer Studie über Grundschulen in Kenia fand man 2013 heraus, dass das Lehrpersonal an öffentlichen Schulen 17 Prozent der Zeit abwesend war.[76]
Auch anderen Aspekten des Unterrichtens und der Klassenplanung wurde bisher zu wenig Aufmerksamkeit beigemessen. So gibt es an den Grundschulen zum Beispiel

viele Schülerinnen und Schüler der sogenannten ersten Generation – das sind Kinder, deren Eltern keinen Zugang zu Bildung hatten. Dennoch werden die Lehrkräfte nicht systematisch mit den nötigen Fähigkeiten zum Unterrichten dieser Kinder ausgestattet.[77] Eine ungleiche Verteilung von Lehrkräften im Land kann zu Problemen bei der Klassengröße sowie der Unterrichtsqualität für benachteiligte Kinder in unterbesetzten Bezirken führen. In Ländern, aus denen entsprechende Daten vorliegen, haben ausgerechnet die unteren Klassenstufen – die mit den meisten Schülerinnen und Schülern und dem dringendsten Bedarf – die größten Klassen und das am geringsten qualifizierte Lehrpersonal.[78]

Schlecht ausgebildetes und unmotiviertes Lehrpersonal ist an leistungsschwachen Schulen bei weitem nicht das einzige Problem. Mangelnde Planung und Finanzierung zeigt sich in überfüllten Klassen, mangelnden Ressourcen und schlechter Infrastruktur. So verfügt beispielsweise in Afrika südlich der Sahara über die Hälfte der Schulen weder über einen Trinkwasseranschluss noch über sanitäre Einrichtungen.[79] Viele Schulen haben auch keine separaten Latrinen für Jungen und Mädchen. Nur wenige Schulen haben einen Stromanschluss, um neue Technologien zum Lernen nutzen zu können. Eine durchschnittliche Klasse in Tansania oder Malawi umfasst 72 bzw. 90 Kinder.[80]

In Uganda müssen sich jeweils drei Kinder ein Schulbuch teilen.
Für bessere Ergebnisse im Bildungsbereich spielt das Lehrpersonal eine entscheidende Rolle. Gesellschaften müssen deshalb gewährleisten, dass der Lehrberuf ein hohes Ansehen genießt, denn er spielt für die Zukunft des Landes eine entscheidende Rolle. Es sollte ein nationales Chancengleichheitsziel sein, den am meisten benachteiligten Schülerinnen und Schülern die besten Lehrkräfte zur Seite zu stellen. Oft führt jedoch die Aussicht auf beruflichen Aufstieg zum Gegenteil und leitet die besten Lehrkräfte zu den am meisten bevorteilten Schülerinnen und Schülern.

Es gibt zahlreiche Möglichkeiten für Reformen: In Indien bot ein von der Nichtregierungsorganisation Pratham durchgeführtes Programm den leistungsschwächsten Schülerinnen und Schülern in öffentlichen Schulen Förderunterricht an.[81] Informelle Lehrkräfte aus der Gemeinde stellten zusätzliche Bildungsangebote zur Verfügung. Dadurch verbesserten sich die schulischen Prüfungsergebnisse deutlich. Eine gezielte pädagogische Ausbildung von Lehrkräften in Kenia, Mali und Niger führte zu ähnlichen Verbesserungen bei den frühen Lesefähigkeiten leistungsschwacher Kinder.[82] Der effektivste Weg dafür sind nationale Ausbildungsprogramme für Lehrkräfte.

Schätzungen zufolge wird die Zahl der Kinder in Ländern mit niedrigem und mittlerem Einkommen im unteren Bereich von heute 1,2 Milliarden auf 1,4 Milliarden im Jahr 2030 ansteigen.[83] Der Bedarf an Lehrkräften in diesen Ländern erhöht sich somit um 25 Prozent und zwar von heute 23 Millionen auf 29 Millionen. In Ländern mit niedrigem Einkommen verdoppelt er sich fast und zwar von 3,6 Millionen auf 6,6 Millionen Lehrkräfte. Viele dieser Länder leiden bereits heute unter akutem Lehrkräftemangel.[84]

Die Finanzierung von Bildung

Mehr Geld allein führt allerdings nicht zu größeren Lernerfolgen. Was zählt, ist die Verteilung des Geldes. Zahlreiche Regierungen weltweit haben ihre Bildungsausgaben erhöht. Die durchschnittlichen Mittel für Bildung sind in Ländern mit niedrigem Einkommen auf 3,9 Prozent des BIP im Jahr 2014 angestiegen.[85] Allerdings ist der Bildungsbereich in vielen Ländern weiter systematisch unterfinanziert, besonders in Südasien. 2012 investierte Indien 3,9 Prozent seines BIP in Bildung.[86] Die pakistanische Regierung gibt nach eigenen Angaben rund 2 Prozent des BIP für Bildung aus.[87] Beides liegt unter den geschätzten 5,5 Prozent des BIP, die notwendig sind, um allen Menschen bis zum Jahr 2030 Zugang zu Bildung zu ermöglichen.[88]

Die Verteilung der Mittel in einem Land hat erheblichen Einfluss auf die Chancengleichheit. Gleich hohe Beträge pro Schülerin oder Schüler bedeuten nicht notwendigerweise eine gerechte Finanzierung. Ein Kind, das durch Armut, Geschlecht, Behinderung oder ethnische Zugehörigkeit bei der Bildung benachteiligt ist, braucht für gleiche Chancen womöglich mehr Mittel als privilegiertere Kinder. Leider werden letztere bei der Finanzierung oftmals einseitig bevorzugt.

Das liegt zum Teil daran, dass Kinder aus armen Verhältnissen die Schule eher vorzeitig abbrechen und dadurch die Vorteile öffentlicher Mittel verlieren. Untersuchungen von UNICEF in Ländern mit niedrigem Einkommen zeigen, dass Kinder aus den reichsten 10 Prozent der Bevölkerung rund 46 Prozent der Leistungen des öffentlichen Bildungshaushalts erhalten.[89] Länder wie Brasilien und Vietnam (vgl. Kasten. Brasilien und Vietnam: Prüfung bestanden) haben Reformen zur gerechteren Verteilung der Mittel für Bildung durchgeführt. In Chile erhalten alle Schülerinnen und Schüler über das Schulförderprogramm »Subvención Escolar Preferencial« einen pauschalen Betrag. Zusätzliche Mittel gibt es für Schulen mit besonders vielen benachteiligten Kindern oder solchen mit Lernschwierigkeiten.[90]

Weltweit wächst das Bewusstsein dafür, dass weiterführende Bildung das Wirtschaftswachstum anregen kann. In Ländern, in denen viele Kinder schon die Grundschule nicht abschließen, könnten sich mehr Mittel für den Sekundarbereich sogar negativ auf die Chancengleichheit auswirken. Denn die Pro-Kopf-Kosten liegen im Sekundarbereich deutlich über jenen im Primarbereich. Und in vielen Ländern mit niedrigem Einkommen schaffen es nur wenige Kinder aus armen Verhältnissen überhaupt bis zur Sekundarschule.[91]

Die Regierungen sollten deshalb Ausgaben schrittweise und in der richtigen Reihenfolge erhöhen: Länder, die noch auf dem Weg zu allgemeiner Grundschulbildung sind, sollten ihre öffentlichen Mittel eher auf die Vorschule, Grundschule und den Sekundarbereich I konzentrieren. Sobald hier Fortschritte zu verzeichnen sind, können die Mittel schrittweise in den Sekundarbereich II verlagert werden.

Welche Rolle spielen Entwicklungsgelder?

Entwicklungsgelder sind sehr wichtig, um die nötigen Mittel für Bildung der ärmsten und am stärksten benachteiligten Kinder weltweit bereitzustellen und auch die Opfer von Konflikten und Vertreibung zu erreichen. So führte beispielsweise in Madagaskar eine politische Krise zu einer massiven Kürzung der Mittel für Grundschulen. Dem bereits fragilen Bildungssystem drohten zusätzlich ein Streik des Lehrpersonals, Mittelknappheit und sinkende Anwesenheitszahlen. Über ein UNICEF-Programm wurden 2013 Lehrergehälter und Schulmaterial bereitgestellt, so dass die Schülerinnen und Schüler weiter den Unterricht besuchen konnten.[92]

Das Thema Entwicklungsgelder geht jedoch über akute Notsituationen hinaus. Die Kosten für Bildung im Vorschul-, Primar- und Sekundarbereich I in Ländern mit niedrigem und mittlerem Einkommen im unteren Bereich liegen bis zum Jahr 2030 bei geschätzten 340 Milliarden US-Dollar pro Jahr.[93] Die meisten Kosten ließen sich durch eine Kombination aus Wirtschaftswachstum und höheren Steuereinnahmen decken.

Doch selbst wenn die Regierungen die Mindestanforderungen in diesem Bereich erfüllten, würden jährlich noch immer 39 Milliarden US-Dollar fehlen.

Bei Ländern mit niedrigem Einkommen entspricht diese Finanzierungslücke 42 Prozent der für das Erreichen der Bildungsziele bis 2030 notwendigen Mittel.[94] Egal wie man es dreht und wendet – ohne eine Erhöhung der Entwicklungsgelder werden viele Länder weit hinter ihren Zielen bleiben. Einige der größten Engpässe wird es dabei in fragilen Staaten geben.[95]

Die jüngsten Entwicklungen bei Entwicklungsgeldern für Bildung machen dabei nicht gerade Mut. Zwischen 2010 und 2014 ist die Hilfe für Grundbildung um 14 Prozent zurückgegangen.[96] Mehrere der

Brasilien und Vietnam: Prüfung bestanden

Aus Brasilien und Vietnam kommen positive Beispiele für eine Reform des Bildungssystems. 2012 erzielten vietnamesische Schülerinnen und Schüler im Rahmen der PISA-Studie deutlich bessere Ergebnisse bei Mathematik- und Lesekompetenzen, als es anhand des Einkommensniveaus des Landes zu erwarten war. Die 15-Jährigen lagen gleichauf mit Gleichaltrigen in Deutschland und übertrafen Schülerinnen und Schüler aus Großbritannien und den USA. Diese Leistungen waren das Ergebnis landesweiter Bemühungen: Vietnam hatte 21,4 Prozent seines nationalen Haushalts in Bildung investiert. Zudem waren das Lehrpersonal qualifiziert und die Fehlzeiten gering.

Auch Brasilien erzielte höhere Einschulungsraten, mehr Chancengleichheit und größere Lernerfolge. Zwischen 2003 und 2012 stieg die Schulbesuchsrate von 15-Jährigen von 65 auf 78 Prozent. Viele der zusätzlich eingeschulten Kinder kamen aus benachteiligten Gesellschaftsgruppen. Im gleichen Zeitraum verbesserte sich das durchschnittliche PISA-Ergebnis brasilianischer Schülerinnen und Schüler um 25 Punkte, bei benachteiligten Kindern waren es sogar 27 Punkte. Diese Erfolge sind das Ergebnis einer Reihe von Reformen, die Mitte der 1990er Jahre in die Wege geleitet wurden. Dazu gehört die Einrichtung einer unabhängigen Prüfstelle, aus der das System zur Evaluierung der Grundbildung (SAEB) entstand – mittlerweile ist es als transparenter Reporting-Mechanismus und als Methode zur Messung von Lernerfolgen etabliert. Leistungsstarken Schulen wird dabei mehr Eigenständigkeit gewährt, während leistungsschwache Schulen Unterstützung beim Verbessern ihres Leistungsniveaus erhalten.

Auch in Brasilien wurde mehr Geld in Bildung investiert, 2012 rund 6,3 Prozent des BIP. Die Zentralregierung gewährte dabei Schulen in leistungsschwachen kommunalen Bildungssystemen Fördermittel und finanziert mittlerweile auch die vorschulische Bildung. Das Ausbildungsniveau der Lehrer wurde verbessert. Und dank »Bolsa Escola«, einem Programm mit Bargeldtransfers für arme Haushalte, wurde auch die Chancengleichheit verbessert.

Die Beispiele Vietnam und Brasilien beweisen, wie positiv sich ein beschleunigter Fortschritt für die am stärksten benachteiligten Kinder im Bildungsbereich auswirken kann.

Quellen:
Bodewig, C.: »What explains Vietnam's stunning performance in PISA 2012?«, East Asia & Pacific on the rise, World Bank Blogs (11. Dezember 2013). Unter: http://blogs.worldbank.org/eastasiapacific/what-explains-vietnam-s-stunning-performance-pisa-2012 (abgerufen am 22. Januar 2015)
Weltbank: »Government expenditure on education, total (% of GDP)«. Unter: http://data.worldbank.org/indicator/Se.XPd.ToTl.Gd.ZS (abgerufen am 12. Februar 2016)
Hanushek, E. / Woessmann, L.: Universal Basic Skills: What countries stand to gain, OECD Publishing (2015), S. 31 ff.
Bruns, B. / Evans, D. / Luque, J.: Achieving World-Class Education in Brazil: The next agenda, Weltbank, Washington, D. C. (2012), S. 7 f., 11 und 40
UNESCO Institute for Statistics (UIS)-Datenbank. Unter: http://data.uis.unesco.org/index.aspx?queryid=189 (abgerufen am 10. Februar 2016)

wichtigsten bilateralen Geldgeber haben ihre Mittel gekürzt. Und die Architektur der internationalen Entwicklungszusammenarbeit erweist sich als ungeeignet, um Kinder zu erreichen, die unter bewaffneten Konflikten und humanitären Notsituationen leiden.[97] Dabei wäre gerade dies für das Erreichen der Bildungsziele bis 2030 entscheidend.

Aus diesem Grund haben Organisationen und Persönlichkeiten – darunter UNICEF und der UN-Sonderbeauftragte für Bildung, Gordon Brown –»Education Cannot Wait« ins Leben gerufen. Diese multilaterale Initiative für Bildung setzt sich dafür ein, dass Kinder auch in Krisen- und Konfliktsituationen Bildungschancen erhalten. Ausgerichtet auf eine schnelle Auszahlung bei akutem Bedarf sowie im Anschluss an nachhaltige Förderung unterstützt ein solcher Hilfsfonds dabei, Finanzierungslücken zu überbrücken (siehe Beitrag »Die Finanzierung von Bildung in Krisen und Konflikten«).

Der anhaltende Konflikt in Syrien hat die Notwendigkeit für Bildung in der humanitären Krisenhilfe verdeutlicht. Ein Beispiel einer Antwort darauf ist »No Lost Generation«: Die von UNICEF und Partnern ins Leben gerufene Initiative bietet Kindern und Jugendlichen Schutz und Lernmöglichkeiten – in Syrien und den Nachbarländern Ägypten, Irak, Jordanien, Libanon und Türkei, in denen Millionen syrischer Flüchtlinge Zuflucht gefunden haben.

Gerechter Fortschritt ist möglich

Bildung hat die Kraft, den generationenübergreifenden Kreislauf mangelnder Chancengleichheit zu beenden und das Leben von Kindern und das ganzer Gesellschaften nachhaltig zu verbessern. Die Bereitstellung erfolgreicher Bildung für alle Kinder, unabhängig von ihren Lebensumständen – von Frühförderung über Grund- und weiterführende Schulen –, ist jedoch eine gewaltige Herausforderung. Damit dies bis 2030 gelingen kann, braucht es mehr Chancengleichheit. Aber birgt dies nicht auch das Risiko einer Schwächung der Qualität des Schulsystems? Stehen sich die Forderungen nach Chancengleichheit und Qualität nicht diametral entgegen?

Internationale Erfahrungen geben darauf eine unmissverständliche Antwort: Die leistungsfähigsten Bildungssysteme weltweit – wie in Finnland, der Republik Korea (Südkorea) oder Japan – kombinieren erfolgreich Chancengleichheit und Qualität.[98] Diese Länder wollen allen Kindern hochwertige Bildung zuteilwerden lassen und haben gleichzeitig erkannt, dass die Bedürfnisse der am stärksten benachteiligten Kinder genauso wichtig sind wie die Leistungen der bevorteilten Kinder. Die jüngsten Ergebnisse der PISA-Studie in den OECD-Staaten sind äußerst aufschlussreich: In neun der 13 Länder, die ihre Ergebnisse maßgeblich verbessern konnten, gab es von Anfang an starke Chancengleichheit. Die übrigen vier Länder haben ihre Chancengleichheit verbessern können.[99]

Allgemeine Grund- und Sekundarschulbildung verbunden mit größerem Lernerfolg sind ambitionierte, aber erreichbare Ziele. Viele Länder haben dazu innovative Ansätze entwickelt und erfolgreich getestet. Chile war zum Beispiel eines der Länder, das in internationalen wie regionalen Lernerfolgsvergleichen am schnellsten seinen Rang verbessert hat. In Chile hat sich zudem der Abstand zwischen den Testergebnissen der ärmsten und der reichsten Kinder des Landes verkleinert.[100] Wie erwähnt waren auch Brasilien und Vietnam bei besserem Zugang zu Bildung, mehr Lernerfolgen und der Förderung von Chancengleichheit erfolgreich.

Chancengleichheit sollte den Ländern folglich als Leitfaden zur Reform ihrer Bildungssysteme dienen, um sicherzustellen, dass die am stärksten benachteiligten Kinder nicht vergessen werden. Dafür müssen die Länder benachteiligte Schulen, Kinder und Regionen identifizieren und finanzielle Unterstützung gezielt dorthin lenken. Höhere Ausgaben für Bildung sind ebenfalls unerlässlich. Auch wenn die nationalen Regierungen einen Großteil der nötigen Veränderungen selbst anstoßen müssen, spielt die internationale Gemeinschaft bei der Förderung und Finanzierung von Bildung eine entscheidende Rolle.

Qualitatives Lernen muss ein ausdrückliches Ziel der Bildungspolitik werden, in die Entwicklung verlässlicher nationaler Einrichtungen zur Lernerfolgskontrolle muss investiert werden. Viel Engagement ist außerdem für die Professionalisierung des Unterrichts sowie für verbesserte Lehrkräfteausbildung und Fördersysteme notwendig. Um Kindern aus armen Verhältnissen und marginalisierten Gruppen zu helfen, ihre Benachteiligung zu überwinden, sollten Frühförderung und allgemeine Vorschulbildung Priorität haben.

Darüber hinaus bedarf es integrierter Strategien zur Armutsbekämpfung sowie der Beseitigung finanzieller Hürden, damit benachteiligte Kinder Zugang zu hochwertiger Bildung erhalten.

Investitionen in hochwertige Bildung für die am stärksten benachteiligten Kinder haben enorme Wirkung – für die heutige und die nächste Generation von Kindern sowie für die Gemeinden und Gesellschaften, in denen sie leben. Bildung nährt den Geist junger Menschen, erweitert Horizonte und kann den Teufelskreis der Benachteiligung durchbrechen, der Generation um Generation in Armut hält. Durch gezielte Priorisierung und Investition können alle Länder das Leben von Kindern und die Welt als Ganzes verändern.

Anmerkungen

1 Behrman, J. / Yingmei Cheng / Todd, P.: »Evaluating Preschool Programs When Length of Exposure to the Program Varies: A nonparametric approach«. In: Review of Economics and Statistics 86/1 (Februar 2004), S. 108–132
2 Gertler, P. et al.: »Labor Market Returns to Early Childhood Stimulation: A 20-year follow up to an experimental intervention in Jamaica«. In: Policy Research Working Paper 6529, Weltbank, Washington, D. C. (Juli 2013), S. 2
3 Heckman, J.: »The Economics of Inequality: The value of early childhood education«. In: American Educator (Frühjahr 2011), S. 32
4 UNESCO / EFA Global Monitoring Report / UNESCO Institute for Statistics (UIS), A Growing Number of Children and Adolescents Are Out of School as Aid Fails to Meet the Mark, Policy Paper 22 / Fact Sheet 31, Paris und Montreal (Juli 2015)
5 UNICEF: Early Childhood Development: A statistical snapshot – Building better brains and sustainable outcomes for children, New York (September 2014), S. 7
6 Stand 2014; UNESCO: Global Education Monitoring Report 2016, Education for people and planet, Paris (September 2016), S. 182
7 Ebd.
8 International Commission on Financing Global Education Opportunity: The Learning Generation, Investing in education for a changing world (September 2016), S. 30
9 Ebd.
10 Ebd., S. 29
11 UIS / UNICEF: Fixing the Broken Promise of Education for All: Findings from the Global Initiative on Out-of-School Children, Montreal (2015), S. 101
12 UNICEF: Early Childhood Development, S. 7
13 UNICEF China: What Matters to UNICEF China, Beijing (2014), S. 11
14 UNICEF: Early Childhood Development, S. 7
15 Dabla-Norris, E. et al.: Causes and Consequences of Income Inequality: A global perspective, Internationaler Währungsfond (IWF), Washington, D. C. (Juni 2015), S. 17
16 UNESCO World Inequality Database on Education (WIDE)
17 UNICEF: Progress for Children: Beyond Averages – Learning from the MDGs, Nr. 11, New York (Juni 2015), S. 19
18 UNESCO: EFA Global Monitoring Report 2015. 2000–2015: Achievements and challenges, Paris (März 2015), S. 83
19 UIS-Datenbank. Government of Pakistan's Academy of Educational Planning and Management, Pakistan Education Statistics 2014–2015, AEPAM, Islamabad (Februar 2016). Auf S. 1 wird angegeben, dass es mehr als sechs Millionen Kinder im Grundschulalter gibt, die keine Schule besuchen.
20 Malik, R. / Pauline, R.: Financing Education in Pakistan Opportunities for Action, Country Case Study for the Oslo Summit on Education for Development (2015), S. 5
21 UNESCO: EFA Global Monitoring Report 2013/4. Teaching and learning: Achieving quality for all, Paris (2014), S. 5 und 19
22 UNICEF: Early Childhood Development, S. 7; UNICEF global databases (2014), auf Grundlage von Multiple Indicator Cluster Surveys (MICS) und Demographic and Health Surveys (DHS) der Jahre 2009–12
23 UNICEF: Early Childhood Development, S. 7
24 UNICEF: Progress for Children, S. 53
25 Rose, P. / Alcott, B.: How Can Education Systems Become Equitable by 2030?, DFID think pieces – Learning and equity, United Kingdom Department for International Development, London (August 2015), S. 12 ff.
26 Ebd., S. 14
27 Schady, N. et al.: »Wealth Gradients in

Early Childhood Cognitive Development in Five Latin American Countries«. In: Journal of Human Resources 50/2 (2015), S. 446–463
28 Oviedo, M. / Fiszbein, A. / Sucre, F.: Learning For All: An Urgent Challenge in Latin America, Commission For Quality Education For All Background Paper, The Dialogue Leadership for the Americas, Washington, D.C. (Juli 2015), S. 4
29 Uwezo Kenya, Are Our Children Learning? Annual Learning Assessment Report, Nairobi (2012), S. 3
30 Uwezo Uganda, Are Our Children Learning? Annual Learning Assessment Report, Kampala (2012), S. 14
31 Ebd., S. 3
32 Organisation für wirtschaftliche Zusammenarbeit und Entwicklung (OECD): PISA 2012 Results in Focus: What 15-year-olds know and what they can do with what they know, Paris (2014), S. 4 f.
33 Bos, M. / Ganimian, A. / Vegas, E.: América Latina en PISA 2012: ¿Cómo se desempeñan los estudiantes pobres y ricos?, InterAmerican Development Bank, Washington, D.C. (2013). Zit. in: Oviedo/Fiszbein/Sucre: Learning For All, S. 4
34 Internationale Arbeitsorganisation (ILO): Global Employment Trends for Youth 2015: Scaling up investments in decent jobs for youth, Genf (2015), S. 33
35 Steer, L. / Ghanem, H. / Jalbout, M. et al.: Arab Youth: Missing Educational Foundations for a Productive Life?, The Center for Education at the Brookings Institution, Washington, D.C. (Februar 2014), S. 16
36 Oviedo / Fiszbein / Sucre: Learning For All, S. 10
37 OECD: Equity and Quality in Education. Supporting Disadvantaged Students and Schools, Paris (2012), S. 80
38 OECD: Education at a Glance 2014: OECD indicators, Paris (2014), S. 9
39 Ebd., S. 14
40 UNESCO: EFA Global Monitoring Report 2012. Youth and skills: Putting education to work, Paris (März 2012), S. 16
41 Nicolai, S. et al.: Education Cannot Wait: Proposing a fund for education in emergencies, Overseas Development Institute (ODI), London (Mai 2016), S. 7
42 UNESCO / EFA Global Monitoring Report: Humanitarian Aid for Education: Why it matters and why more is needed, Policy Paper 21, Paris (Juni 2015), S. 3
43 UNICEF Regionalbüro für den Nahen Osten und Nordafrika: Education under Fire: How conflict in the Middle East is depriving children of their schooling, Amman (September 2015), S. 4 und 12
44 The Global Coalition to Protect Education from Attack: Education under Attack 2014, New York (2014), S. 8
45 United Nations (UN): Children and Armed Conflict: Report of the Secretary-General, A / 69/926–S / 2015/409, New York (5. Juni 2015), S. 2 und 39 f.
46 Office for the Coordination of Humanitarian Affairs (OCHA): 2016 Humanitarian Response Plan. Nigeria, New York (Dezember 2015), S. 5
47 UN: Children and Armed Conflict, S. 2, 6 und 9
48 Crawford, N. et al.: Protracted Displacement: Uncertain paths to self-reliance in exile, ODI, London (September 2015), S. 1
49 UNICEF: Quick-line on education of Syrian children (17. September 2017)
50 UNICEF: Unless We Act Now: The impact of climate change on children, New York (November 2015), S. 25 und 32
51 UNICEF: Cyclone Pam Humanitarian Situation Report 7 (März 2015)
52 UNESCO: Pacific Education for All: 2015 review, Paris (2015), S. 53 und 64
53 UNESCO: Aid to education is stagnating and not going to countries most in need, Policy Paper 31, Paris (Mai 2017). Unter: http://unesdoc.unesco.org/images/0024/002495/249568e.pdf
54 Nicolai, S. / Hine, S.: Investment for Education in Emergencies: A review of evidence, ODI, London (Februar 2015), S. 10
55 UN DESA: Youth Population Trends and Sustainable Development 2015/1, New York (Mai 2015), S. 1
56 UNICEF, The Investment Case for Education and Equity, New York (Januar 2015), S. 13

57 UN DESA: Youth Population Trends, S. 1
58 UNICEF: The Investment Case, S. 8 f.
59 Montenegro, C. / Patrinos, H.: Comparable Estimates of Returns to Schooling around the World, Policy Research Working Paper 7020, Weltbank, Washington, D. C. (2014), S. 16
60 UNESCO: EFA Global Monitoring Report 2013/4, S. 140–185
61 Ebd., S. 175
62 Cunningham, H. / Viazzo, P. (Hrsg.): Child Labour in Historical Perspective: 1800–1985 – Case studies from Europe, Japan and Colombia, UNICEF International Child Development Centre und Istituto degli Innocenti, Florenz (1996)
63 Hanushek, E. / Wößmann, L.: Education Quality and Economic Growth, Weltbank, Washington, D. C. (2007), S. 1; Hanushek, E. / Wößmann, L.: »The Role of Cognitive Skills in Economic Development«. In: Journal of Economic Literature 46/3 (2008), S. 607–668
64 Hanushek, E. / Wößmann, L.: Universal Basic Skills: What countries stand to gain, OECD Publishing, Paris (2015), S. 10
65 Hanushek / Wößmann: Education Quality, S. 1; Hanushek / Wößmann: The Role of Cognitive Skills, S. 607–668
66 UNICEF: Bilan de Compétences – Enfants à L'entrée au Primaire au Cap Vert, Kap Verde (2013), S. 46
67 Berlinski, S. / Galiani, S. / Gertler, P.: »The Effect of Pre-primary Education on Primary School Performance«. In: Journal of Public Economics 93/1–2 (Februar 2009), S. 219–234, Abschnitt 4.5 und 6
68 Rose / Alcott: How Can Education Systems
69 UNICEF: The Investment Case, S. 27
70 Bangladesh Institute of Development Studies: Impact Evaluation Study of Reaching Out-of-School Children (ROSC), Project of the Ministry of Primary and Mass Education, Dhaka (Juni 2014), S. 9
71 UNICEF: EduTrac. Tracking and monitoring education, New York (März 2013)
72 UNICEF: The State of the World's Children 2015: Reimagine the future, New York (2014)
73 UNICEF: It's about ability Campaign Results in 80 Per Cent of Citizens Supporting Inclusive Education, New York (Februar 2016); UNICEF: The State of the World's Children 2013: Children with disabilities, New York (Mai 2013), S. 13
74 UNICEF: UNICEF Annual Report 2014: Montenegro, New York (2014), S. 5
75 Rose / Alcott: How Can Education Systems, S. 15
76 Martin, G. / Pimhidzai, O.: Service Delivery Indicators Kenya: Education and health, Weltbank, Washington, D. C. (Juli 2013), S. 10 f.
77 Rose / Alcott: How Can Education Systems, S. 13 und 23
78 UNICEF: The Investment Case, S. 66
79 UNICEF: Advancing WASH in Schools Monitoring, Working Paper, New York (2015), S. 17 und 20
80 UIS (Januar 2015)
81 Muralidharan, K.: Priorities for Primary Education Policy in India's 12th Five-year Plan, India Policy Forum 9/2013, National Council of Applied Economic Research and the Brookings Institution, New Delhi (2013), S. 15 f.; Banerjee, A. et al.: »Remedying Education: Evidence from two randomized experiments in India«. In: The Quarterly Journal of Economics 122/3 (2007), S. 1235–1264
82 Rose / Alcott: How Can Education Systems, S. 23
83 Kalkulationen basieren auf Schätzungen des Education Commission Secretariat sowie der United Nations Population Division (UNPOP) (2016)
84 Kostenmodell basiert auf Schätzungen des Education Commission Secretariat (2016)
85 UNESCO: Global Education Monitoring Report 2016, S. 476
86 Weltbank: »Government expenditure on education, total (% of GDP)«, Washington, D. C. (Februar 2016)
87 Government of Pakistan, Ministry of Finance: Pakistan Economic Survey 2014–2015, Government of Pakistan, Islamabad (März 2016), S. 171. Die Weltbank gibt den Wert mit 2,5 Prozent an: »Government expenditure on education, total (% of GDP)«, Washington, D. C. (Februar 2016)
88 Steer, L. / Smith, K.: Financing Educa-

tion: Opportunities for global action, Center for Universal Education at the Brookings Institution, Washington, D. C. (Juni 2015), S. 23
89 UNICEF: The Investment Case, S. 59
90 OECD: Education Policy Outlook Chile, Paris (November 2013), S. 8
91 UNICEF: The Investment Case
92 UNICEF: Rapport final d'évaluation du Programme Appui d'Urgence à l'Éducation Nationale Malgache (AUENM), Internal Evaluation Report (Juni 2015)
93 UNESCO / EFA Global Monitoring Report: Pricing the Right to Education: The cost of reaching new targets by 2030, Policy Paper 18, Paris (Juli 2015), S. 4. Der Wert stammt aus dem Jahr 2012.
94 Ebd.
95 Steer/Smith: Financing Education, S. 70
96 UNESCO: Global Education Monitoring Report 2016, S. 353
97 Crawford et al., Protracted Displacement, S. 2 f.
98 OECD: Equity and Quality, S. 15
99 Hanushek / Wößmann: Universal Basic Skills, S. 12
100 Wales, J. et al.: Improvements in the Quality of Basic Education: Chile's experience, ODI, London (Juli 2014), S. 8

2 Die Finanzierung von Bildung in Krisen und Konflikten

Lena Dietz
Susanne Hassel

© UNICEF / UNI6381 / Pietrasik

Instabilität, Krisen und Konflikte gehören zu den größten Hindernissen für Kinder, eine Schule besuchen und lernen zu können. Hinzu kommt, dass Konflikte, Gewalt, Klimawandel, wirtschaftliche Krisen und Naturkatastrophen weltweit immer mehr Menschen dazu treiben, ihre Heimat zu verlassen – oft ohne Aussicht auf Bildungsmöglichkeiten. In von Krisen und Konflikten betroffenen Regionen haben rund 75 Millionen Kinder zwischen drei und 18 Jahren in 35 Ländern keinen Zugang zu Bildung. Im Jahr 2016 konnte mehr als die Hälfte aller geflüchteten Kinder unter Mandat des UN-Flüchtlingshilfswerks (UNHCR) weltweit keinen einzigen Tag in die Schule gehen.[1]

Das im Rahmen der nachhaltigen Entwicklungsziele (Sustainable Development Goals/SDGs) verabschiedete SDG 4 sieht vor, dass bis zum Jahr 2030 alle Menschen inklusive, chancengerechte und hochwertige Bildung sowie Möglichkeiten zum lebenslangen Lernen erhalten sollen. Angesichts der aktuellen Krisen und Konflikte rückt dieses Ziel zunehmend in weite Ferne.[2] Dennoch werden Investitionen in ein starkes Bildungssystem, zu dem jedes Kind Zugang hat – auch in Krisen und Konflikten und ganz gleich, woher ein Kind kommt und wo es sich gerade aufhält –, in zahlreichen Staaten der Welt weder politisch noch finanziell priorisiert. Insbesondere Länder mit niedrigem Einkommen und mittlerem Einkommen im unteren Bereich haben oftmals keine Möglichkeit, mehr Gelder zu investieren. Auch im Rahmen der internationalen bi- und multilateralen Unterstützung ist Bildung erheblich unterfinanziert, insbesondere im Vergleich mit anderen Sektoren (vgl. Abb. 1).

Der Finanzierungsbedarf steigt

Um SDG 4 zu erreichen, müssen Nationalstaaten wie internationale Geldgeber[3] den Trend zu sinkenden Bildungsausgaben nicht nur dringend stoppen, sondern die öffentlichen Ausgaben für Bildung signifikant erhöhen. Allein in den letzten fünf Jahren ist der Finanzierungsbedarf für Bildung in Krisengebieten um 21 Prozent gestiegen, als Resultat sowohl langanhaltender als auch neuer humanitärer Krisen.[4] Prognosen zufolge könnten sich hierdurch die weltweit berechneten Bildungsausgaben bis 2030 um bis zu 9 Milliarden US-Dollar zusätzlich erhöhen. Auswirken würde sich dies vor allem in Ländern der unteren Einkommensgruppe, die hauptsächlich von Konflikten und Naturkatastrophen betroffen sind.[5] Wird den aktuellen Trends nicht umgehend entgegengewirkt, wird sich die Bildungssituation von Kin-

44 2 Die Finanzierung von Bildung in Krisen und Konflikten

Abbildung 1: **Trends in den Leistungen der öffentlichen Entwicklungszusammenarbeit (ODA) weltweit, nach Sektoren** in Milliarden US-Dollar*

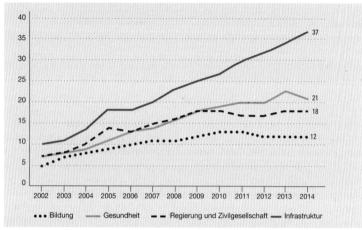

* Enthält nur direkte Unterstützung des Sektors, keine Anrechnung von Budgethilfen

Quelle: Analyse der Education Commission auf der Basis von OECD-DAC-Daten, 2016

dern in Krisen- und Konfliktregionen zunehmend verschlechtern: Im Jahr 2030 wird nicht nur SDG 4 nicht erreicht sein. Mit rund 825 Millionen von insgesamt 1,6 Milliarden wird sogar noch ein weitaus größerer Anteil junger Menschen als derzeit von Bildungsmöglichkeiten ausgeschlossen sein.[6]

Kinder, die in Konflikt- oder Krisenregionen leben, werden so zu einer verlorenen Generation (vgl. Abb. 2). Wird nicht mehr in den Zugang zu Bildung investiert, wird dies noch lang andauernde Auswirkungen auf die betroffenen Postkonfliktländer und Nachbarländer haben.[7]

Die finanzielle Unterstützung schwankt[8]

Jährlich werden 8,5 Milliarden US-Dollar benötigt, um allein die 75 Millionen Kinder zu erreichen, die aufgrund von Krisen und Konflikten keinen adäquaten Zugang zu Bildung haben.[9] Die Ausgaben für Bildung im Rahmen der humanitären Hilfe haben sich zwar weltweit erhöht, sie bleiben jedoch mit 2,7 Prozent nach wie vor weit unter den dringend benötigten 4 Prozent der Gesamtausgaben für humanitäre Hilfe. Zudem schwanken die Investitionen in Bildung im Rahmen der humanitären Hilfe sehr (vgl. Abb. 3).[10] Dadurch kann die in der Bildung so dringend notwendige Kontinuität und Planbarkeit nicht gewährleistet werden. Die Vernachlässigung des Bildungssektors wird besonders deutlich, wenn man die zunehmende Dauer humanitärer Notsituationen betrachtet: Für 90 Prozent aller Länder, für die es im Jahr 2014 aufgrund einer Krisensituation einen Aufruf zu humanitärer Hilfe gab, musste dieser mindestens drei Jahre lang aufrechterhalten werden. Humanitäre Hilfe muss deshalb dringend stärker mit längerfristigen strukturellen Maßnahmen der Entwicklungszusammenarbeit verknüpft werden.[11]

Richtungswandel dringend notwendig – die Akteure

Damit das Recht auf Bildung bis 2030 für jedes Kind Wirklichkeit wird, braucht es dringend kontinuierliches und verstärktes politisches und finanzielles Engagement – durch nationale Haushalte und internationale, besonders in Ländern mit geringem Einkommen.

Lang andauernde Krisensituationen erfordern zudem planbarere und flexiblere Modelle der Bil-

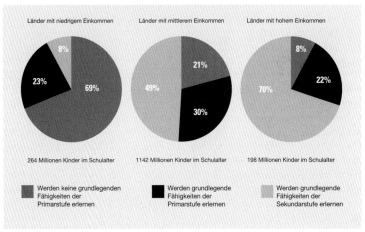

Abbildung 2: **Die globale Bildungskrise: Die voraussichtlichen Lernergebnisse von Kindern und Jugendlichen im Jahr 2030**

Länder mit niedrigem Einkommen — 264 Millionen Kinder im Schulalter: 8%, 23%, 69%

Länder mit mittlerem Einkommen — 1142 Millionen Kinder im Schulalter: 21%, 30%, 49%

Länder mit hohem Einkommen — 198 Millionen Kinder im Schulalter: 8%, 22%, 70%

- Werden keine grundlegenden Fähigkeiten der Primarstufe erlernen
- Werden grundlegende Fähigkeiten der Primarstufe erlernen
- Werden grundlegende Fähigkeiten der Sekundarstufe erlernen

Quelle: Prognose der Education Commission, 2016

2 Die Finanzierung von Bildung in Krisen und Konflikten

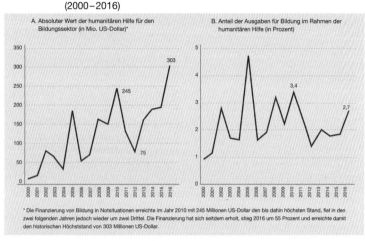

Abbildung 3: **Die Finanzierung von Bildung in Notsituationen hat im Jahr 2016 einen historischen Höchststand erreicht**
Ausgewählte Daten zur Finanzierung des Bildungssektors (2000–2016)

* Die Finanzierung von Bildung in Notsituationen erreichte im Jahr 2010 mit 245 Millionen US-Dollar den bis dahin höchsten Stand, fiel in den zwei folgenden Jahren jedoch wieder um zwei Drittel. Die Finanzierung hat sich seitdem erholt, stieg 2016 um 55 Prozent und erreichte damit den historischen Höchststand von 303 Millionen US-Dollar.

Quelle: Büro für die Koordination humanitärer Angelegenheiten (OCHA), 2017

dungsfinanzierung sowie mehr Engagement für innovative und koordinierte Maßnahmen.

Nationalstaaten müssen ihre Bildungsausgaben entsprechend der nationalen Wachstumsquoten erhöhen – vor allem im Vergleich zu Investitionen in andere Sektoren – und starke nationale Bildungsaktionspläne etablieren.

Eine tragende Rolle spielen aber auch die Leistungen der öffentlichen Entwicklungszusammenarbeit. Die International Commission on Financing Global Education Opportunity (kurz: Education Commission) empfiehlt, mehr Gelder über multilaterale Mechanismen zu investieren. So kann gewährleistet werden, dass diese für Bildung gebündelt und gezielt eingesetzt werden können. Dies ist bereits in anderen Bereichen der Fall: Im Gesundheitssektor werden 60 Prozent der Gelder multilateral eingesetzt. Im Vergleich dazu, sind es im Bildungssektor bisher nur ein Drittel.

Hier drei Beispiele für komplementäre multilaterale Finanzierungsinitiativen, die zusammen mit nationalen Bildungsausgaben und externen Geldern die Finanzierungslücken bis 2030 füllen sollen: Die »Global Partnership for Education« (GPE), der Fonds »Education Cannot Wait« (ECW) sowie die »In-

Der Fonds »Education Cannot Wait« – Bildung in Krisen und Konflikten darf nicht warten!

Gelder des Fonds »Education Cannot Wait« (ECW) werden gezielt eingesetzt, wenn Bildung stark unterfinanziert ist und schnell und flexibel Mittel benötigt werden:
- in der humanitären Hilfe nach Naturkatastrophen,
- in lang andauernden Notsituationen, die den Zugang zu Bildung gefährden können,
- in Krisensituationen durch Flucht und Vertreibung, von denen meist auch die aufnehmende Bevölkerung betroffen ist,
- in Notsituationen in Ländern mit geringem Einkommen wie auch in Ländern mit mittlerem Einkommen, die geeignete Maßnahmen selbst nicht finanzieren können.

Über den ECW-Fonds konnten beispielsweise in Afghanistan, der Zentralafrikanischen Republik und in der Ukraine direkt zu Beginn einer Krisenreaktion Gelder zur Verfügung gestellt werden.
Im Rahmen von mehrjährigen Finanzierungen helfen Mittel aus dem Fonds Ländern dabei, längerfristig für den Bildungssektor zu planen und diesen zu finanzieren. Der Fonds unterstützt gezielt die Zusammenarbeit der Regierungen mit Akteuren der internationalen Zusammenarbeit und schafft eine Brücke zwischen humanitärer Hilfe und längerfristiger Entwicklungszusammenarbeit.

Neben der Akquise finanzieller Mittel bis 2030 ist es das erklärte Ziel von ECW, nationale und globale Kapazitäten zu stärken. So soll in Notsituationen besser reagiert und die Koordination optimiert werden können. Darüber hinaus soll auch eine breitere Wissens- und Datenbasis entstehen, um passende Entscheidungen treffen zu können und um zu wissen, was funktioniert und was nicht.

In der Aufbauphase ist das Sekretariat des Fonds bei UNICEF angesiedelt. Langfristig soll es jedoch von einem anderen Partner, beispielsweise dem Global Partnership for Education (GPE) übernommen werden. Das Ziel von ECW ist es, bis 2021 3,85 Milliarden US-Dollar aufzubringen. Bis April 2017 waren bereits 113 Millionen US-Dollar durch öffentliche Geber zusammengekommen und noch einmal 100 Millionen US-Dollar durch den Privatsektor. ECW wird aktuell unterstützt durch die GPE, die Regierung Norwegens, die deutsche Bundesregierung, das britische Department for International Development (DFID) und den UN-Sonderbeauftragten für Bildung.[12]

---

ternational Financing Facility for Education« (IFFEd).

1) Die GPE will die Bildungssysteme der 89 ärmsten Länder (und somit der Länder, die am weitesten davon entfernt sind, die SDGs zu erreichen) nachhaltig stärken. Sie arbeitet eng mit Regierungen und anderen Partnern zusammen, um langfristig sowohl die nationale Fi-

nanzierung des Bildungssektors als auch externe bi- und multilaterale Beiträge zu gewährleisten.

2) Der ECW-Fonds (vgl. Kasten) wurde im Mai 2016 auf dem »World Humanitarian Summit« in Istanbul etabliert. Er zielt, ergänzend zur GPE, darauf ab, den drastischen Finanzierungslücken im Bildungssektor speziell in Ländern mit geringem Einkommen sowie während Krisen und Konflikten entgegenzuwirken. ECW adressiert damit gezielt die Haupthindernisse der Finanzierung, um bis 2030 Bildung für jedes Kind zu ermöglichen.

3) IFFEd entstand auf Vorschlag der Education Commission. Sie wurde im Juli 2015 auf der Konferenz »Education for Development« in Oslo mit dem Ziel gegründet, gezielt Mechanismen zu identifizieren, um bis 2030 Finanzierungslücken zu schließen. IFFEd ist darauf ausgelegt, die anderen beiden Mechanismen zu ergänzen – durch die zusätzliche Mobilisierung von Geldern über multilaterale Entwicklungsbanken. So sollen in Form von Krediten attraktive Finanzierungspakete entstehen, insbesondere für Länder mit mittleren Einkommen.

Die GPE, der ECW-Fonds und IFFEd sollen zusammenwirken, um Bildungssysteme wiederaufzubauen und zu stärken. Dies geschieht durch die koordinierte Unterstützung der Bildungspläne der Länder und der humanitären Krisenreaktion, während die nötigen Ressourcen zur Erreichung des SDG 4 sichergestellt werden sollen.

Das braucht eine gute Finanzierung für Bildung

All dies funktioniert jedoch nur, wenn alle Geber kohärent und in enger Zusammenarbeit tätig sind und Doppelstrukturen sowie unnötige bürokratische Kosten vermeiden. Finanzierungsmechanismen allein reichen zudem nicht aus: Es braucht mehr Engagement aller Akteure, um Einstellungen zu verändern und Bildung bedarfsgerecht zu priorisieren. Zwei konkrete Schritte sind dabei essenziell: Zum einen müssen Geber ihre Zusagen der öffentlichen Entwicklungszusammenarbeit (»Official Development Assistance«/ODA) auf mindestens 0,7 Prozent ihres Bruttonationaleinkommens erhöhen und 10 Prozent hiervon für Bildung ausgeben. Zum anderen müssen die Zusagen proportional zu den Finanzierungslücken der Empfängerländer gegeben werden, so dass – mit Blick auf SDG 4 – die Unterstützung für Bildung auch dort ankommt, wo sie am meisten gebraucht wird.[13]

Lena Dietz und Susanne Hassel, UNICEF Deutschland

Anmerkungen

1 Rund 97 Prozent der weltweiten Bildungsausgaben werden durch nationale Haushalte finanziert, während die restlichen 3 Prozent durch externe Unterstützung gewährleistet werden. Vgl.: International Commission on Financing Global Education Opportunity, the Education Cannot Wait fund and the Global Partnership for Education: Overview of Education Financing Mechanisms (2017). Unter: www.educationcannotwait.org/wp-content/uploads/2016/05/Education_Financing-Mechanisms.pdf

2 Vgl.: www.un.org/sustainabledevelopment/education/

3 International Commission on Financing Global Education Opportunity, the Education Cannot Wait fund and the Global Partnership for Education: Overview of Education Financing Mechanisms

4 UNESCO: Aid to education is stagnating and not going to countries most in need, Policy Paper 31, Paris (Mai 2017). Unter: http://unesdoc.unesco.org/images/0024/002495/249568e.pdf

5 Vgl. beispielsweise UNESCO: Global Monitoring Education Report, Education for People and Planet, Paris (2016) unter: http://unesdoc.unesco.org/images/0024/002457/245752e.pdf sowie UNESCO: Aid to education.

6 International Commission on Financing Global Education Opportunity, the Education Cannot Wait fund and the Global Partnership for Education: Overview of Education Financing Mechanisms

7 Vgl.: UNICEF: Education Uprooted, New York (September 2017); International Commission on Financing Global Education Opportunity: The Learning Generation. Investing in Education for a Changing World; die UNHCR-Initiative »Left behind« unter: www.unhcr.org/left-behind; UNICEF: Annual Report 2016 (Juni 2017), S. 41 unter: www.unicef.org/publications/files/UNICEF_Annual_Report_2016.pdf

8 Dieser Abschnitt gibt einen Überblick zu den globalen Entwicklungen. Zum deutschen Beitrag zur Förderung von Bildung in Krisen und Konflikten siehe die Studie der Globalen Bildungskampagne »Bildung darf nicht warten« (2017). Mehr unter: https://www.bildungskampagne.org/bildung-darf-nicht-warten-0

9 International Commission on Financing Global Education Opportunity, the Education Cannot Wait fund and the Global Partnership for Education: Overview of Education Financing Mechanisms

10 UNESCO: Aid to education

11 Ebd.

12 Vgl.: »Education Cannot Wait« unter www.educationcannotwait.de; UNICEF: Annual Results Report 2016, Education, New York (Juni 2017); UNICEF: Education Uprooted; International Commission on Financing Global Education Opportunity, the Education Cannot Wait fund and the Global Partnership for Education: Overview of Education Financing Mechanisms; UNESCO: Aid to education

13 UNESCO: Aid to education

3 Bildung von Anfang an – ein Interview mit Pia Britto, Leiterin Early Childhood Development, UNICEF New York

Anna Stechert

© UNICEF/DT2015–43375/Manfred Kutsch

Für Pia Britto ist die frühe Kindheit die wirksamste und kosteneffizienteste Zeit, um die Zukunft von Kindern zu gestalten. Denn wenn wir in dieses einzigartige Zeitfenster investieren, lassen sich Kindern gleiche Chancen ermöglichen sowie soziale Ungerechtigkeit bekämpfen und schlussendlich der generationenübergreifende Teufelskreis der Armut durchbrechen. Im Interview erläutert Pia Britto aktuelle wissenschaftliche Erkenntnisse und deren Bedeutung für frühkindliche Entwicklung und Bildung.

Warum sind die ersten Lebensjahre eines Kindes so wichtig für seine Entwicklung?

Frühkindliche Entwicklung (»Early Childhood Development« / ECD) ist vielschichtig und umfasst zahlreiche Aspekte kindlichen Wohlbefindens. In den Industrieländern gibt es bereits eine Fülle von Belegen zu Notwendigkeit und positivem Einfluss von Frühförderung. Doch in den Entwicklungsländern stehen wir bei dem Wissen und den Erkenntnissen darüber, was in verschiedenen geografischen, soziokulturellen und wirtschaftlichen Kontexten funktioniert, erst am Anfang.
Aktuell revolutionieren die Fortschritte in der Neurowissenschaft unser Wissen über frühkindliche Entwicklung. In den ersten Lebensjahren haben die Bedingungen, unter denen ein Kind aufwächst, einen ähnlich starken Einfluss auf die Entwicklung des Gehirns wie seine Gene. In dieser Zeit bilden sich im Gehirn neue neuronale Verbindungen mit einem später im Leben nie wieder erreichten Rekordtempo: mit bis zu 1000 Verbindungen pro Sekunde. Diese atemberaubende Geschwindigkeit beeinflusst die gesamte geistige, soziale und emotionale Entwicklung eines Kindes.
Neuronale Verbindungen sind sozusagen die Bausteine kindlicher Zukunft. Und je bereichernder das Umfeld ist, desto mehr neuronale Verbindungen werden gebildet. Kinder, die in ihren ersten Lebensjahren in einem anregenden Umfeld Liebe, gute Ernährung und Schutz erfahren, werden widerstandsfähig. Sie lernen effektiv und können später als Erwachsene zu starken, sicheren Gemeinschaften und letztlich auch Volkswirtschaften beitragen. Spielen, verantwortungsvolle Fürsorge, Sprechen, angemessene Ernährung – all das sind wesentliche Beiträge zur Entwicklung des Gehirns. Bis zum Alter von drei Jahren hat das Gehirn bereits etwa 87 Prozent seines Gewichts erworben! Und das Gehirn eines Kindes in diesem Alter ist etwa doppelt so aktiv wie das eines Erwachsenen.

Indem wir den Körper, das Gehirn und das Lebensumfeld junger Kinder vom Zeitpunkt ihrer Empfängnis bis etwa zum Alter von fünf Jahren gezielt fördern und schützen, können wir dauerhaft zu einer positiven Entwicklung ihrer Lebensgrundlagen beitragen. Diese Erkenntnis zeigt sich auch darin, dass frühkindliche Entwicklung zum ersten Mal ausdrücklich Teil der nachhaltigen Entwicklungsziele bis 2030 ist. Unter dem Ziel 4 zum Thema Bildung strebt Unterziel 4.2 ausdrücklich an, dass bis 2030 »alle Mädchen und Jungen Zugang zu hochwertiger frühkindlicher Erziehung, Betreuung und Vorschulbildung erhalten, damit sie auf die Grundschule vorbereitet sind«. »Early Childhood Development« ist darüber hinaus eng mit anderen Zielen verbunden wie beispielsweise Armutsbekämpfung, Gesundheit und Ernährung, Gleichstellung von Frauen und Mädchen sowie dem Schaffen friedlicher Gesellschaften.

Viele denken bei »Early Childhood Development« als Erstes an Kindergärten – was genau versteht UNICEF alles darunter?

UNICEF geht es darum, dass die frühe Kindheit als das beste Zeitfenster zur Beeinflussung der kindlichen Entwicklung erkannt wird. Das fängt schon damit an, dass schwangere Frauen gut ernährt und medizinisch versorgt sind. Sie müssen außerdem in der Lage sein, ihren Kindern von Geburt an das notwendige Maß an Pflege und Fürsorge, Nahrung, Schutz sowie Anregungen zukommen zu lassen. Anregungen sowie die Interaktion mit Eltern und Betreuungspersonen sind die beste Starthilfe für die Entwicklung des kindlichen Gehirns. Umfangreiche Forschungen haben ergeben, dass diese Faktoren die Lernfähigkeit dauerhaft stärken – und die Funktion des Gehirns womöglich für das restliche Leben prägen können.

Und mehr noch: Frühe Anregungen und gesunde, positive Interaktionen zwischen Kindern und Betreuern wirken sich auf beide Generationen positiv aus. Eine starke frühe Bindung und Interaktion zwischen Kind und Betreuungsperson stimuliert die Ausschüttung von Oxytocin. Dieses äußerst wichtige Hormon löst bei Kind und Mutter miteinander zusammenhängende neuronale Effekte sowie Verhaltenseffekte aus. Bei Müttern kann Oxytocin ein längeres Stillen fördern. Dadurch wird das Kind besser ernährt und sein Gehirn entwickelt sich positiver. Das Stillen bedeutet darüber hinaus Anregung und Fürsorge für das Kind. Dadurch wird das Band zwischen Kind und Betreuungsperson weiter gestärkt. All das begünstigt eine gesunde Entwicklung des Gehirns.

Wie also Kinder in ihren ersten Lebensjahren betreut werden, kann sich für den Rest ihres Lebens auf ihre Gehirnfunktionen auswirken – und womöglich sogar auf künftige Generationen. Wir lernen immer mehr darüber, wie frühkindliche Betreuung, Sozialisierung und Erziehungsmethoden das Verhalten in der frühen Kindheit beeinflussen und sich darüber hinaus auf Verhalten, Aggressionen und Lebenstüchtigkeit im Erwachsenenalter auswirken. Diese Faktoren können sogar die genetische Veranlagung beeinflussen, indem sie buchstäblich Gene und mit ihnen verbundene Funktionen »an- oder ausschalten«.

Ein wichtiger Faktor ist auch die Ernährung: In der Schwangerschaft und im Säuglingsalter ist das Gehirn ein »Energiefresser«. Es verbraucht zwischen 50 und 75 Prozent der Energie, die vom Körper aus der Nahrung absorbiert wird, einschließlich Fetten, Proteinen, Vitaminen und Mineralien. Nahrungsmangel wirkt sich in diesen Phasen auf eine Weise auf Struktur und Funktionen des Gehirns aus, die später nur schwer wieder ausgeglichen werden kann.

Der menschliche Körper priorisiert in einem komplexen System aus »Anfordern« und »Liefern«, wie und wo Nährstoffe verteilt und aufgenommen werden. Ein hohes Stressniveau untergräbt die körpereigene Fähigkeit, wichtige Nährstoffe für eine gesunde Entwicklung des Gehirns umzuwandeln. Stress wirkt sich darüber hinaus auch auf die Absorptionskapazität anderer lebenswichtiger Organe aus. Er verringert potenziell auch die Wirksamkeit von Nahrungsergänzungsmitteln, die zum Beispiel unterernährte Kinder in Notsituationen erhalten. Ein intelligentes Eingreifen sollte daher Ernährung mit Stressreduzierung verknüpfen – so verbessern sich sowohl der Ernährungszustand als auch die Hirnentwicklung des Kindes.

Was passiert im Gegenzug, wenn Kinder keine ausreichende Unterstützung erhalten?

Wenn ein Säugling oder Kleinkind Gewalt, Missbrauch oder Vernachlässigung erfährt oder Hunger leidet, tritt sogenannter toxischer Stress auf – dabei handelt es sich um schwerwiegende, oftmals chronische und sich gegenseitig verstärkende Nöte. Das Nervensystem reagiert auf die Bedrohungen, indem es eine Stressreaktion des Körpers auslöst und dafür Energie und Nährstoffe aus dem Gehirn abzieht. Es wird vermehrt Cortisol freigesetzt, ein Stresshormon, das die Entwicklung der Gehirnzellen sowie die Bildung neuronaler Verbindungen stört und somit Gesundheit, Lernen und Verhalten schädigt – mit oft lebenslangen Auswirkungen.

Erhalten kleine Kinder keine ausreichende Fürsorge, besteht die Gefahr, dass ihre Hirnstruktur sich

| Abbildung: | **Das Gehirn eines dreijährigen Kindes, links normal, rechts stark unterentwickelt** |

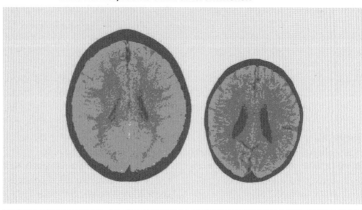

nicht ausreichend entwickelt. Wir wissen, dass Kindesmisshandlung zu einem geringeren Volumen genau der Gehirnareale führen kann, die für Lernen und Erinnerung zuständig sind. Wir wissen auch, dass Kinder, die besonders in den ersten beiden Lebensjahren keine ausreichende Fürsorge erhalten, anfälliger für die Auswirkungen von Stress sind und eher Verhaltensstörungen entwickeln als gut versorgte Kinder. Damit das Gehirn sich normal entwickeln kann, muss ein Kind sich sicher fühlen. Ein besseres Verständnis des »internen« Prozesses der Risikobewertung, auch Neurozeption genannt, sollte unsere Bemühungen verstärken, für Kinder ein Umfeld von Sicherheit und Fürsorge zu schaffen.

Denn Wachstumsverzögerungen im frühen Kindesalter haben tiefgreifende Folgen: Sie können zu einem niedrigeren Bildungsstand, geringerem Einkommen im Erwachsenenalter und chronischen Krankheiten führen. Die Entbehrungen gehen jedoch nicht nur zulasten der Zukunft des einzelnen Kindes oder der einzelnen Familie. Kinder, die in ihren ersten Lebensjahren kein förderndes Umfeld mit Gesundheitsversorgung, ausreichend Nahrung, liebevoller Pflege, Geborgenheit, Sicherheit und der Chance zum Lernen haben, werden potenziell eines Viertels ihrer Verdienstmöglichkeiten als Erwachsene beraubt.

Welchen Nutzen hat frühkindliche Förderung aus wirtschaftlicher Sicht?

Wir wissen heute, dass die Grundlagen für die Verbindungen im Gehirn bis zum fünften Geburtstag gelegt sind. Umfassende Analysen des Ökonomen und Gewinners des Wirtschaftsnobelpreises James J. Heckman resultierten in der sogenannten Heckman-Kurve. Sie veranschaulicht, dass bei Bildungsinvestitionen der höchste Ertrag durch vorschulisches Lernen zu erzielen ist.

Ökonomen preisen die Investition in Frühförderung als eine der kosteneffektivsten Lösungen für nachhaltigeres Wachstum. Den Ertrag beschreiben sie mit dem höheren Lern- und Verdienstpotenzial der Menschen sowie insgesamt höherer Produktivität. Verbunden ist dies mit geringeren Belastungen für das Gesundheitswesen, für Justiz sowie Jugendhilfe und soziale Sicherungssysteme sowie weniger gesellschaftlichen Kosten durch niedrige Produktivität.

In 73 Ländern zahlten sich höhere Einschulungsraten in der Vorschule bei künftigen Löhnen mit 6,4 bis 17,6 US-Dollar pro investiertem US-Dollar aus. Diese Simulation deutet auf potenzielle langfristige Gewinne zwischen 11 und 34 Milliarden US-Dollar hin.

Was tut UNICEF?

UNICEF arbeitet weltweit mit Regierungen und Partnern zusammen, um Eltern bei ihrer wichtigen Aufgabe zu unterstützen. Denn Mütter und Väter sowie weitere Betreuungspersonen sind entscheidend für die frühkindliche Entwicklung. Die Interaktion mit ihnen ist quasi die Initialzündung für die Gehirnentwicklung. Entscheidend für Gesundheit und seelisches Wohlbefinden von Kindern ist auch der Schutz vor Gewalt und Missbrauch. Eltern und Betreuer in vielen Ländern sehen sich jedoch im Alltag enormen Herausforderungen gegenüber – beispielsweise Konflikten, Gewalt, extremer Armut und Krankheiten.

UNICEF hilft deshalb zum Beispiel, Frauen in Müttergruppen über die Bedeutung des Stillens zu informieren und sie darin zu bestärken. Die Eltern erhalten hier zudem Informationen, wie sie ihre Kinder auch mit begrenzten Mitteln ausgewogener ernähren können. In manchen Ländern werden Hausbesuche Freiwilliger organisiert. Sie zeigen den Eltern, wie sie sich spielerisch mit ihrem Kind beschäftigen und es dadurch fördern können. UNICEF hilft aber auch, jungen Kindern den Vorschulbesuch und andere Lernmöglichkeiten zu eröffnen – von der Errichtung mobiler Vorschul-Jurten in der Mongolei bis hin zu kinderfreundlichen Rückzugsorten für Kinder in Krisengebieten.

Gerade in Kriegs- und Konfliktsituationen sind Kinder oftmals toxischem emotionalen Stress bis hin zu extremen Traumata ausgesetzt – mit all den erwähnten negativen Folgen für ihre kognitive, soziale und körperliche Entwicklung. Konfliktsituationen rauben Kindern ihre Sicherheit, töten Familienmitglieder oder Freunde und nehmen ihnen ihre Alltagsroutinen und Spielmöglichkeiten. Genau das sind aber die wichtigsten Elemente einer Kindheit, die Kindern wichtige Grundlagen für ihr späteres Erwachsenenleben mitgeben.

In Konfliktsituationen und nach Naturkatastrophen versorgt UNICEF deshalb Kinder und Betreuer mit wichtigen Hilfsgütern und Unterstützungsleistungen. Dazu gehören Lernmaterialien, psychosoziale Betreuungsangebote und sichere kinderfreundliche Orte. All das hilft, inmitten eines Konflikts wieder ein Stück Kindheit möglich zu machen. Allein im Jahr 2016 hat UNICEF im Rahmen der Nothilfe 2,3 Millionen Kinder mit psychosozialen Betreuungsangeboten erreicht. 6,4 Millionen Kinder erhielten Zugang zu Bildung – zum Beispiel in Zeltschulen oder provisorischen Klassenzimmern.

Was fordern Sie zusammenfassend?

Wirtschaftsanalysen aus Industrie- und Entwicklungsländern gelangen übereinstimmend zu einer Erkenntnis: Investitionen in die frühen Lebensjahre bringen für Familien, Gesellschaften und die Entwicklung ganzer Länder hohe Erträge. Die Forderung, genau hier zu investieren, basiert jedoch nicht nur auf den Erträgen, sondern auch auf den Kosten des Nichthandelns. Die enorme Bedeutung von Frühförderung in den ersten Lebensjahren ist wissenschaftlich erwiesen. Sie kann helfen, die Auswirkungen negativer Erfahrungen in der frühen Kindheit abzumildern. Denn diese können, sofern sie nicht angegangen werden, diverse Folgeerscheinungen nach sich ziehen. Dazu zählen Gesundheitsprobleme wie Fettleibigkeit, Herz-Kreislauf-Erkrankungen und Diabetes. Des weiteren ein niedriges Bildungsniveau, wirtschaftliche Abhängigkeit, erhöhte Gewalt- und Verbrechensraten, vermehrter Drogenmissbrauch und Depressionen. All dies bedeutet zusätzliche Belastungen und Kosten für eine Gesellschaft.

Regierungen müssen deshalb dringend in Früherziehung, Ernährung, Kinderschutz und Gesundheitsprogramme investieren. So hat beispielsweise Uganda vor kurzem eine neue landesweite und ressortübergreifende Frühförderungsstrategie mit dem Schwerpunkt Hirnentwicklung angekündigt. Eine wichtige Rolle spielen Fachkräfte aus Wissenschaft, Medizin, Krankenpflege und Gemeindehilfe. Sie müssen ganzheitlich arbeiten und jenseits der rein medizinischen Versorgung auch zusätzliche Faktoren einbeziehen, die zur Formung des kindlichen Gehirns beitragen. Und wir brauchen das aktive Handeln derjenigen, die den größten Anteil an der kindlichen Entwicklung haben: Eltern und Betreuungspersonen. Ihre Aufgabe ist es, ein bereicherndes Umfeld ohne verbale und körperliche Gewalt zu schaffen – ein Umfeld, in dem sie jede Gelegenheit nutzen, ihren Babys Zuneigung und Aufmerksamkeit zukommen zu lassen, ihnen zum Beispiel wann immer möglich vorzulesen oder vorzusingen. Diese frühen Momente sind und bleiben die wichtigsten.

Extreme Stresssituationen bedeuten für kleine Kinder ein wesentlich höheres Risiko, später Verhaltensstörungen sowie kognitive und emotionale Probleme zu entwickeln. Und diese haben oft bleibende Auswirkungen auf die Schulfähigkeit bzw. den späteren Schulerfolg der Kinder. Bei benachteiligten Kindern vervielfältigt sich so die Wirkung der fehlenden Entwicklungsförderung: Kinder, die in Armut aufwachsen, erwerben weniger Bildung als Kinder aus wohlhabenderen Haushalten, zum Teil, weil sie mehr Schwierigkeiten haben, in der Schule zu lernen.

In den ersten Lebensjahren wird die Grundlage für die kognitive, soziale und emotionale Entwicklung von Kindern gelegt. Damit bietet diese wichtige Zeit auch die Chance, benachteiligten Kindern zu mehr Chancengleichheit beim Schulbeginn zu verhelfen. Wenn wir Armutsbekämpfung und Chancengerechtigkeit für alle Kinder ernst nehmen, müssen wir in ihre ersten Lebensjahre investieren.

Dr. Pia Britto ist seit 2014 Leiterin Early Childhood Development, UNICEF New York. Sie hat im Fach Entwicklungspsychologie promoviert und war vor ihrem Einstieg bei UNICEF Assistant Professor an der Yale University (USA). Das Interview mit ihr führte *Anna Stechert*, UNICEF Deutschland.

4 Bildungszugang für Flüchtlingskinder – das Beispiel Jordanien

Phuong T. Nguyen

© UNICEF/DT2014–51219/Ninja Charbonneau

4 Bildungszugang für Flüchtlingskinder – das Beispiel Jordanien

Der Konflikt in Syrien hält an – nach über sechs Jahren Krieg und Vertreibung ist noch immer keine politische Lösung in Sicht, die den Millionen Flüchtlingen in der Region eine Rückkehr in ihre Heimat ermöglichen würde. Das wiederholt von humanitären Krisen in Nachbarländern betroffene Jordanien beherbergt derzeit 2,7 Millionen Flüchtlinge. Dazu gehören 656170 gemeldete Flüchtlinge aus Syrien (52 Prozent davon Kinder), 60000 aus Irak (34 Prozent Kinder) und über 2,1 Millionen palästinensische Flüchtlinge, die schon seit langem im Land sind.[1] Davon sind über 212000 Kinder im Schulalter direkt vom Konflikt betroffen, sei es durch den Tod oder die Trennung von Freunden und Angehörigen, durch die Vertreibung aus ihrem Zuhause oder die Zerstörung ihrer Häuser. Die Erfahrungen, die diese Kinder und Jugendlichen in Jordanien machen, werden ihr Wohlbefinden und ihre Zukunft maßgeblich prägen.

Seit Beginn der syrischen Flüchtlingskrise hilft UNICEF zusammen mit der internationalen Gemeinschaft, die Situation der Flüchtlingskinder in Jordanien zu verbessern, besonders im Bereich Bildung. 2013 haben UNICEF und seine Partner die Initiative »No Lost Generation« ins Leben gerufen, um auf die Not der vom Krieg in Syrien betroffenen Kinder hinzuweisen.[2] Bildung und Kinderschutz sind dabei zentrale Elemente – in Syrien wie auch in den fünf Aufnahmeländern der Region mit der größten Zahl an Flüchtlingen: Jordanien, Libanon, Türkei, Ägypten und Irak. UNICEF und seine Partner arbeiten im Rahmen der Initiative »No Lost Generation« zusammen, um besseren Zugang zu Lernen und psychosozialer Unterstützung zu ermöglichen, um sozialen Zusammenhalt und friedensschaffende Maßnahmen zu stärken – und um die Hoffnung auf eine Zukunft wiederherzustellen.

Im Februar 2016 traf sich die internationale Gemeinschaft auf der Unterstützerkonferenz »Supporting Syria and the Region« in London. Man wollte gemeinsam dauerhaftes Engagement für Syrien und die Region erreichen und verhindern, dass eine ganze Generation von Kindern und Jugendlichen zur verlorenen Generation wird – mit einem Appell in Höhe von insgesamt jährlich 1,4 Milliarden US-Dollar. Auf der Konferenz wurden ehrgeizige Ziele festgelegt für die Bildung von Kindern in Syrien, von Flüchtlingskindern außerhalb des Landes sowie zur Unterstützung der Gastgeberländer. Im Nachgang sagte die jordanische Regierung zu, dass sie mit ausreichender Unterstützung der internationalen Gemeinschaft dafür sorgen werde, dass »jede Schule ein sicheres, inklusives und tolerantes

Umfeld mit psychosozialer Unterstützung für alle Flüchtlingskinder« im Rahmen des »Jordan Compact«[3] bieten werde. Im »Jordan Compact« wurde die Verantwortung für die Flüchtlingskrise in Jordanien als eine globale anerkannt, anstatt Jordanien als Aufnahmeland die Last allein tragen zu lassen. Die Geber einigten sich darauf, Mittel für den Zugang weiterer 50 000 syrischer Kinder zum staatlichen Schulsystem bereitzustellen – zum Beispiel durch die Einrichtung einer zusätzlichen Nachmittagsschicht an über 100 ausgewählten Schulen.

UNICEF unterstützt das jordanische Bildungsministerium dabei, Bildungschancen für alle schutzbedürftigen Kinder auszubauen – für syrische Flüchtlinge, Kinder aus den Schutz gewährenden Gemeinden sowie Kinder aus anderen Ländern. Die Initiative »No Lost Generation« unterstützt die nationale Führungsrolle der jeweiligen Bildungsministerien und setzt sich auf Basis nationaler Pläne für Partnerschaften ein. Ziel ist es, unmittelbare Hilfsleistungen mit langfristigen Entwicklungsbemühungen für Bildung, Kinderschutz und Engagement von Kindern und Jugendlichen zu verknüpfen. UNICEF betont besonders, dass strategische Investitionen in Bildung Kinder mit Fähigkeiten und einem Sinn für gesellschaftliche Verantwortung ausstatten und ihnen dabei helfen können, ihre Gesellschaft wiederaufzubauen.

Des weiteren brachte der »Jordan Response Plan« nationale und internationale Entwicklungspartner unter Schirmherrschaft der jordanischen Regierung zusammen. Ziel war ein umfassendes Programm von Maßnahmen, um es Jordanien zu ermöglichen, auf die Krise in Syrien zu reagieren, ohne dabei die langfristigen Entwicklungsbemühungen des Landes zu gefährden.[4] Der »Jordan Response Plan« bettet die Hilfsmaßnahmen für Flüchtlinge programmatisch in die jordanischen Entwicklungspläne ein. Er hilft so beim Aufbau nachhaltiger Unterstützungssysteme, die sowohl die Bedürfnisse der Flüchtlinge als auch die benachteiligter Aufnahmegemeinden berücksichtigen. Der Plan hilft, unmittelbare Bedürfnisse zu erfüllen, öffentliche Dienste und Infrastruktur wiederherzustellen und zu stärken, Chancen auf Beschäftigung und Lebensunterhalt zu fördern sowie die Bewältigungskapazitäten der schutzbedürftigsten Bevölkerungsgruppen zu stärken.

Im Rahmen des »Jordan Response Plan« sowie des »Regional Refugee and Resilience Plan« (3RP) für syrische Flüchtlinge und deren Aufnahmeländer unterstützt UNICEF die jordanische Regierung bei der auf der Konferenz in London angekündigten, beschleunigten Ausweitung des Zugangs zum staatlichen Bildungssystem. Darüber hinaus:

1) unterstützt UNICEF die jordanische Regierung dabei, die Qua-

lität ihres Bildungssystems zu steigern,
2) wird ein Aufholprogramm für rund 25 000 Kinder zwischen neun und zwölf Jahren erweitert, die drei Jahre oder länger keine Schule mehr besucht haben,
3) fördert UNICEF Lernangebote in sogenannten Makani-Zentren[5] – für Kinder, die derzeit keine Schule besuchen sowie für Kinder an staatlichen Schulen, die Hausaufgabenhilfe brauchen, um im Unterricht Schritt halten zu können.

Das jordanische Bildungssystem in der Nothilfe

Als Reaktion auf die Notwendigkeit, über 200 000 syrischen Flüchtlingskindern einen schnellen Zugang zu Bildung zu ermöglichen, legt die jordanische Regierung den Schwerpunkt auf die Bereitstellung von Grundbildung (Klasse 1 bis 10), die Qualität der Bildung, die Stärkung staatlicher Systeme und die Entwicklung von Richtlinien. All diese Kernthemen müssen koordiniert angegangen werden. Denn Zugang zu Bildung führt nur zu positiven Ergebnissen, wenn die Qualität gewährleistet ist. Und nur mit entsprechenden Richtlinien für einen beschleunigten Zugang kann das bestehende Bildungssystem die große Zahl von Flüchtlingskindern mit versorgen.

Zwischen 2012 und Anfang 2013 wurde vielerorts damit gerechnet, dass die Syrienkrise bald vorbei sein würde und die syrischen Flüchtlinge in ihre Heimat zurückkehren würden. Mit dem rasanten Anstieg der Flüchtlingszahlen und der immer geringer werdenden Wahrscheinlichkeit einer schnellen Lösung wurde jedoch der längerfristige Bedarf offensichtlich und das Thema erhielt oberste Priorität – auch im Interesse der künftigen Stabilität und des Wohlstands in der Region. UNICEF unterstützte das Bildungsministerium durch Planung, Umsetzung, technische Unterstützung, Kapazitätsentwicklung sowie Monitoring und Evaluation. Zusätzlich arbeitet UNICEF mit nationalen und internationalen Nichtregierungsorganisationen (NGOs) zusammen. Die Partner-NGOs helfen bei der Umsetzung und bringen Fachwissen ein. Geldgeber wie die USA, die Europäische Union, UK Aid sowie die Regierungen von Kanada und Deutschland stellen die entsprechenden Mittel zur Verfügung.

Erweiterter Zugang zu Bildung

Die Hilfsmaßnahmen setzen auf drei wesentliche Mechanismen: formale Schulbildung und alternative Bildungswege, vom Bildungsministerium zertifizierte außerschulische Bildung (»non-formal education« / NFE) und nicht zertifizierte informelle Bildung.

Mit der Ankunft zahlreicher syrischer Flüchtlinge richtete Jordanien Flüchtlingslager wie Za'atari und Azraq ein. UNICEF sorgte hier mit Hilfe vorgefertigter Klassenräume für neue Schulgebäude. Im Flüchtlingslager Za'atari errichtete UNICEF elf Schulen mit 297 Klassenzimmern, in Azraq wurden fünf Schulen mit 170 Klassenzimmern gebaut. All diese Schulen arbeiten im Zweischichtbetrieb, um möglichst viele Schülerinnen und Schüler beherbergen zu können. Unter Leitung des Bildungsministeriums und mit Unterstützung von UNICEF bieten sie 35 000 Kindern und Jugendlichen, die Hälfte davon Mädchen, Zugang zu Schulbildung.

Obwohl die jordanische Regierung – auch dank erheblicher finanzieller Unterstützung – Bildungsangebote für so viele Flüchtlingskinder wie möglich geschaffen hat, waren im Schuljahr 2016/17 von den 212 000 syrischen Flüchtlingen im schulfähigen Alter lediglich 126 000 an öffentlichen Schulen eingeschrieben.[6] Das heißt: Noch immer besuchen 86 000 syrische Kinder keine öffentliche Schule. Den Kindern, die noch nie eingeschrieben waren oder die aufgrund von Vertreibung, fehlenden Räumlichkeiten oder finanziellen Gründen die Schule abgebrochen haben, läuft die Zeit davon. Hinzu kommt: Kinder, die seit mehr als drei Jahren keine Schule mehr besucht haben, sind nicht berechtigt, sich an jordanischen Schulen (wieder) einzuschreiben. Laut des im September 2014 im Flüchtlingslager Za'atari von UNICEF durchgeführten »Joint Education Needs Assessment« waren nur 49 Prozent der Kinder, die zu diesem Zeitpunkt keine Schule besuchten, zum Zugang zu formaler Bildung berechtigt.

Anfang 2016 flüchteten abermals zahlreiche Menschen nach Jordanien. Viele Klassenzimmer waren mit teilweise über 100 Schülerinnen und Schülern pro Klasse bereits überfüllt und viele Kinder warteten noch immer auf einen Platz in der Schule. UNICEF unterstützt deshalb das Bildungsministerium im Schuljahr 2016/17, in Aufnahmegemeinden einen Zweischichtbetrieb für weitere 102 Schulen zu organisieren. Sie ergänzen die 98 Schulen, die bereits im vorangegangenen Schuljahr im Zweischichtbetrieb liefen. Weil die Nachmittagsschicht weniger Unterrichtsstunden umfasst, ergänzen zusätzliche Unterrichtsstunden am Samstag den Lehrplan.

UNICEF und seine Partner unterstützen das Bildungsministerium auch bei der Sanierung und Erweiterung bestehender Schulen. Ziel ist es, ein besseres Lernumfeld zu schaffen und die Aufnahmekapazität so zu erhöhen, dass Kinder auf der Warteliste an einer staatlichen Schule unterkommen. UNICEF unterstützt deshalb beispielsweise auch Wasserversorgung und sanitäre Einrichtungen an den Schulen.

Herausforderung Transport

Fehlende finanzielle Mittel sind der häufigste Grund, warum Kinder nicht zur Schule gehen oder diese vorzeitig abbrechen. Öffentliche Schulen in Aufnahmegemeinden bieten keinen eigenen Schultransport beispielsweise mit Bussen an. Und öffentliche Verkehrsmittel können sich viele Familien nicht leisten. Für einige der Schülerinnen und Schüler beträgt der Weg zur Schule bis zu drei Kilometer. Die Unterrichtszeiten am Nachmittag und die weiten Entfernungen führen dazu, dass der Nachhauseweg teilweise nach Einbruch der Dunkelheit zurückgelegt werden muss. Das beunruhigt viele Mütter und Väter, besonders die Eltern von Mädchen und jüngeren Schulkindern. Im Winter herrscht zudem oft raues Wetter mit Regen, Schnee und Sturm. Viele Flüchtlingskinder haben jedoch keine passende Kleidung und Schuhe, um sich vor der Kälte zu schützen.

Als Haupthinderungsgründe nannten Kinder, die derzeit keine Schule besuchen, und ihre Eltern bei einer Befragung im November 2016 Sicherheit und Entfernung zur Schule, die notwendigen Verwaltungsabläufe, Gewalt an der Schule sowie schlechte Qualität der Bildung.

In den Schulen der Flüchtlingslager ist die Vormittagsschicht nur für Mädchen vorgesehen. Aufgrund der Entfernung von den Unterkünften zur Schule müssen einige von ihnen bereits frühmorgens los.

Abbildung: **Hinderungsgründe am Schulbesuch in jordanischen Flüchtlingslagern**

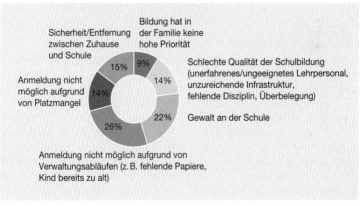

Quelle: UNICEF Jordanien

Aus dem gleichen Grund kommen viele Jungen erst am späten Nachmittag nach Hause. Im Winter sind auch die Kinder in den Schulen der Flüchtlingslager von schlechtem Wetter mit Regen, Schnee und Sturm betroffen. Da die meisten Lager keinen Stromanschluss haben, steht nur begrenzt Licht zur Verfügung. Im Sommer wiederum können in der Wüste Temperaturen von 40 bis 45 Grad Celsius herrschen.

Fast 40 Prozent der Menschen mit Behinderungen im Flüchtlingslager Azraq sind Kinder. Für sie ist der Zugang zu Schulbildung eine noch größere Herausforderung als für die anderen Schulkinder. 30 Prozent der Haushalte werden zudem von alleinerziehenden Müttern geführt. Für sie ist es noch schwieriger, ihre Kinder zur Schule zu begleiten – aus Sicherheitsgründen, weil sie an »Cash-for-Work«–Programmen teilnehmen oder jüngere Geschwister beaufsichtigen müssen. Auch in Familien mit männlichem Familienoberhaupt kommt normalerweise den Frauen die Aufgabe zu, sich um den Haushalt und ebenso den Schulbesuch der Kinder zu kümmern. UNICEF hat sich deshalb mit der Internationalen Organisation für Migration (IOM) zusammengetan, um von Februar bis Juni 2017 über 10 000 eingeschriebenen Schulkindern im Flüchtlingslager Azraq einen sicheren Transport von und zur Schule zu ermöglichen.

Qualität der Bildung

UNICEF unterstützt das Bildungsministerium auch dabei, die Qualität der Bildung zu verbessern – das umfasst folgende Maßnahmen:
- strategische Planung innerhalb des Bildungsministeriums,
- berufliche Weiterentwicklung für Mitarbeiter des Bildungsministeriums, einschließlich Schulungen für bestehende und neue Lehrkräfte zur Einführung in ihre Aufgaben und speziell zum Thema psychosoziale Unterstützung,
- Weiterentwicklung bei Schulleitung und schulischer Planung,
- Ausweitung von computergestütztem Lernen,
- Stärkung des sozialen Zusammenhalts in der Schule durch Einbeziehung der Gemeinden,
- Ausstattung neuer Schulen für Kinder mit Behinderung sowie Hilfe für ihre Einschreibung,
- Unterstützung des nationalen Aktionsplans zur Reduzierung von Gewalt gegen Kinder an jordanischen Schulen, einschließlich Förderung neuer, gewaltfreier, positiver Methoden für Disziplin in der Lehrerschaft sowie Einsatz in den Gemeinden zur Stärkung von »Null Toleranz« gegenüber Gewalt in der Schule,
- Kampagnen über soziale Medien und persönliche Gespräche, um soziale Normen zu ändern.

4 Bildungszugang für Flüchtlingskinder – das Beispiel Jordanien

© UNICEF/DT2017–53136

UNICEF unterstützt das Bildungsministerium bei der Ausbildung von Supervisoren, Schulleitern und Beratern sowie bei der Einstellung zusätzlicher Lehrkräfte für die Nachmittagsschichten und ihrem Training in psychosozialer Unterstützung und pädagogischen Fähigkeiten. Zusätzlich unterstützt UNICEF bei der Beschaffung und Verteilung von Schulmaterial wie Schreibpapier, Büchern und Schultaschen. Mit Kampagnen wirbt UNICEF bei den Eltern dafür, ihre Kinder in der Schule anzumelden (s. Foto).

Zertifizierte außerschulische Bildung

Der »Education-Response«-Plan stellt auch außerschulische Bildungsangebote für schutzbedürftige Kinder zur Verfügung, sowohl in Flüchtlingslagern als auch in Aufnahmegemeinden. Denn gerade die Kinder, die noch nie zur Schule gegangen sind oder mehr als drei Jahre lang keinen Unterricht mehr hatten, brauchten intensive Aufholprogramme, um später wieder gemeinsam mit Gleichaltrigen zur Schule gehen zu können.

UNICEF unterstützt das Programm »NFE / Drop-Out« zusammen mit dem Bildungsministerium und der internationalen NGO Questscope. Es bietet zertifizierte außerschulische Bildung für Schulkinder im Alter von 13–18 (Jungen) bzw. 13–20 Jahren (Mädchen). Zielgruppe des »Drop-Out«–Programms sind jordanische und nicht-jordanische Kinder, die seit mehr als drei Jahren keine Schule mehr besucht haben und demzufolge nicht schulberechtigt sind. Denn das Ministerium verfolgt den Grundsatz, dass der Altersunterschied zwischen den Kindern einer Klasse maximal drei Jahre betragen darf.

Die Jugendlichen durchlaufen ein zweijähriges Programm, in dem sie Wissen, Fachkenntnisse, Fähigkeiten und Haltungen vermittelt bekommen, die ihnen den Zugang zu einer Berufsausbildung oder weiterführenden Schulangeboten erleichtern. Nach Abschluss des Programms erhalten die Absolventen eine Bescheinigung, die einem Zeugnis der 10. Klasse entspricht und somit den erfolgreichen Abschluss der Grundbildung dokumentiert. Dieses Angebot ist besonders wichtig, da Kinder zu Beginn der Teenagerzeit häufig die Schule abbrechen: Die Jungen fühlen sich verpflichtet, ihre Familien finanziell zu unterstützen. Und von den Mädchen wird oft erwartet, zu Hause zu bleiben, um der Familie im Haushalt zu helfen. Dies betrifft sowohl syrische als auch jordanische Kinder.

UNICEF warb deshalb beim Bildungsministerium auch für ein »Catch-Up«–Programm zum Aufholen verpasster Lerninhalte für Kinder zwischen neun und zwölf Jahren und unterstützte das Ministerium im Anschluss dabei, es zu entwickeln. So erhalten auch Mädchen und Jungen unter 13 Jahren die Chance, an einem vom Bildungsministerium zertifizierten NFE-Programm teilzunehmen, wieder zu ihren Altersgenossen aufzuschließen und in das staatliche Schulsystem zurückzufinden.

Das »Catch-Up«–Programm deckt die Klassen 1 bis 6 ab. Jedes Schuljahr soll innerhalb eines Semesters abgeschlossen, das vollständige Programm entsprechend in drei Jahren absolviert werden. Die Kernthemen sind Arabisch, Mathematik, Englisch und Naturwissenschaften. Zu Beginn absolvieren die Kinder einen Einstufungstest, um festzustellen, in welchen Level (1–3) ein Kind aufgrund seiner Qualifikation einzuordnen ist. Level 1 entspricht den Lerninhalten der Grundschulklassen 1 und 2, Level 2 den Schulklassen 3 und 4 und Level 3 den Klassen 5 und 6. Nach Abschluss eines Levels und bei guten Leistungen kann ein Kind jederzeit wieder in das reguläre Schulsystem eingegliedert werden.

Das »Catch-Up«–Programm steht allen in Jordanien lebenden Kindern offen, unabhängig von ihrer Nationalität. Es wird unter direkter Aufsicht des Bildungsministeriums umgesetzt. UNICEF hat das Ministerium bei der Entwicklung eines Leitfadens zum Etablieren von »Catch-Up«–Klassen in den Schulen unterstützt, der sich an die verschiedenen Abteilungen des Ministeriums und die Schulleitungen richtet. Geplant sind Schulungen auf Gouvernements- und Bezirksebene, um die Schulverwaltungen bei der Einrichtung von Aufhol-Klassen zu unterstützen – insbesondere in den Schulen mit zwei Schichten mit vielen syrischen Kindern. Seit dem Start des »Catch-Up«–Programms im November 2016 konnten sich schon über 1000 Kinder in insgesamt 47 »Catch-Up«–Zentren einschreiben. Weitere Programme für schutzbedürftige Kinder in Jordanien, einschließlich Flüchtlingskindern, ergänzen dieses Angebot. Diese existierten bereits vor der Syrienkrise, allerdings nur im kleinen Rahmen und ohne die speziellen Bedürfnisse von Kindern im schulfähigen Alter, aber ohne größere Bildungserfahrung zu berücksichtigen.

Lernen an Makani-Zentren

In Krisensituationen richtet UNICEF traditionell sogenannte kinderfreundliche Orte (»child friendly spaces« / CFSs) ein, als Rückzugsorte und Schutzzonen für Kinder und Jugendliche. Diese »kinderfreundlichen Orte« bieten sowohl Lern- und Freizeitmöglichkeiten als auch psychosoziale Unterstützung, um Kindern beim Verarbeiten ihrer Erlebnisse zu helfen. Als Antwort auf den steigenden Bedarf durch die Syrienkrise rief UNICEF 2015 die Makani-Initiative (Makani = Mein Ort) ins Leben. Sie richtet sich vor allem an die rund 90 000 Kinder in Aufnahmegemeinden und Flüchtlingslagern, die bislang keinen Zugang zu Bildung hatten und besonderen Schutz brauchen. Die Makani-Initiative baute die Arbeit in sicheren Anlaufstellen für Kinder aus, um dort informelle Bildungskurse, Förderunterricht, psychosoziale Unterstützung, Schulung der Lebenskompetenzen (»life skills«), Elternarbeit sowie Unterstützung beim Thema Kinderschutz, insbesondere beim Schutz vor geschlechtsspezifischer Gewalt, anbieten zu können. Je nach Bedarf werden Kinder und Eltern in den Zentren auch an spezialisierte Anbieter weitervermittelt. Das Angebot will das körperliche, geistige und emotionale Wohlbefinden von Kindern und Jugendlichen in Jordanien stärken und dabei auch die zahlreichen Flüchtlingskinder erreichen – unter dem Makani-Motto »Ich bin sicher, ich lerne, ich gehöre dazu«.

Die Makani-Zentren wurden gemeinsam mit nationalen und internationalen Partnern eingerichtet, sowohl durch die Umwandlung bereits bestehender Einrichtungen als auch durch Neubauten. Die Initiative hilft auch, zusätzliche Lerninhalte für syrische Kinder bereitzustellen. Diese richten sich nach dem Lehrplan des Bildungsministeriums, sind jedoch nicht zertifiziert und damit »informell«. Trotz dieser Tatsache und obwohl viele noch auf einen Platz an den regulären Schulen warten, zieht es die Kinder in die Makani-Zentren. Gründe dafür sind der flexible Lehrplan, die angebotene psychosoziale Unterstützung sowie die kinderfreundliche und sichere Lernumgebung. So gibt es unterstützende Lernangebote im Lesen, Schreiben und Rechnen für Kinder, die keine Schule besuchen. Kinder, die regulär eingeschrieben sind, können an Förderunterricht teilnehmen und so ihre schulischen Leistungen verbessern. Die von den Makani-Zentren angebotenen Lernmöglichkeiten sind auf die Bedürfnisse und Kenntnisse der Kinder ausgerichtet und berücksichtigen individuelle Unterschiede. Ähnlich wie die »NFE- / Drop-Out« – und »Catch-Up«-Programme zielt auch die Makani-Initiative darauf ab, Kinder im schulfähigen Alter wieder in das reguläre Schulsystem zu integrieren.

Jedes Makani-Zentrum bezieht die Gemeinde mit ein, zum Beispiel durch Aufklärungsarbeit und die Vermittlung von Kontakten zu Kinderschutzspezialisten vor Ort. Gemeindeausschüsse helfen, diese

Verbindungen aufzubauen und zu pflegen. Die Makani-Zentren sind barrierefrei, die Mitarbeiter im bestmöglichen Umgang mit körperlich, geistig, sozial oder emotional eingeschränkten Kindern geschult. Bisher wurden in den mehr als 220 Makani-Zentren über 60 000 Kinder mit nicht zertifizierten informellen Bildungsangeboten versorgt.

Kampagne »Learning for All«

Um die Bedeutung von Bildung für alle Kinder stärker ins öffentliche Bewusstsein zu bringen und mehr Mädchen und Jungen den Schulbesuch zu ermöglichen, hat UNICEF eine jährliche Kampagne ins Leben gerufen, »Learning for All« (dt.: Lernen für alle). Zu dieser gehören Aufklärungsveranstaltungen, Hausbesuche zur sozialen Mobilisierung sowie umfassende Aktivitäten in sozialen Medien und auf anderen Plattformen – alles in Zusammenarbeit mit dem Bildungsministerium und weiteren Partnern. Mit der Kampagne zum Start des Schuljahrs 2017/18 wurden insgesamt 109 000 Kinder (48 Prozent Mädchen) einschließlich 68 000 syrische Flüchtlingskinder mit wichtigen Botschaften zum Thema Bildung erreicht. Rund 50 Prozent der kontaktierten 14 000 Kinder, die zu diesem Zeitpunkt keine Schule besuchten, sind mittlerweile eingeschrieben. Einige Kinder nannten in der Nachbefragung Schwierigkeiten bei der Einschreibung, während andere Geldmangel, fehlenden Schultransport und Behinderungen als Gründe dafür angaben, noch immer nicht zur Schule gehen zu können. UNICEF und seine Partner verfolgen diese Fälle weiter, damit auch diese Schwierigkeiten überwunden und letztlich alle Kinder in einer Schule eingeschrieben werden können.

Während des zweiten Semesters des Schuljahrs 2016/17 begann im Januar 2017 mit Unterstützung von UNICEF eine weitere »Learning for All«–Kampagne. Insgesamt 14 Partner von UNICEF organisierten mit ihren Mitarbeitern Hausbesuche und Gesprächsrunden, um ihre Botschaft an die Menschen zu bringen. Dafür wurden unter anderem 200 Spruchbänder, 100 000 Flyer mit Einzelheiten zum »Catch-Up«–Programm auf Arabisch sowie 100 000 »Learning-For-All«–Flyer verteilt. Eine »Learning-For-All«–Hotline unterstützte interessierte Familien und Kinder, die Schwierigkeiten beim Einschreiben an der Schule bzw. in den »Catch-Up«–Zentren hatten. Die Hotline hat ihre Basis im UNICEF-Büro und wird von sechs eigens dafür geschulten Freiwilligen betrieben. Ihre Rufnummer wird mit Hilfe von Spruchbändern, Werbetafeln, SMS und WhatsApp-Nachrichten, über Makani-Partner, Massenmedien und soziale Medien umfassend verbreitet. Allein in der ersten Woche gingen 610 Anrufe ein. Die freiwilligen Helfer informieren die Anrufer, wo und wie sie ihre Kinder einschreiben können. Gleichzeitig verfolgen die Freiwilligen Fälle nach, in denen das Bildungsteam von UNICEF Sachverhalte näher klären musste. Landesweit wurden insgesamt 314 Werbetafeln aufgestellt, speziell in Gegenden mit einer niedrigeren Schulanmeldungsrate bei syrischen Kindern. In Zusammenarbeit mit dem UN-Flüchtlingshilfswerk (UNHCR) wurden die Kampagnen-Botschaften per WhatsApp und SMS an 90 000 syrische Flüchtlingsfamilien mit Kindern im schulfähigen Alter geschickt.

Darüber hinaus hat UNICEF 80 junge Helfer aus dem Jugendnetzwerk JEEL962 engagiert. Diese helfen dem Makani-Kontaktteam, Kinder zu finden, die keine Schule besuchen, und verweisen die Familien an die richtigen Stellen. UNICEF erhält täglich Berichte, um die Fälle zusammen mit dem Bildungsministerium und Partnern weiterverfolgen zu können. Außerdem wird UNICEF Freiwillige einsetzen, um bei der Einschreibung an allen Schulen mit Zweischichtsystem und »Catch-Up«–Zentren zu helfen. Zusätzlich werden 220 Mitarbeiter der Schulaufsicht bei der Einschreibung, der Ansprache der Bevölkerung, beim Verfolgen der Anwesenheit sowie bei der Dokumentation der Unterstützung für Schulen mit Zweischichtbetrieb und »Catch-Up«–Zentren helfen.

Fazit

Ganz gleich, ob Bildung durch schulische, außerschulische oder informelle Mechanismen erfolgt: Alle von UNICEF unterstützten Bildungsprogramme berücksichtigen geschlechtsspezifische Fragen und spezielle Lernbedürfnisse in Zusammenhang mit Behinderungen. Sie binden die Kapazitäten der jordanischen Regierung sowie internationaler und lokaler NGOs aktiv ein.

Im Juni 2017 waren rund 82 Prozent der syrischen Flüchtlingskinder in Jordanien für eines der verschiedenen Bildungsangebote eingeschrieben (Einschulungsraten zum Schuljahr 2017/18 sind noch nicht verfügbar). Hindernisse wie überfüllte Schulen, psychosoziale Probleme, fehlende Berechtigung nach Jahren des verpassten Schulbesuchs, Versäumen des Beginns des neuen Schuljahres etc. werden schrittweise angegangen – damit möglichst alle syrischen Flüchtlingskinder die Chance zum Lernen und die Chance auf ein besseres Leben in Frieden erhalten.

Phuong T. Nguyen, Leiterin Bildung, UNICEF Jordanien

Anmerkungen

1 Unter: https://data.unhcr.org/syrianrefugees/country.php?id=107
2 Mehr Informationen unter: http://nolostgeneration.org
3 Government of Jordan: The Jordan Compact: A New Holistic Approach between the Hashemite Kingdom of Jordan and the International Community to deal with the Syrian Refugee Crisis (7. Februar 2016). Unter: http://reliefweb.int/report/jordan/jordan-compact-new-holistic-approach-between-hashemite-kingdom-jordan-and
4 Ministry of Planning and International Cooperation: Jordan Response Plan for the Syria Crisis 2016–2018 (2016), S. 8. Unter: http://www.jrpsc.org/jrp-publications/
5 Das Konzept der Makani-Zentren wurde von UNICEF entwickelt und wird mit Partnern umgesetzt. Die Makani-Zentren bieten Kindern den Erwerb von Grundkenntnissen in Lesen, Schreiben und Rechnen sowie Förderunterricht an, des weiteren psychosoziale Unterstützung und die Vermittlung von Lebenskompetenzen für schutzbedürftige Kinder.
6 Laut Registrierungsdaten des jordanischen Bildungsministeriums aus dem Schuljahr 2016/17 sowie Bevölkerungsdaten des UNHCR.

5 UNICEF-Perspektiven und -Projekte

© UNICEF/DT2011–20685/Julia Zimmermann

Innovative Lernprogramme in Syrien

© UNICEF/Syria 2016/Ashraf Zeinah

Wie können wir verhindern, dass Kinder, die wegen des Bürgerkriegs mehrere Schuljahre verloren haben, ganz den Anschluss verlieren? Mit innovativen Ansätzen geht UNICEF in Syrien neue Wege.

Esraa war in der 5. Klasse, als sie 2011 die Schule verlassen musste; es war der Beginn des Konflikts in Syrien. Bis auf einen einjährigen Lese- und Schreibkurs hat Esraa insgesamt fünf Jahre lang keinen Unterricht besucht – eine Lücke, die nur schwer aufzuholen ist. Doch genau dazu hat die inzwischen 15-Jährige jetzt die Chance: Sie nimmt in Aleppo am »Selbstlernprogramm« teil. Es wurde von UNICEF zusammen mit dem nationalen Bildungsministerium speziell für Kinder in Syrien entwickelt. Viele von ihnen können aus unterschiedlichen Gründen die reguläre Schule nicht besuchen – zum Beispiel, weil diese zerstört wurde, Lehrer fehlen, der Schulweg zu gefährlich ist oder den Kindern die nötigen Zertifikate fehlen.

Selbstständiges Lernen – mit etwas Hilfe

Mit dem Programm können sich die Mädchen und Jungen unter Anleitung von Erwachsenen selbstständig Wissen in den vier Fächern Arabisch, Englisch, Mathematik und Naturwissenschaften aneignen. UNICEF stattet sie mit Büchern und Arbeitsheften aus, Eltern oder Freiwillige helfen ihnen beim Lernen. Esraa folgt dem Kursprogramm für die 9. Klasse, zweimal pro Woche wird sie von Lehrern betreut. »Das Gute an dem Buch ist, dass die Fragen und Antworten enthalten sind«, sagt Esraa. »Die Lehrer erklären uns die Aufgaben. Wir notieren dann zu Hause die Fragen, die wir nicht verstanden haben, bringen sie zum nächsten Unterricht mit, und die Lehrer helfen uns dann.«

Das Selbstlernprogramm bereitet die Mädchen und Jungen auf die Prüfungen am Ende des Schuljahres vor – mit dem Ziel, sie langfristig wieder in das reguläre Bildungssystem zu integrieren. »Ich möchte gerne Mathe-Lehrerin werden, weil das mein Lieblingsfach ist«, sagt Esraa.

»Curriculum B« heißt ein zweites innovatives Programm, das UNICEF in Syrien mitentwickelt hat. Es handelt sich um einen Schnellkurs, der den Unterrichtsstoff von jeweils zwei Schuljahren komprimiert in einem Jahr vermittelt. Mädchen und Jungen, die wegen Krieg und Flucht mehrere Schuljahre versäumt haben, sollen so in die Lage versetzt werden, zu ihren Altersgenossen aufzuschließen.

Junge Freiwillige wie der 22-jährige Bilal unterstützen das Bildungsprogramm. »Ich helfe aus Überzeugung ehrenamtlich mit, denn ein Kind lachen zu sehen ist unbezahlbar«, sagt der Student im syrischen Latakia. »Die junge Generation ist jetzt dafür verantwortlich, unsere Gesellschaft zu verbessern, die durch den furchtbaren Krieg in Mitleidenschaft gezogen wurde. Ich sehe es als unsere Aufgabe an, dafür zu sorgen, dass jedes Kind zur Schule gehen kann. Wir jungen Leute sind am besten geeignet, einen Zugang zu den Kindern zu finden. Es ist noch nicht so lange her, dass wir selbst Kinder waren – wir verstehen sie«, sagt Bilal.

Ninja Charbonneau, UNICEF Deutschland

»Unsere Kinder begeistern uns immer wieder« – Interview mit Susan und Stefan Findel zu ihrer Bildungsinitiative »Let Us Learn«

© UNICEF/DT2014–5733/
Kerstin Bücker

2011 gründete das Ehepaar Susan und Stefan Findel gemeinsam mit UNICEF die Bildungsinitiative »Let Us Learn«. Mit der Initiative hilft UNICEF benachteiligten Kindern in fünf Ländern: Afghanistan, Bangladesch, Liberia, Madagaskar und Nepal. Im Fokus von Let Us Learn stehen vor allem Mädchen – denn sie sind besonders häufig von Diskriminierung und Konflikten betroffen. Mit innovativen Bildungsangeboten erhalten auch sie eine Chance auf ein besseres Leben.

Warum haben Sie die Initiative Let Us Learn ins Leben gerufen?
Wir wollen die weltweit am meisten benachteiligten und unbeachteten Kinder erreichen und ihnen helfen, eine Grundlage für eine bessere Zukunft zu schaffen. Bildung ist diese Basis.

Wie sehen Sie die Entwicklung der Initiative seitdem?
In fünf der ärmsten Länder dieser Welt haben wir gemeinsam mit UNICEF und seinen Partnern schon über eine Million Kinder erreicht. Aber genauso wichtig: Wir haben Tausende von Eltern und Kommunen erreicht. Wir arbeiten in engem Kontakt mit den Regierungen und den lokalen Behörden. Und ja, wir konnten selbst schon lokale Talibanführer überzeugen, dass auch Mädchen zur Schule gehen sollen. Einige der Bestandteile von Let Us Learn haben sich als so erfolgreich erwiesen, dass Regierungen sie von UNICEF übernommen haben und landesweit einsetzen.

Warum stehen Mädchen im Mittelpunkt der Initiative?
Mädchen erhalten meist die geringste Beachtung und daher sind sie es, die immer wieder im Zentrum unseres Projektes stehen. Die Bildung der Mädchen ist mindestens so bedeutend wie die der Jungen. Manchmal denken wir, sie ist sogar noch wichtiger, da sie es sind, die mehr Einfluss auf ihre spätere Familie und die eigenen Kinder haben werden.

Let Us Learn

- *Afghanistan*: In entlegenen Regionen in Afghanistan organisiert UNICEF Lernkurse für Mädchen und Jungen in Räumen der Gemeinden oder Privathäusern und bildet Lehrerinnen aus.
- *Bangladesch*: In Bangladesch ermöglicht es Let Us Learn, benachteiligte Kinder gezielt in Vorschulen auf die Einschulung vorzubereiten. Arbeitende Jungen und Mädchen erhalten flexiblen Schulunterricht und die Chance auf eine Ausbildung.
- *Liberia*: In sogenannten Girls Clubs in Liberia lernen Mädchen, wie sie sich beispielsweise gegen sexuelle Gewalt und Diskriminierung wehren können.
- *Madagaskar*: Damit mehr Mädchen nicht nur die Grundschule abschließen, sondern auch eine höhere Schule besuchen können, unterstützt UNICEF Schülerinnen in Madagaskar zum Beispiel mit Stipendien und Schulmaterial.
- *Nepal*: In Nepal können Mädchen in entlegenen Regionen, die bisher nicht zur Schule gehen konnten, in Auffangkursen lernen und anschließend auf eine staatliche Schule wechseln.

Mehr zur Initiative unter:
http://www.unicef.de/letuslearn

Hat Let Us Learn auch Sie persönlich beeinflusst?
Wir haben erkannt, dass sich das »Learn« in Let Us Learn nicht nur auf die Kinder bezieht, sondern auch auf uns. Wir selbst lernen auch – über das Projekt, was Erfolg hat, was nicht, worauf wir achten, welche Fragen wir stellen müssen. Es begeistert uns zu sehen, wie schnell es manchmal »unseren« Kindern gelingt, einen positiven Einfluss auf ihre Familien und Nachbarn zu haben, wie auch die Älteren ihnen Respekt und Anerkennung entgegenbringen.

Worin sehen Sie die größten Herausforderungen?
Von Anfang an haben wir Let Us Learn als etwas gesehen, das erst mittel- bis langfristig Auswirkungen haben wird. Die größten Herausforderungen liegen darin, Lösungen für die Situationen zu finden, die nicht lösbar scheinen: Kinder, die schlicht zu weit entfernt von der Schule wohnen, nicht vorhandene Lehrer, mangelnde Qualität des Unterrichts, Eltern, die den Schulbesuch finanziell nicht tragen können, oder inkompetente Verwaltungen.

Wir haben aber jetzt schon oft erlebt, dass es auch sehr schnelle Erfolge gibt: Während der Ebola-Epidemie waren »unsere« Kinder mit die allerersten, die alle wesentlichen Fakten gelernt und dann ihrerseits an ihre Familien und Nachbarn weitergegeben haben. Wir haben gesehen, wie anfänglich schüchterne und perspektivlose Kinder innerhalb von Monaten unglaublich selbstbewusst und voller neuer Lebensenergie auftraten. Das motiviert uns immer wieder.

Was ist Ihre Hoffnung, Ihr Ziel?
Unsere Hoffnung ist es, dass einige der Kinder, die jetzt von Let Us Learn erreicht werden, sich zu Persönlichkeiten entwickeln, die einen Beitrag zur Allgemeinheit leisten – beispielsweise als Lehrer, Ärzte, Juristen, Minister oder Künstler. Und wir sind uns absolut sicher, dass diese Hoffnung erfüllt wird – dass die, die ohne Let Us Learn keine Zukunft hätten, morgen zu denen gehören werden, die anderen helfen und ihrerseits das Leben für alle verbessern können.

Anna Stechert, UNICEF Deutschland

Von der Straße auf die Schulbank:
Mursalin aus Bangladesch kann wieder lernen

© UNICEF/UN026196/Kiron

Mursalin ist ein fröhlicher Junge – er trägt bunte Kleidung, hat ein strahlendes Lächeln. Mursalin ist zwölf und lebt in Sabhar, einer Stadt in Bangladesch unweit der Hauptstadt Dhaka. Jeden Morgen beginnt sein Schultag mit der Nationalhymne, gemeinsam mit den Mitschülern auf dem Schulhof. Anschließend geht es in den Klassenraum.

Der Raum ist bunt geschmückt: Bilder und Poster zieren die Wände. Mit einem schallenden »Guten Morgen!« begrüßen Mursalin und seine 14 Mitschüler die Lehrerin. Sie betreut jeden Schüler individuell – je nach Wissensstand und Begabungen. Mursalin übt Mathematik und Schreiben, lernt die Naturwissenschaften kennen.

Ein ganz normaler Schulalltag? Noch vor kurzem hatte Mursalin keine Chance zu lernen. Die Familie hatte vom Land in die Stadt ziehen müssen, weg aus Rangpur im Nordwesten des Landes. Die Eltern brauchten dringend eine Arbeit, mit der sie genug Geld zum Überleben verdienen konnten.

Dieser Umzug hatte für die Kinder dramatische Folgen: Mursalin und sein älterer Bruder Mionul mussten ihre bisherige Schule verlassen. In Sabhar fand sich nicht direkt eine neue Schule, und die Eltern waren zu erschöpft, um sich mit Nachdruck darum zu kümmern. So waren die beiden Jungen fortan auf sich allein gestellt. Während der Vater nachts in einer Textilfabrik arbeitete und die Mutter tagsüber als Haushälterin, verbrachten die Jungen ihre Tage auf den Straßen Sabhars, ohne Aufgabe, ohne Ziel, ohne Obhut. Ihre Schulausbildung schien beendet, ihre Perspektive düster.

Ein Weg zurück in die Schule

Mit Hilfe von UNICEF konnten Mursalin und sein Bruder wieder zur Schule gehen. Besonders Kinder aus Armenvierteln erhalten so die Chance, sich wieder ins Bildungssystem einzugliedern. Das bewahrt viele auch vor Armut, Kriminalität oder Kinderarbeit.

In Bangladesch arbeitet UNICEF unter anderem mit der Nichtregierungsorganisation Surovi zusammen. Mit Unterstützung von UNICEF richtete diese beispielsweise Mursalins Schule ein. Die meisten Kinder hier stammen aus den Armenvierteln der Stadt. Sie haben entweder noch nie eine Schule besucht oder mussten den Schulbesuch wieder abbrechen.

Nicht selten zeigen die Eltern in Bangladesch zu geringes Interesse an der Schulbildung ihrer Kinder. Zu groß ist der wirtschaftliche Druck. Viele Kinder müssen zu Hause aushelfen oder schon früh arbeiten gehen. Millionen Kinder zwischen sechs und zehn Jahren gehen nicht zur Schule.

Mursalins Vater Ishrakul hingegen ist froh und dankbar, dass seine Söhne nun wieder etwas lernen können. »Bildung ist viel wert! Als Kind habe ich kaum etwas gelesen, die Schulbildung war für mich schnell vorbei. Meine Söhne sollen mehr Möglichkeiten im Leben haben«, sagt der 40-jährige Textilarbeiter. »Das Leben hier ist zermürbend. Die Grundschulbildung wird meinen Söhnen helfen, in der Zukunft etwas aus ihrem Leben zu machen.«

Allein in der Stadt Sabhar unterstützen UNICEF und Surovi im Rahmen des Projekts derzeit mehr als 300 Kinder aus den Slums mit Schulunterricht. Sie kümmern sich auch darum, dass die Kinder wo immer möglich den Weg zurück in eine der staatlichen Schulen finden.

Gemeinsam mit der bangladeschischen Regierung richtet UNICEF auch Lernzentren für Kinder zwischen vier und sechs Jahren ein. Hier können die Mädchen und Jungen spielen, singen und zeichnen, und werden auf die Grundschule vorbereitet.

Darüber hinaus unterstützt UNICEF die Regierung bei der Ausbildung von Vorschul- und Grundschullehrern. Die Eltern werden dazu ermutigt, sich aktiv am Lernprozess ihrer Kinder zu beteiligen und ihnen auch zu Hause beim Lernen zu helfen.

Tim Rohde, UNICEF Deutschland

Nigeria: Schule eröffnet Kindern eine neue Welt

© UNICEF/UN038614/Naftalin

Zur Schule zu gehen war für Modu (13) zwei Jahre lang nicht möglich – viel zu gefährlich. Die Terrormiliz Boko Haram suchte seine Heimatregion im Nordosten Nigerias heim. Auch vor gezielten Angriffen auf Schulen und vor Entführungen von Kindern schreckte die Miliz nicht zurück. Modu floh mit seiner Familie nach Maiduguri, die Hauptstadt des Bundesstaates Borno, doch auch dort wurden die Kämpfe bald zu heftig und die Schulen schlossen.

Seit nigerianische Regierungstruppen Boko Haram aus der Region vertrieben haben, können viele geflüchtete Familien in ihre Heimat zurückkehren. Doch für Modu gab es nicht sofort wieder einen Platz im Klassenzimmer: »Ich hätte weinen können, als ich andere Kinder mit ihren Schuluniformen und Taschen auf dem Weg zur Schule gesehen habe«, sagt der 13-Jährige.

Wo immer es nötig und möglich ist, richtet UNICEF Notschulen ein, damit auch Kinder in Konfliktgebieten weiter lernen können und die Chance auf eine bessere Zukunft haben. Auch Modu ist stolz und glücklich, jetzt wieder ein Schüler zu sein. »Wenn ich groß bin, die Schule abschließe und dann Arzt werde, werden mir Englisch und Mathe dabei helfen«, sagt er.

Mit Unterstützung von UNICEF haben rund 90 000 Kinder im Nordosten Nigerias wieder einen Platz im Klassenzimmer erhalten. Über 150 000 Mädchen und Jungen haben Schulmaterial wie Taschen, Hefte und Stifte bekommen.

Der Klassenraum im Muna-Garage-Flüchtlingscamp ist zwar nur eine große Strohhütte mit Matten auf dem Boden und einer Tafel – aber für viele Kinder ist es eine neue Welt. »Viele von ihnen waren noch nie in der Schule«, erklärt Yusef Ismail, Bildungsexperte von UNICEF Nigeria. Sie zu motivieren, ist nicht immer leicht. »Aber als sie gesehen haben, wie die anderen Kinder Schulrucksäcke bekommen haben und wie sie lachen und singen, wollten fast alle Kinder im Camp zum Unterricht kommen. Jetzt habe ich den Eindruck, dass sie Schule sogar noch mehr lieben als ich!«

Ninja Charbonneau, UNICEF Deutschland

Dürre und Klimawandel gefährden gute Schulbildung

Munira ist 13 Jahre alt und lebt in Äthiopien. Sie geht in die 8. Klasse der Asore Grundschule. Nur 30 Meter neben der Schule gibt es einen Wasserbrunnen, gebaut von UNICEF. Dieser Brunnen ist der Grund, warum Munira wieder zur Schule gehen kann. Bis vor kurzem noch gab es in der Region viel zu wenig Trinkwasser. Zunehmende Dürren, verstärkt durch das zuletzt ungewöhnlich heftig ausgefallene Klimaphänomen El Niño, bedeuteten für Munira, dass sie jeden Tag lange unterwegs war, um Wasser zum Überleben für die ganze Familie zu holen.

© UNICEF Ethiopia/2016/Tesfaye

»Drei Stunden lang musste ich in den Nachbarort laufen, um Wasser zu holen. Die Wartezeit am Brunnen war sogar noch viel länger. Manchmal musste ich dort übernachten«, berichtet das Mädchen über die Zeit, bevor es den UNICEF-Brunnen gab. Daher konnte sie fast nie zur Schule gehen, das Wasserholen kostete zu viel Zeit. Für die Kinder ist es außerdem gefährlich, weite Strecken alleine zu gehen oder in fremden Dörfern zu übernachten. Viele Mädchen werden auf dem Weg zum Wasserholen vergewaltigt oder verschleppt. Durch die UNICEF-Projekte in Muniras Heimat sind der lange Marsch zum Wasser und die damit verbundenen Gefahren nun vorbei und sie kann sich auf die Schule konzentrieren.

Birhan kann wieder zur Schule gehen

Ähnlich wie Munira geht es auch Birhan Sema, ebenfalls 13 Jahre alt. Durch die Dürre im Land war das Vieh ihrer Familie gestorben – damit war ihnen ihre Lebensgrundlage entzogen. Jetzt muss sich die Familie mit Gelegenheitsjobs über Wasser halten. »Es ist schon Jahre her, dass wir neue Kleidung gekauft haben, und auch Schulmaterialien sind nicht drin«, erzählt das Mädchen. Trotzdem geht Birhan mit Unterstützung von UNICEF zur Schule und ist sogar Klassenbeste.

Vera Mäusbacher, UNICEF Deutschland

Kinder haben ein Recht auf frühkindliche Bildung – auch Flüchtlingskinder!

© UNICEF/UN05628/Gilbertson VII

Frühkindliche Bildung, also die Förderung von Kindern in Tageseinrichtungen und Tagespflege, nimmt im Bildungswesen der Bundesrepublik Deutschland eine Schlüsselstellung ein – obwohl sie im Sozialgesetzbuch (SGB) VIII geregelt ist und nicht in den Schulgesetzen. Der Zwölfte Kinder- und Jugendbericht des Bundesministeriums für Familie, Senioren, Frauen und Jugend stellte dabei fest: »Die Lebensphase der frühen Kindheit darf nicht nur als Vorbereitungszeit für die Schule gesehen werden, sondern muss als eine eigenständige Phase ausgesprochen vielfältiger Entwicklungs- und Bildungsmöglichkeiten wahrgenommen werden.«[1]
Die Förderung umfasst dabei Aspekte von Betreuung, Bildung und Erziehung.[2] Bildung wird in diesem Zusammenhang verstanden als Erwerb und Aufbau von Kompetenzen und Fähigkeiten. Dabei kommt den ersten drei Lebensjahren laut Entwicklungs- und Lernpsychologie sowie Hirnforschung eine zentrale Bedeutung zu. Denn diese Phase stellt die »lernfähigste Lebenszeit dar, in der der Grundstein für den weiteren Bildungsweg gelegt wird«.[3] Auch der UN-Kinderrechtsausschuss unterstreicht in

seinem »General Comment No. 7 – Implementing Child Rights in Early Childhood« – die entscheidende Bedeutung, die der Förderung von Kindern von Geburt an für ihre weitere Entwicklung zukommt: »[...] Young children's earliest years are the foundation for their physical and mental health, emotional security, cultural and personal identity, and developing competencies [...]«.[4]

Ziel der Förderung ist dabei unter anderem: »[...] to ›empower the child by developing his or her skills, learning and other capacities, human dignity, self-esteem and self-confidence‹ [...]«. Besonders wichtig ist dabei die ganzheitliche Sprachförderung im vorschulischen Bereich.[5] Die föderale Kompetenzverteilung in der Bundesrepublik erschwert allerdings die Implementierung einheitlicher Standards und Vorgaben. Denn es ist Aufgabe der Bundesländer, Bildungspläne für Tageseinrichtungen und Kindertagespflege aufzustellen.[6]

Neben diesem klaren Bildungsauftrag erfüllt die frühkindliche Förderung noch eine weitere wichtige in erster Linie sozialpolitische Aufgabe, nämlich die Herstellung von gleichen Ermöglichungsbedingungen für den Erwerb von Kompetenzen. Denn Chancengerechtigkeit kann nur gelingen, wenn die Voraussetzungen hierfür bereits im Kleinkindalter gelegt werden.[7]

Bildung als Integrationsinstrument

Eine ganz besondere Bedeutung erlangt die frühkindliche Bildung mit Blick auf Kinder, die aus Familien kommen, die nicht die deutsche Sprache beherrschen und aufgrund ihres Aufenthaltsstatus der strukturellen Diskriminierung des Ausländerrechts unterworfen sind. Neben der Möglichkeit des Spracherwerbs bekommen die Kinder Kontakt zu Gleichaltrigen. Sie können spielen und lernen so, sich in ihrer neuen Lebensumwelt zurechtzufinden. Frühkindliche Bildung ist für Kinder geflüchteter Familien vor diesem Hintergrund ein zentrales Integrationsinstrument. Sie sorgt zudem dafür, dass die unter anderem durch Flucht oftmals schwer belasteten Eltern Entlastung, Unterstützung und Anschluss finden und zu ihrer möglicherweise als herausfordernd empfundenen umfänglichen Elternverantwortung zurückkehren können.[8]

Die rechtlichen Voraussetzungen für den Zugang zu frühkindlicher Bildung nach dem SGB VIII liegen für geflüchtete Kinder in der Regel von Beginn des Aufenthalts in Deutschland an vor. Flüchtlingskinder unter drei Jahren haben danach denselben Rechtsanspruch auf einen Kitaplatz wie alle anderen Kinder auch.[9] Gleichwohl ist noch nicht flächendeckend sichergestellt, dass geflüchtete Kinder zeitnah entsprechend gefördert werden.

Zahlreiche Kindertageseinrichtungen, Träger der öffentlichen Jugendhilfe und die Netzwerke der Frühen Hilfen haben sich aktuell aufgemacht, sowohl Fachkräfte fortzubilden als auch Angebote zu schaffen, die die besondere Situation von geflüchteten Kindern berücksichtigen und ihnen so den Zugang zu Regelangeboten ermöglichen.[10]

Nun gilt es die hier begonnenen Anstrengungen weiterzuverfolgen, auszuweiten und strukturell zu verfestigen. Denn die Umsetzung von Kinderrechten in Deutschland darf nicht abhängig von örtlichen Bemühungen und Ressourcen sein, sondern muss allen Kindern zuteilwerden.

Nerea González Méndez de Vigo, Volljuristin und Referentin für den Bundesfachverband unbegleitete minderjährige Flüchtlinge (BumF) e. V.

Literatur

Deutscher Bundestag (BT): Bericht über die Lebenssituation junger Menschen und die Leistungen der Kinder- und Jugendhilfe in Deutschland. Zwölfter Kinder- und Jugendbericht, Drucksache 15/6014 (10.10.2005)

Deutscher Bundestag: Bericht über die Lebenssituation junger Menschen und die Leistungen der Kinder- und Jugendhilfe in Deutschland. 14. Kinder- und Jugendbericht, Drucksache 17/12200 (30.01.2013)

Committee on the Rights of the Child (CRC): General Comment No. 7 (2005). Implementing Child Rights in Early Childhood, CRC / C / GC / 7 / Rev.1 (20. September 2016)

Meysen, T. / Beckmann, J. / González Méndez de Vigo, N.: Flüchtlingskinder und ihre Förderung in Tageseinrichtungen und Kindertagespflege. Rechtsexpertise im Auftrag des Deutschen Jugendinstituts (2016)

Münder, J. / Meysen, T. / Trenzcek, T: Frankfurter Kommentar SGB VIII. Kinder- und Jugendhilfe (7. Aufl.), Baden-Baden (2013) (zit.: Bearbeiter, in: FK SGB VIII)

Wiesner, R.: SGB VIII. Kinder- und Jugendhilfe. Kommentar (5. Aufl.), München (2016) (zit.: Bearbeiter, in: Wiesner)

Anmerkungen

1 BT: Zwölfter Kinder- und Jugendbericht, S. 30 ff.
2 Lakies, in: Münder / Meysen / Trenzcek, FK SGB VIII, Vor § 22 Rn. 4; Struck, in Wiesner: SGB VIII, § 22 Rn. 17
3 Wiesner, in: Wiesner, SGB VIII, Vor § 22 Rn. 6
4 CRC: S. 3 ff.
5 Struck, in: Wiesner, § 22 Rn. 17; BT: 14. Kinder- und Jugendbericht: S. 7
6 Struck, in: Wiesner, § 22 Rn. 17
7 BT: 14. Kinder- und Jugendbericht, S. 40
8 Meysen / Beckmann / González Méndez de Vigo: Flüchtlingskinder, S. 15
9 Ebd., S 17 ff.
10 Vgl. Deutscher Bildungsserver: http:// www.bildungsserver.de / Fluechtlingskinder-in-Kitas-11436.html; oder auch Modellprojekt WillkommensKITAs: www.dkjs.de

»Kinderrechte in die Schulen!« –
Das buddY-Programm Kinderrechte für Grundschulen

© Claus Langer

Wie können Schulen Kinderrechte dauerhaft im Alltag erfahrbar machen und sie im schulischen Raum leben? Im buddY-Grundlagentraining Kinderrechte geht es sehr konkret darum, Anstöße und Impulse zu diesem Thema zu geben. Das Programm startete 2014 zunächst mit einer Pilotphase an 13 Schulen in Nordrhein-Westfalen (NRW). Seit dem Schulstart 2016 wird es, dank der Zusammenarbeit mit dem Ministerium für Schule und Weiterbildung des Landes NRW und dem Niedersächsischen Kultusministerium, landesweit allen Grundschulen der beiden Bundesländer angeboten. Zurzeit nehmen über 100 Grundschulen an dem siebentägigen Training teil, das sich über insgesamt anderthalb Jahre erstreckt.

Für die programmatische Konzeption und Umsetzung sind EDUCATION Y und UNICEF Deutschland eine Kooperation eingegangen, bei der die systematische Ausrichtung der Schulen auf die Kinderrechte im Zentrum steht. Ziel ist es – wie auch bei anderen buddY-Programmansätzen – auf gleiche Bildungschancen hinzuwirken, die Resilienz von Schülerinnen und Schülern positiv zu beeinflussen, aber auch

Das ist meine Blume und da strenge ich mich an

»Bei uns hatte das Schülerparlament ein grünes Klassenzimmer eingefordert, als weitere Sitzmöglichkeit auf dem Schulgelände. Wir holten Angebote von professionellen Landschaftsgärtnern ein, und die Firmen versuchten, dem Schülerparlament Vor- und Nachteile bestimmter Sitzgruppierungen oder Bepflanzungen aufzuzeigen. Das war nicht so leicht, denn die Kinder waren sehr kritisch, wenn Ideen kamen, die ihnen so nicht passten. Die Landschaftsgärtner haben sich darauf eingelassen, aber trotzdem erwartet, dass ich das letzte Wort spreche. Ich habe geantwortet, »Nein, das tue ich nicht. Das war jetzt nicht nur Theater gespielt, Sie stellen ihre Ideen bitte im Schülerparlament vor.« Die Kinder haben sich dann für eine Firma entschieden, haben aber – und das fand ich sehr toll – die anderen beiden auch eingeladen und begründet, warum sie den Zuschlag nicht bekommen haben.

Der Wunsch des Schülerparlaments war dann, die neuen Naturtische und Bänke im Hof auch selbst zu bemalen. Da wusste ich, dass bei unserem Festakt zur Einweihung des grünen Klassenzimmers die Hürde sein würde, den Eltern zu sagen: »Und Sie nehmen die Pinsel nicht in die Hand – nur die Kinder!« Ich habe gemerkt, dass einige Eltern dachten, ich mache einen Scherz, wenn ich sage, die Kinder sollen das alleine machen. Und es ist wunderschön geworden. Die Kinder haben sich angestrengt, das kann man gar nicht glauben, weil sie wussten, das ist für immer und das bleibt und das ist meine Blume, die ich da gerade drauf male und da strenge ich mich an – selbst die kleinen Erstklässler.«

Nicole Wardenbach, Schulleiterin Evangelische Grundschule Baerl, Teilnehmerin am buddY-Programm Kinderrechte

---

ein kinderfreundliches Umfeld im Schulunterricht und Schulalltag zu fördern.

Was passiert im buddY-Programm Kinderrechte an Grundschulen konkret? Die teilnehmenden Schulen stellen die UN-Kinderrechtskonvention in den Mittelpunkt ihrer Planungen, Strategien und Praktiken. Sie fördern über die Kinderrechte eine inklusive, demokratische und respektvolle Schulkultur für Kinder, Jugendliche und Erwachsene. Die Schülerinnen und Schüler werden nicht nur über ihre Rechte informiert, sondern ihren Rechten wird im System Schule Raum gegeben: Der Aufbau von Beteiligungsstrukturen von Kindern und Jugendlichen ist ein zentraler Baustein des Kinderrechte-Trainings.

Dabei sind Beteiligung und Verantwortungsübernahme immer aufeinander bezogen. Die Schülerinnen und Schüler erhalten die Möglichkeit, den eigenen Lernprozess zu gestalten, sich in Kinderrechte-Projekten zu engagieren oder aber sich in gegebenen Strukturen am Gemeinschaftsleben – auch im kommunalen Umfeld – zu beteiligen. Sie übernehmen zugleich Verantwortung für das eigene Handeln.

Was ist die besondere Qualität des schulprogrammatischen Ansatzes? Jede Schule, die am buddY-Programm mit dem Schwerpunkt Kinderrechte teilnimmt, durchläuft einen partizipativen Veränderungsprozess. Dieser ist wichtiger, als nur eine Reihe vorgegebener Maßnahmen umzusetzen oder bestimmte Merkmale zu erfüllen. Die Herausforderung steckt in dem übergreifenden Wertesystem, welches der Kinderrechte-Ansatz mit sich bringt: Lehrkräfte, Schulleitungen, Erzieherinnen und Erzieher, aber auch Eltern sind aufgefordert, Kinder und Jugendliche als Subjekte ihres Lebens anzuerkennen, als »Experten« in eigener Angelegenheit. Das setzt voraus, dass alle erwachsenen Akteure ihre mentalen Leitbilder infrage stellen, dass sie bereit sind, machtsensibel zu interagieren und ihr tägliches Handeln an den Kinderrechten auszurichten.

Die Programme von EDUCATION Y leitet das generelle Grundverständnis, dass Heranwachsende auf Augenhöhe einbezogen werden. Entsprechend unterstützen sie Kinder und Jugendliche ganzheitlich in ihrer Entwicklung, ermöglichen Selbstwirksamkeitserfahrungen und stärken sie darin, als handelnde Personen Verantwortung zu übernehmen. Dieser Ansatz deckt sich mit den Anforderungen der UN-Kinderrechtskonvention, die Kinder als eigenständige Persönlichkeiten mit eigenen Rechten definiert, und ist demzufolge an internationalen Standards ausgerichtet.

Dr. Sebastian Sedlmayr, UNICEF Deutschland

Mehr zum Programm unter:

https://education-y.de
https://education-y.de/handlungs felder/schule/buddy-kinderrechte/

EDUCATION Y Bildung. Gemeinsam. Gestalten.
Benzenbergstraße 2
40219 Düsseldorf

Ansprechpartnerin: *Elisabeth Stroetmann*, Landeskoordinatorin buddY-Programm Kinderrechte an Grundschulen in NRW in Kooperation mit UNICEF Deutschland
E-Mail: *elisabeth.stroetmann@ education-y.de*

Daten
zur Situation der Kinder
in der Welt

Allgemeine Hinweise zu den Daten

In den Tabellen auf den folgenden Seiten finden sich die aktuellen Schlüsseldaten zu Überleben, Entwicklung und Schutz von Kindern weltweit, nach Ländern, Gebieten und Regionen unterteilt.

Die in diesen Tabellen gesammelten Daten bieten verlässliche, vergleichbare und umfassende Informationen zur Situation der Kinder in der Welt. Die Datenzusammenstellung unterstützt UNICEF bei seiner Aufgabe, Fortschritte und Ergebnisse im Hinblick auf die international vereinbarten Entwicklungsziele und Vereinbarungen zu den Rechten der Kinder zu erzielen.

Die in diesem statistischen Anhang vorgestellten Zahlen finden sich auch online unter, www.unicef.org/sowc2017 sowie www.data.unicef.org. Sämtliche Aktualisierungen, die nach Erstellung dieses Berichts vorgenommen werden, können ebenfalls dort abgerufen werden.

Die Daten in den folgenden Tabellen stammen aus den UNICEF-Datenbanken, die ausschließlich auf international vergleichbaren und statistisch soliden weltweiten Daten basieren. Sie werden durch Zeichenerklärungen sowie Definitionen (s. Seite 265 ff.) und Quellenangaben (s. Seite 279 ff.) ergänzt. Zusätzlich wurden Daten der zuständigen Unterorganisationen der Vereinten Nationen verwendet. Die in diesem Bericht vorgelegten Daten beziehen sich auf ihre Schätzungen, auf repräsentative nationale Erhebungen wie Multiple Indicator Cluster Surveys (MICS) sowie auf Haushaltsbefragungen und Demographic and Health Surveys (DHS) jeweils zum Stand Juli 2017. Die in den Tabellen dargestellten Daten entsprechen nicht unbedingt der derzeitigen Situation, da die Sammlung, Analyse und Veröffentlichung von repräsentativen Länderdaten zeitlich aufwendig ist. Dies trifft insbesondere auf Länder zu, die gegenwärtig Konflikten ausgesetzt sind und in denen sich die Situation von Kindern und Frauen rapide verschlechtern kann. Weitere Informationen hinsichtlich Methodik und Datenquellen sind unter www.data.unicef.org abrufbar.

Einige der vorliegenden Daten (zum Beispiel Impfschutz, Müttersterblichkeitsrate) unterliegen einer sich weiterentwickelnden Methodik und Anpassungen an zeitliche Abstände. Bei anderen Indikatoren liegen vergleichbare Daten nicht für jedes Jahr vor. Daher lassen sich die UNICEF-Berichte der verschiedenen Jahre nicht ohne weiteres vergleichen.

Dieser Bericht enthält die neuen Schätzungen und Prognosen aus den Publikationen »World Population Prospects: The 2017 Revision« und »World Urbanization Prospects: The 2014 Revision« (Hauptabteilung Wirtschaftliche und Soziale Angelegenheiten der Vereinten Nationen, UN DESA). In Staaten, die in letzter Zeit von Katastrophen betroffen waren, steht mitunter nur wenig verlässliches Datenmaterial zur Verfügung. Dies gilt besonders für Länder, in denen wichtige Infrastruktur zerstört wurde oder in denen größere Bevölkerungsbewegungen stattgefunden haben.

Multiple Indicator Cluster Surveys (MICS)

UNICEF unterstützt seit mehr als 20 Jahren Staaten bei der Erhebung verlässlicher und international vergleichbarer statistischer Daten durch die sog. Multiple Indicator Cluster Surveys (MICS). Seit 1995 wurden in mehr als 100 Staaten und Gebieten fast 300 dieser Erhebungen durchgeführt. Die von UNICEF unterstützten MICS gehören zu den umfangreichsten Datenquellen, um Fortschritte hinsichtlich der international vereinbarten nachhaltigen Entwicklungsziele für Kinder (Sustainable Development Goals/ SDGs) einschließlich der Millenniums-Entwicklungsziele zu messen. Sie flossen auch in den statistischen Datenanhang dieses UNICEF-Berichts ein. Weitere Informationen sind unter http://mics.unicef.org abrufbar.

Schätzungen zur Sterblichkeitsrate

Jedes Jahr veröffentlicht UNICEF Schätzungen zu Kindersterblichkeitsraten. Sie umfassen die Sterblichkeitsraten von Kindern unter 1 Jahr bzw. unter 5 Jahren (SRUJ5) sowie die Zahl der Todesfälle bei unter 5-Jährigen. Diese Daten stellen die jeweils aktuellen Schätzungen dar, die zu dem Zeitpunkt zur Verfügung stehen, und basieren auf Informationen der Interagency Group for Child Mortality Estimation (IGME), zu der UNICEF, die Weltgesundheitsorganisation (WHO), die Weltbank und die United Nations Population Division (UNPOP) gehören. Die Gruppe aktualisiert die Daten jedes Jahr und berücksichtigt die jeweils neuen verfügbaren Datensätze, was auch Anpassungen für zurückliegende Jahre zur Folge haben kann. Daher können mitunter Datensätze aus früheren UNICEF-Jahresberichten nicht mit den letzten vorliegenden Daten verglichen und auch keine Tendenzen hinsichtlich der Entwicklung der Kindersterblichkeitsrate über einen bestimmten Zeitraum abgeleitet werden. Landespezifische Sterblichkeitsindikatoren für die Jahre 1990–2016, basierend auf den aktuellen Schätzungen der IGME, sind in Tabelle 1 (s. Seite 108 ff.) enthalten und unter http://data.unicef.org/topic/child-survival/under-five-mortality sowie www.childmortality.org abrufbar.

Statistik

Tabelle 2: Ernährung
UNICEF, WHO und die Weltbank arbeiten daran, die Daten zur Berechnung und Schätzung von regionalen Durchschnittswerten sowie Trendanalysen weiter zu vereinheitlichen. So werden regionale und globale Durchschnittswerte für **ernährungsbedingte Unterentwicklung, Auszehrung und Übergewicht** anhand eines Modells berechnet (siehe M. de Onis et al., Methodology for Estimating Regional and Global Trends of Child Malnutrition; in: International Journal of Epidemiology, Bd. 33 [November 2004], S. 1260–1270, abrufbar unter www.who.int/nutgrowthdb/publications/methodology_estimating_trends/en/index.html. Hinsichtlich der **Vitamin-A-Gaben** wird in diesem Bericht ausschließlich der Indikator »zwei Gaben« (umfassende Abdeckung) zugrunde gelegt. Damit soll betont werden, wie wichtig es ist, dass Kinder zwei Vitamin-A-Gaben pro Jahr im Abstand zwischen vier und sechs Monaten erhalten. Da es keine direkte Methode gibt, diesen Indikator zu überprüfen, wird der jeweils niedrigere Wert beider Erhebungen pro Jahr als Wert für eine umfassende Abdeckung geschätzt.
Innerhalb der Weltregionen werden lediglich die 82 Länder berücksichtigt, in denen UNICEF vorrangig Programme durchführt. Daten werden veröffentlicht, wenn mindestens 50 Prozent der Bevölkerung dieser Länder erfasst wurde. Das heißt zum Beispiel, dass Schätzungen für die Weltregion Ostasien und Pazifik veröffentlicht werden, obwohl keine Angaben für China vorliegen. Der Grund dafür ist, dass China nicht zu den Ländern gehört, in denen UNICEF vorrangig Programme durchführt.
Die Angaben zu **Niedriges Geburtsgewicht** wurden seit Oktober 2014 nicht mehr aktualisiert, da die Schätzungsmethodik überabeitet wird.

Tabelle 3: Gesundheit
Die Angaben zu **Zugang zu sauberem Trinkwasser und sanitären Einrichtungen** stammen aus dem WHO/UNICEF Joint Monitoring Programme for Water Supply, Sanitation and Hygiene (JMP). Weitere Informationen zur Methodik des JMP sind unter www.washdata.org abrufbar. Neue Schätzungen werden alle zwei Jahre veröffentlicht, ersetzen alle früheren und sind somit nicht miteinander vergleichbar.
In diesem Report werden die Schätzungen von WHO und UNICEF zum **Impfschutz** in den einzelnen Ländern vorgestellt. Seit 2000 werden die Schätzungen jedes Jahr im Juli aktualisiert, nachdem den Ländern vorläufige Berichte zur Prüfung vorgelegt wurden. Frühere Datenveröffentlichungen werden durch die jährliche Überarbeitung

und Berücksichtigung neuer empirischer Daten ersetzt. Detaillierte Informationen zum Vorgehen sind unter http://www.data.unicef.org/child-health/immunization.html abrufbar.
Regionale Durchschnittswerte für die Antigene werden wie folgt berechnet:
- BCG: regionale Durchschnittswerte werden nur für die Länder aufgeführt, in denen BCG in den nationalen Impfplänen berücksichtigt wird.
- Die Impfstoffe für DPT, Polio, Masern, HepB und HiB, PCV (Porzines Circovirus) und Rotaviren, von der WHO allgemein empfohlen, werden in den regionalen Durchschnittswerten aller Länder erfasst.
- Die regionalen Durchschnittswerte für die bei der Geburt vor Tetanus geschützten Neugeborenen beziehen sich nur auf die Länder, in denen Tetanus bei Müttern und Neugeborenen endemisch ist.

Tabelle 4: HIV/Aids
Im Jahr 2017 hat UNAIDS neue weltweite, regionale und länderbezogene Schätzungen zu HIV/Aids – bezogen auf das Jahr 2016 – veröffentlicht. Sie berücksichtigen grundlegende Änderungen, die zur Behandlung HIV-positiver Erwachsener und Kinder sowie zur Prävention von Mutter-zu-Kind-Übertragung vorgenommen worden sind. Die Schätzungen basieren auf aktuellen Vorgaben der Wissenschaft sowie der WHO. Dadurch konnten unter anderem die Zahlen zu Mutter-zu-Kind-Übertragung, Fruchtbarkeit von Frauen nach Alter und HIV-Serostatus sowie bereinigte Daten zur Überlebenschance von mit dem HI-Virus infizierten Kindern verfeinert werden. Darüber hinaus wurde die Methodik verbessert, und es liegen mittlerweile mehr zuverlässige Daten aus populationsbasierten Studien und erweiterten nationalen Überwachungssystemen sowie Statistiken aus Programmen in mehreren Ländern vor. Infolgedessen hat UNAIDS rückwirkend neue Schätzungen ermittelt zur Verbreitung des HI-Virus, zur Zahl HIV-positiver Menschen und derer, die auf eine Behandlung angewiesen sind, zur Zahl der Sterbefälle aufgrund von Aids, zu neuen HIV-Infektionen sowie zur Zahl der Kinder, deren Eltern u.a. aufgrund von Aids gestorben sind. Für Trendanalysen sollten nur neue Schätzungen herangezogen werden. Zusätzlich wurden die Indikatoren in dieser Tabelle überarbeitet, um den Fortschritt der aktuellen HIV/Aids-Programme darzustellen.
Die neuen Schätzungen zu HIV/Aids in dieser Tabelle sind unter www.data.unicef.org sowie http://www.aidsinfoonline.org abrufbar. Weitere Informationen zu Schätzungen, Methodik und Aktualisierungen siehe www.unaids.org.

Tabelle 7: Frauen
Der Indikator **Müttersterblichkeitsrate (bereinigt)** enthält die angepassten Zahlen aus dem Jahr 2015. Diese Schätzungen stammen von der Inter-agency Group for Maternal Mortality Estimation (MMEIG), in der die WHO, UNICEF, der Bevölkerungsfonds der Vereinten Nationen (UNFPA), die Weltbank, die United Nations Population Division (UNPOP) und unabhängige Experten vertreten sind. MMEIG hat einen zweifachen Ansatz zugrunde gelegt, um diese Schätzungen abzuleiten. Dazu gehört die Bereinigung bestehender Schätzungen zu Müttersterblichkeit aus Melderegistern, um falsche Klassifizierungen und Untererfassungen zu korrigieren. Des Weiteren werden modellgestützte Schätzungen für solche Länder erstellt, die nicht über zuverlässige nationale Zahlen zu Müttersterblichkeit verfügen.

Diese »bereinigten« Schätzungen können nicht mit früheren Schätzungen dieser Arbeitsgruppe verglichen werden. Ein umfassender Bericht mit Schätzungen zu einzelnen Ländern und detaillierten Informationen zur Methodik sowie statistischen Tabellen mit neuen auf Länder und Regionen bezogenen Müttersterblichkeitszahlen für die Jahre 1990, 1995, 2000, 2005, 2010 und 2015 ist unter http://www.data.unicef.org/maternal-health/maternal-mortality.html abrufbar. Die Tabelle wurde um den Indikator **Familienplanung mit modernen Methoden** ergänzt und ersetzt den Indikator **Anwendung empfängnisverhütender Mittel** in früheren Ausgaben des UNICEF-Reports.

Tabelle 8: Kinderschutz
Kinderarbeit: Die in der Tabelle dargestellten Daten weichen zwischen den Ländern stark ab. Die Gründe dafür liegen in den signifikanten Unterschieden in der Erhebungsmethodik, den Inhalten der Fragebögen, nationalen Definitionen sowie Schwellenwerten bei der Ermittlung von Daten. Nur eine begrenzte Anzahl von Ländern verfügt über Daten zu Kinderarbeit, die auf internationalen Standards und Klassifikationen beruhen.

Neue Daten aus der vierten Runde der MICS (2009–2012) wurden im Sinne der länderübergreifenden Vergleichbarkeit neu berechnet. So werden Tätigkeiten wie Wasserholen oder das Sammeln von Feuerholz jetzt der Kategorie Hausarbeit und nicht länger wirtschaftlichen Tätigkeiten zugeordnet. Gemäß diesem Ansatz wird ein Kind im Alter zwischen 5 und 14 Jahren dann als Kinderarbeiter angesehen, wenn es für mindestens 28 Stunden pro Woche mit Wasserholen oder dem Sammeln von Feuerholz beschäftigt ist.

Weibliche Genitalverstümmelung/ -beschneidung
Die Daten zur Verbreitung von weiblicher Genitalverstümmelung/ -beschneidung bei Mädchen bis

14 Jahren wurden aus technischen Gründen neu berechnet und können daher von den Originaldaten der Ländererhebungen abweichen (siehe Female Genital Mutilation/ Cutting: A statistical overview and exploration of the dynamics of change, UNICEF, New York 2013). Regionale Schätzungen zu Verbreitung und befürwortender Einstellung basieren ausschließlich auf repräsentativen Daten aus den Ländern, in denen diese Praxis ausgeübt wird. Die Daten spiegeln die Situation der betroffenen Länder innerhalb der Weltregion wider, nicht jedoch der Weltregion an sich, da sich in dieser auch nicht-praktizierende Länder befinden.

Gewaltsame psychische oder physische Bestrafung von Kindern
Die Schätzungen in UNICEF-Publikationen und Ländererhebungen auf Grundlage der MICS basierten bis 2010 auf Haushaltsgewichtungen, bei denen die letzte Stufe des entsprechenden MICS-Moduls nicht berücksichtigt wurde (es wurde nur eine Stichprobe zu einem Kind zwischen 2 und 14 Jahren herangezogen). Im Januar 2010 wurde beschlossen, präzisere Schätzungen einzuführen, die diese letzte Stufe berücksichtigen. Die Daten aus der dritten Runde der MICS wurden in der Folge neu berechnet.

Tabelle 12: Frühkindliche Entwicklung
Die Daten aus der dritten und vierten Runde der MICS zum Indikator **Lernunterstützung durch den Vater** beziehen sich auf das Engagement von Vätern durch eine oder mehr Aktivitäten, um die Lernförderung und Vorbereitung ihrer Kinder auf die Schule zu unterstützen. In der fünften Runde der MICS wurde die Definition der Aktivitäten auf vier oder mehr erhöht. Folglich sind die Schätzungen zu Lernförderung in der dritten und vierten Runde der MICS niedriger, verglichen mit den Ergebnissen aus der fünften Runde. Der Indikator **Kinder ohne angemessene Betreuung** wurde umbenannt in **Kinder ohne angemessene Aufsicht**, womit der Charakter dieser Erhebung präziser dargestellt werden soll.

Tabelle 13: Ökonomische Indikatoren
Kinder, die in Haushalten unter der Armutsschwelle leben: Dieser Indikator wurde 2016 und 2017 mit Blick auf das erste der 17 nachhaltigen Entwicklungsziele ergänzt (Senkung des Anteils der Kinder, die in Armut leben). Er misst den prozentualen Anteil der Kinder bis 17 Jahre, die in Haushalten leben, deren Einkommen unter der vom jeweiligen Land definierten Armutsschwelle liegen. Die hier verwendeten Daten stammen aus offiziellen statistischen Quellen der Länder, Haushaltserhebungen,

Armutsberichten sowie regionalen Datenbanken wie Eurostat. Da die Methodik, mit der Armut gemessen wird, von Land zu Land variiert, ist ein Ländervergleich nicht möglich. Die Schätzungen dienen vielmehr dazu, Fortschritte abzubilden.

Sterblichkeitsrate von Kindern unter 5 Jahren (SRUJ5)

Länder nach der Rangfolge ihrer Kindersterblichkeitsrate

In der nachfolgenden Liste werden die Länder in absteigender Reihenfolge gemäß ihrer für 2016 geschätzten Sterblichkeitsrate von Kindern unter 5 Jahren (SRUJ5) aufgeführt, einer der entscheidenden Indikatoren für das Wohlergehen von Kindern. In den nachfolgenden Tabellen sind die Länder und Gebiete alphabetisch sortiert.

Land	Sterblichkeitsrate von Kindern unter 5 Jahren Wert	Rang
Somalia	133	1
Tschad	127	2
Zentralafrikanische Republik	124	3
Sierra Leone	114	4
Mali	111	5
Nigeria	104	6
Benin	98	7
Kongo, Dem. Republik	94	8
Lesotho	94	8
Elfenbeinküste	92	10
Äquatorialguinea	91	11
Niger	91	11
Südsudan	91	11
Guinea	89	14
Guinea-Bissau	88	15
Burkina Faso	85	16
Angola	83	17
Mauretanien	81	18
Kamerun	80	19
Pakistan	79	20
Togo	76	21
Komoren	73	22
Burundi	72	23
Mosambik	71	24
Afghanistan	70	25
Swasiland	70	25
Haiti	67	27
Liberia	67	27
Gambia	65	29
Sudan	65	29
Dschibuti	64	31
Laos	64	31
Sambia	63	33
Ghana	59	34
Äthiopien	58	35
Tansania	57	36
Simbabwe	56	37
Jemen	55	38
Malawi	55	38
Kiribati	54	40
Kongo, Republik	54	40
Papua-Neuguinea	54	40
Uganda	53	43
Myanmar	51	44
Turkmenistan	51	44
Timor-Leste	50	46
Kenia	49	47
Gabun	47	48
Senegal	47	48
Madagaskar	46	50
Eritrea	45	51
Namibia	45	51
Indien	43	53

Kindersterblichkeitsrate

Land	Sterblichkeitsrate von Kindern unter 5 Jahren	
	Wert	Rang
Südafrika	43	53
Tadschikistan	43	53
Botsuana	41	56
Ruanda	39	57
Bolivien	37	58
Marshallinseln	35	59
Nauru	35	59
Nepal	35	59
Bangladesch	34	62
Dominica	34	62
São Tomé und Príncipe	34	62
Mikronesien	33	65
Bhutan	32	66
Guyana	32	66
Aserbaidschan	31	68
Dominikanische Republik	31	68
Irak	31	68
Kambodscha	31	68
Guatemala	29	72
Vanuatu	28	73
Marokko	27	74
Philippinen	27	74
Indonesien	26	76
Salomonen	26	76
Algerien	25	78
Tuvalu	25	78
Usbekistan	24	80
Ägypten	23	81
Fidschi	22	82
Niue (NZ)	22	82
Vietnam	22	82
Ecuador	21	85
Kap Verde	21	85
Kirgisistan	21	85
Korea, Dem. Volksrepublik	20	88
Nicaragua	20	88
Paraguay	20	88
Suriname	20	88
Honduras	19	92
Palästina	19	92
Trinidad und Tobago	19	92
Jordanien	18	95
Mongolei	18	95
Syrien	18	95
Samoa	17	98
St. Vincent u. d. Grenadinen	17	98
Grenada	16	100
Moldau	16	100
Palau	16	100
Panama	16	100
Tonga	16	100
Venezuela	16	100
Belize	15	106
Brasilien	15	106
El Salvador	15	106
Iran	15	106
Jamaika	15	106
Kolumbien	15	106
Mexiko	15	106
Peru	15	106
Albanien	14	114
Mauritius	14	114
Seychellen	14	114
Tunesien	14	114
Armenien	13	118
Libyen	13	118
Saudi-Arabien	13	118
St. Lucia	13	118
Türkei	13	118
Barbados	12	123
Mazedonien	12	123
Thailand	12	123
Argentinien	11	126
Bahamas	11	126
Georgien	11	126

Kindersterblichkeitsrate

Land	Sterblichkeitsrate von Kindern unter 5 Jahren	
	Wert	Rang
Kasachstan	11	**126**
Oman	11	**126**
Brunei Darussalam	10	**131**
China	10	**131**
Antigua und Barbuda	9	**133**
Costa Rica	9	**133**
Katar	9	**133**
Malediven	9	**133**
Rumänien	9	**133**
Sri Lanka	9	**133**
St. Kitts und Nevis	9	**133**
Ukraine	9	**133**
Uruguay	9	**133**
Bahrain	8	**142**
Bulgarien	8	**142**
Chile	8	**142**
Cookinseln (NZ)	8	**142**
Kuwait	8	**142**
Libanon	8	**142**
Malaysia	8	**142**
Russische Föderation	8	**142**
Ver. Arabische Emirate	8	**142**
Malta	7	**151**
Ver. Staaten von Amerika	7	**151**
Bosnien und Herzegowina	6	**153**
Kuba	6	153
Serbien	6	**153**
Slowakei	6	**153**
Kanada	5	**157**
Kroatien	5	**157**
Lettland	5	**157**
Litauen	5	**157**
Neuseeland	5	**157**
Polen	5	**157**
Ungarn	5	**157**
Australien	4	**164**
Belgien	4	**164**
Dänemark	4	**164**
Deutschland	4	**164**
Frankreich	4	**164**
Griechenland	4	**164**
Großbritannien	4	**164**
Irland	4	**164**
Israel	4	**164**
Montenegro	4	**164**
Niederlande	4	164
Österreich	4	**166**
Portugal	4	**164**
Schweiz	4	**164**
Weißrussland	4	**164**
Andorra	3	**179**
Estland	3	**179**
Italien	3	**179**
Japan	3	**179**
Korea, Republik	3	**179**
Monaco	3	179
Norwegen	3	**179**
San Marino	3	**179**
Schweden	3	**179**
Singapur	3	**179**
Spanien	3	**179**
Tschechische Republik	3	**179**
Zypern	3	**179**
Finnland	2	**192**
Island	2	192
Luxemburg	2	**192**
Slowenien	2	**192**
Anguilla (GB)	–	–
Britische Jungferninseln (GB)	–	–
Liechtenstein	–	–
Montserrat (GB)	–	–
Tokelau (NZ)	–	–
Turks- und Caicosinseln (GB)	–	–
Vatikanstadt	–	–

Entwicklung der Sterblichkeitsrate von Kindern unter 5 Jahren

Weltregionen	Sterblichkeitsrate von Kindern unter 5 Jahren (SRUJ5) (pro 1000 Lebendgeburten)						
	1990	1995	2000	2005	2010	2015	2016
Afrika südlich der Sahara	181	173	155	127	101	81	78
Östliches und südliches Afrika	164	156	138	108	82	64	61
West- und Zentralafrika	199	191	173	145	119	98	95
Europa und Zentralasien	31	28	22	16	13	10	10
Osteuropa und Zentralasien	47	45	36	27	20	15	14
Westeuropa	11	8	6	5	5	4	4
Lateinamerika und Karibik	55	44	33	26	25	18	18
Naher Osten und Nordafrika	66	53	43	34	28	25	24
Nordamerika	11	9	8	8	7	7	6
Ostasien und Pazifik	57	49	40	30	22	17	16
Südasien	129	112	94	77	63	50	48
Am wenigsten entwickelte Länder	176	160	139	111	89	71	68
Welt	**93**	**87**	**78**	**64**	**52**	**42**	**41**

Weltregionen	Sterblichkeitsrate von Kindern unter 5 Jahren (SRUJ5) (in Millionen)						
	1990	1995	2000	2005	2010	2015	2016
Afrika südlich der Sahara	3,89	4,15	4,15	3,77	3,31	2,92	2,86
Östliches und südliches Afrika	1,85	1,95	1,89	1,63	1,35	1,13	1,10
West- und Zentralafrika	2,04	2,21	2,26	2,14	1,96	1,79	1,76
Europa und Zentralasien	0,39	0,31	0,22	0,17	0,14	0,11	0,11
Osteuropa und Zentralasien	0,33	0,27	0,19	0,14	0,12	0,09	0,09
Westeuropa	0,06	0,04	0,03	0,03	0,02	0,02	0,02
Lateinamerika und Karibik	0,65	0,51	0,39	0,29	0,27	0,19	0,19
Naher Osten und Nordafrika	0,56	0,43	0,33	0,28	0,26	0,24	0,24
Nordamerika	0,05	0,04	0,04	0,04	0,03	0,03	0,03
Ostasien und Pazifik	2,33	1,71	1,22	0,90	0,69	0,54	0,51
Südasien	4,73	4,15	3,52	2,90	2,31	1,79	1,71
Am wenigsten entwickelte Länder	3,67	3,64	3,44	2,97	2,54	2,15	2,10
Welt	**12,60**	**11,29**	**9,87**	**8,34**	**7,01**	**5,83**	**5,64**

Tabellen

Tabelle 1: Grundindikatoren

	Sterblichkeitsrate von Kindern unter 5 Jahren (SRUJ5)			SRUJ5 nach Geschlecht 2016		Säuglingssterblichkeitsrate (SSR)		Neugeborenensterblichkeitsrate 2016
	Rang	1990	2016	männl.	weibl.	1990	2016	2016
Afghanistan	25	177	70	74	66	120	53	40
Ägypten	81	86	23	24	22	63	19	13
Albanien	114	40	14	15	12	35	12	6
Algerien	78	49	25	27	24	41	22	16
Andorra	179	9	3	3	3	7	2	1
Angola	17	221	83	88	76	131	55	29
Anguilla (GB)	–	–	–	–	–	–	–	–
Antigua und Barbuda	133	26	9	9	8	25	5	4
Äquatorialguinea	11	191	91	97	84	129	66	32
Argentinien	126	29	11	12	10	26	10	6
Armenien	118	50	13	15	12	42	12	7
Aserbaidschan	68	95	31	34	28	75	27	18
Äthiopien	35	203	58	64	53	121	41	28
Australien	164	9	4	4	3	8	3	2
Bahamas	126	24	11	11	10	20	9	6
Bahrain	142	23	8	8	7	20	7	3
Bangladesch	62	144	34	37	32	100	28	20
Barbados	123	18	12	13	11	16	11	8
Belgien	164	10	4	4	4	8	3	2
Belize	106	39	15	16	13	32	13	10
Benin	7	178	98	102	93	107	63	31
Bhutan	66	128	32	36	29	90	27	18
Bolivien	58	124	37	40	33	85	30	19
Bosnien und Herzegowina	153	18	6	7	5	16	5	5
Botsuana	56	54	41	44	37	42	33	26
Brasilien	106	64	15	16	14	53	14	8
Britische Jungferninseln (GB)	–	–	–	–	–	–	–	–
Brunei Darussalam	131	13	10	11	9	10	9	4
Bulgarien	142	18	8	8	7	15	7	4
Burkina Faso	16	199	85	89	80	99	53	26
Burundi	23	170	72	77	66	103	48	24
Chile	142	19	8	9	8	16	7	5
China	131	54	10	11	9	42	9	5
Cookinseln (NZ)	142	24	8	9	7	21	7	4
Costa Rica	133	17	9	10	8	14	8	6
Dänemark	164	9	4	5	4	7	4	3
Deutschland	164	9	4	4	4	7	3	2
Dominica	62	17	34	36	31	14	31	24

Tabelle 1: Grundindikatoren

Gesamt-bevölkerung in Tsd. 2016	Anzahl der Geburten in Tsd. 2016	Anzahl der Sterbefälle bei Kindern unter 5 Jahren in Tsd. 2016	Lebens-erwartung bei der Geburt in Jahren 2016	Alphabeti-sierungs-rate von Erwachs. in % (2011–2016*)	Einschulungs-rate in der Grundschule in % (bereinigt) (2011–2016*)
34 656	1 143	80	64	32	–
95 689	2 541	57	71	75	98
2 926	35	0	78	97	96
40 606	949	24	76	75 x	97
77	–	0	–	100	–
28 813	1 181	96	62	66	84
15	–	–	–	–	–
101	2	0	76	99 x	87
1 221	41	4	58	88 x	56
43 847	754	8	77	98	99
2 925	40	1	75	100	96
9 725	176	5	72	100	94
102 403	3 230	187	65	39 x	86
24 126	311	1	83	–	97
391	6	0	76	–	98 x
1 425	21	0	77	95 x	96
162 952	3 110	106	72	73	91 x
285	3	0	76	–	91
11 358	129	1	81	–	99
367	8	0	70	–	96
10 872	397	38	61	33	96
798	15	0	70	57	86
10 888	253	9	69	92	88
3 517	33	0	77	97	–
2 250	53	2	67	81 x	91
207 653	2 966	45	76	92	93
31	–	–	–	–	–
423	7	0	77	96	–
7 131	67	1	75	98	93
18 646	716	60	60	35	69
10 524	437	31	57	62	94
17 910	239	2	80	96	94
1 403 500	17 035	168	76	95 x	–
17	–	0	–	–	95
4 857	70	1	80	97	96
5 712	59	0	81	–	98
81 915	711	3	81	–	99
74	–	0	–	–	93 x

Statistik

	Sterblichkeitsrate von Kindern unter 5 Jahren (SRUJ5)			SRUJ5 nach Geschlecht 2016		Säuglingssterblichkeitsrate (SSR)		Neugeborenensterblichkeitsrate 2016
	Rang	1990	2016	männl.	weibl.	1990	2016	
Dominikanische Republik	68	60	31	34	28	46	26	21
Dschibuti	31	118	64	70	58	91	54	33
Ecuador	85	57	21	23	18	44	18	11
El Salvador	106	60	15	17	13	46	13	8
Elfenbeinküste	10	151	92	101	82	104	66	37
Eritrea	51	151	45	49	39	93	33	18
Estland	179	18	3	3	3	14	2	1
Fidschi	82	28	22	24	20	24	19	9
Finnland	192	7	2	3	2	6	2	1
Frankreich	164	9	4	4	4	7	3	2
Gabun	48	92	47	52	43	60	34	22
Gambia	29	168	65	70	61	82	42	28
Georgien	126	47	11	12	9	40	10	7
Ghana	34	127	59	64	53	80	41	27
Grenada	100	22	16	17	15	18	14	8
Griechenland	164	11	4	4	4	9	3	2
Großbritannien	164	9	4	5	4	8	4	3
Guatemala	72	82	29	31	26	60	24	14
Guinea	14	235	89	94	84	139	58	25
Guinea-Bissau	15	219	88	96	80	130	58	38
Guyana	66	60	32	37	28	46	27	20
Haiti	27	145	67	73	61	100	51	25
Honduras	92	58	19	21	17	45	16	10
Indien	53	126	43	42	44	88	35	25
Indonesien	76	84	26	29	23	62	22	14
Irak	68	54	31	34	28	42	26	18
Iran	106	57	15	16	15	44	13	10
Irland	164	9	4	4	3	8	3	2
Island	192	6	2	2	2	5	2	1
Israel	164	12	4	4	3	10	3	2
Italien	179	10	3	4	3	8	3	2
Jamaika	106	30	15	17	13	25	13	11
Japan	179	6	3	3	3	5	2	1
Jemen	38	126	55	59	51	88	43	27
Jordanien	95	37	18	19	17	30	15	11
Kambodscha	68	116	31	34	27	85	26	16
Kamerun	19	143	80	85	74	89	53	24
Kanada	157	8	5	5	5	7	4	3
Kap Verde	85	63	21	23	19	48	18	10

Tabelle 1: Grundindikatoren

Gesamt-bevölkerung in Tsd. 2016	Anzahl der Geburten in Tsd. 2016	Anzahl der Sterbefälle bei Kindern unter 5 Jahren in Tsd. 2016	Lebens-erwartung bei der Geburt in Jahren 2016	Alphabeti-sierungs-rate von Erwachs. in % (2011–2016*)	Einschulungs-rate in der Grundschule in % (bereinigt) (2011–2016*)
10 649	216	7	74	92	87
942	22	1	62	–	53
16 385	331	7	76	94	92
6 345	118	2	74	88	91
23 696	858	78	54	44	79
4 955	160	7	65	65 x	39
1 312	14	0	78	100	95
899	18	0	70	–	98
5 503	59	0	81	–	100
64 721	766	3	83	–	99
1 980	58	3	66	82	–
2 039	79	5	61	42	75
3 925	55	1	73	100	99
28 207	870	51	63	71 x	87
107	2	0	74	–	96
11 184	94	0	81	97	96
65 789	805	3	82	–	100
16 582	417	12	73	81	85
12 396	442	39	60	32	76
1 816	66	6	57	46	68 x
773	16	1	67	86	81
10 847	263	17	63	49 x	–
9 113	198	4	74	89	93
1 324 171	25 244	1 081	69	69	92
261 115	4 991	131	69	95	90
37 203	1 212	38	70	44	92 x
80 277	1 355	20	76	85	99
4 726	69	0	81	–	95
332	4	0	83	–	99
8 192	167	1	83	–	97
59 430	495	2	83	99	97
2 881	48	1	76	80 x	92 x
127 749	1 053	3	84	–	100
27 584	867	48	65	–	85
9 456	243	4	74	98	89
15 762	368	11	69	74 x	95
23 439	842	66	58	71 x	92
36 290	387	2	82	–	99
540	11	0	73	87	97

112 Statistik

	Sterblichkeitsrate von Kindern unter 5 Jahren (SRUJ5)			SRUJ5 nach Geschlecht 2016		Säuglingssterblichkeitsrate (SSR)		Neugeborenensterblichkeitsrate 2016
	Rang	1990	2016	männl.	weibl.	1990	2016	
Kasachstan	126	52	11	13	10	44	10	6
Katar	133	21	9	9	8	18	7	4
Kenia	47	98	49	53	45	63	36	23
Kirgisistan	85	65	21	24	19	54	19	12
Kiribati	40	96	54	59	49	69	42	23
Kolumbien	106	35	15	17	14	29	13	9
Komoren	22	126	73	78	68	88	55	33
Kongo, Dem. Republik	8	184	94	101	87	118	72	29
Kongo, Republik	40	91	54	58	49	59	39	21
Korea, Dem. Volksrepublik	88	43	20	22	18	33	15	11
Korea, Republik	179	16	3	4	3	14	3	2
Kroatien	157	13	5	5	4	11	4	3
Kuba	153	13	6	6	5	11	4	2
Kuwait	142	18	8	9	8	15	7	4
Laos	31	162	64	70	58	111	49	29
Lesotho	8	91	94	101	86	73	72	39
Lettland	157	17	5	5	4	13	4	2
Libanon	142	33	8	8	8	27	7	5
Liberia	27	258	67	72	62	172	51	23
Libyen	118	42	13	14	12	36	11	7
Liechtenstein	–	–	–	–	–	–	–	–
Litauen	157	15	5	6	5	12	4	3
Luxemburg	192	9	2	3	2	7	2	2
Madagaskar	50	160	46	51	42	97	34	19
Malawi	38	232	55	60	50	137	39	23
Malaysia	142	17	8	9	8	14	7	4
Malediven	133	94	9	9	8	68	7	5
Mali	5	254	111	115	105	130	68	36
Malta	151	11	7	7	6	10	6	5
Marokko	74	80	27	30	24	63	23	18
Marshallinseln	59	51	35	39	31	40	29	16
Mauretanien	18	117	81	88	74	71	54	34
Mauritius	114	23	14	15	12	20	12	8
Mazedonien	123	37	12	13	11	34	11	8
Mexiko	106	46	15	16	13	37	13	8
Mikronesien	65	55	33	37	30	43	28	17
Moldau	100	33	16	18	14	27	14	12
Monaco	179	8	3	4	3	6	3	2
Mongolei	95	109	18	21	14	77	15	10

Tabelle 1: Grundindikatoren

Gesamt-bevölkerung in Tsd. 2016	Anzahl der Geburten in Tsd. 2016	Anzahl der Sterbefälle bei Kindern unter 5 Jahren in Tsd. 2016	Lebens-erwartung bei der Geburt in Jahren 2016	Alphabeti-sierungs-rate von Erwachs. in % (2011–2016*)	Einschulungs-rate in der Grundschule in % (bereinigt) (2011–2016*)
17 988	385	4	70	100 x	87
2 570	25	0	78	98	92
48 462	1 504	74	67	79	85
5 956	152	3	71	99 x	89
114	3	0	66	–	95
48 653	746	11	74	94	91
796	26	2	64	49	79
78 736	3 269	304	60	77	35 x
5 126	176	9	65	79	91
25 369	350	7	72	–	94 x
50 792	449	2	82	–	98
4 213	39	0	78	99	89
11 476	125	1	80	100	92
4 053	65	1	75	96	93
6 758	163	10	67	58	93
2 204	61	6	54	77	80
1 971	20	0	75	100	96
6 007	86	1	80	91 x	82
4 614	157	10	63	43 x	38
6 293	127	2	72	–	–
38	–	–	–	–	94
2 908	31	0	75	100	98
576	6	0	82	–	93
24 895	812	37	66	72	77 x
18 092	653	36	63	62	97 x
31 187	524	4	75	93 x	98
428	8	0	77	99	95
17 995	758	82	58	33	56
429	4	0	81	93	98
35 277	709	19	76	69	98
53	–	0	–	98	77
4 301	145	12	63	46 x	79
1 262	13	0	75	93	96
2 081	23	0	76	96 x	91
127 540	2 330	34	77	94	95
105	2	0	69	–	84
4 060	43	1	72	99	87
38	–	0	–	–	–
3 027	73	1	69	98 x	97

114 Statistik

	Sterblichkeitsrate von Kindern unter 5 Jahren (SRUJ5)			SRUJ5 nach Geschlecht 2016		Säuglingssterblichkeitsrate (SSR)		Neugeborenensterblichkeitsrate 2016
	Rang	1990	2016	männl.	weibl.	1990	2016	
Montenegro	164	17	4	4	4	15	4	2
Montserrat (GB)	–	–	–	–	–	–	–	–
Mosambik	24	248	71	76	67	165	53	27
Myanmar	44	116	51	55	46	82	40	25
Namibia	51	71	45	49	41	48	32	18
Nauru	59	58	35	38	31	45	29	22
Nepal	59	141	35	37	32	98	28	21
Neuseeland	157	11	5	6	5	9	5	3
Nicaragua	88	68	20	22	17	51	17	9
Niederlande	164	8	4	4	3	7	3	3
Niger	11	329	91	95	87	133	51	26
Nigeria	6	213	104	110	98	126	67	34
Niue (NZ)	82	14	22	25	20	12	19	12
Norwegen	179	9	3	3	2	7	2	2
Oman	126	39	11	12	10	32	9	5
Österreich	164	10	4	4	3	8	3	2
Pakistan	20	139	79	82	75	106	64	46
Palästina	92	45	19	21	18	36	17	11
Palau	100	36	16	18	14	31	14	8
Panama	100	31	16	18	15	26	14	10
Papua-Neuguinea	40	88	54	59	50	64	42	24
Paraguay	88	47	20	22	18	37	17	11
Peru	106	80	15	17	14	57	12	8
Philippinen	74	58	27	30	24	41	22	13
Polen	157	17	5	5	4	15	4	3
Portugal	164	15	4	4	3	12	3	2
Ruanda	57	151	39	42	35	93	29	17
Rumänien	133	31	9	10	8	25	8	4
Russische Föderation	142	22	8	9	7	18	7	3
Salomonen	76	38	26	28	23	31	22	10
Sambia	33	182	63	68	58	110	44	23
Samoa	98	31	17	19	16	26	15	9
San Marino	179	11	3	3	3	10	3	1
São Tomé und Príncipe	62	105	34	37	30	67	26	15
Saudi-Arabien	118	45	13	14	12	36	11	7
Schweden	179	7	3	3	3	6	2	2
Schweiz	164	8	4	4	4	7	4	3
Senegal	48	140	47	51	43	72	34	21
Serbien	153	28	6	6	5	24	5	4

Tabelle 1: Grundindikatoren

Gesamt-bevölkerung in Tsd. 2016	Anzahl der Geburten in Tsd. 2016	Anzahl der Sterbefälle bei Kindern unter 5 Jahren in Tsd. 2016	Lebens-erwartung bei der Geburt in Jahren 2016	Alphabeti-sierungs-rate von Erwachs. in % (2011–2016*)	Einschulungs-rate in der Grundschule in % (bereinigt) (2011–2016*)
629	7	0	77	98	93
5	–	–	–	–	92 x
28829	1105	78	58	51 x	89
52885	944	48	67	76	95
2480	72	3	64	88	90
11	–	0	–	–	86
28983	573	20	70	60	97
4661	62	0	82	–	99
6150	121	2	75	78 x	97 x
16987	179	1	82	–	98
20673	967	86	60	15	62
185990	7141	733	53	51 x	64 x
2	–	0	–	–	–
5255	62	0	82	–	100
4425	81	1	77	93	95
8712	83	0	82	–	–
193203	5439	424	66	57	74
4791	150	3	73	97	90
22	–	0	–	97	80
4034	79	1	78	94 x	93
8085	221	12	66	57 x	86
6725	140	3	73	95	89
31774	615	9	75	94	94
103320	2386	64	69	96	96
38224	365	2	78	–	96
10372	83	0	81	94	98
11918	370	14	67	68	95
19778	192	2	75	99	87
143965	1852	14	71	100 x	97
599	17	0	71	77	71
16591	620	39	62	83 x	87
195	5	0	75	99	96
33	–	0	–	–	93
200	7	0	67	90	95
32276	626	8	75	94	98
9838	119	0	82	–	99
8402	86	0	83	–	93
15412	542	25	67	43	71
8820	94	1	75	99	96

Statistik

	Sterblichkeitsrate von Kindern unter 5 Jahren (SRUJ5)			SRUJ5 nach Geschlecht 2016		Säuglingssterblichkeitsrate (SSR)		Neugeborenensterblichkeitsrate 2016
	Rang	1990	2016	männl.	weibl.	1990	2016	
Seychellen	114	17	14	16	13	14	12	9
Sierra Leone	4	262	114	120	106	156	83	33
Simbabwe	37	75	56	62	51	50	40	23
Singapur	179	8	3	3	3	6	2	1
Slowakei	153	15	6	6	5	13	5	3
Slowenien	192	10	2	3	2	9	2	1
Somalia	1	181	133	139	126	109	83	39
Spanien	179	9	3	4	3	7	3	2
Sri Lanka	133	21	9	10	9	18	8	5
St. Kitts und Nevis	133	32	9	10	8	26	8	6
St. Lucia	118	21	13	15	12	18	12	9
St. Vincent u. d. Grenadinen	98	24	17	18	15	20	15	10
Südafrika	53	57	43	48	39	45	34	12
Sudan	29	131	65	70	60	82	45	29
Südsudan	11	256	91	96	85	152	59	38
Suriname	88	46	20	22	18	40	18	11
Swasiland	25	66	70	76	65	50	52	21
Syrien	95	37	18	19	16	30	14	9
Tadschikistan	53	107	43	48	38	84	37	20
Tansania	36	179	57	60	53	108	40	22
Thailand	123	38	12	14	11	31	11	7
Timor Leste	46	175	50	54	46	132	42	22
Togo	21	145	76	82	70	89	51	26
Tokelau (NZ)	–	–	–	–	–	–	–	–
Tonga	100	22	16	15	18	19	14	7
Trinidad und Tobago	92	30	19	20	17	26	17	13
Tschad	2	211	127	133	121	111	75	35
Tschechische Republik	179	12	3	4	3	10	3	2
Tunesien	114	57	14	15	12	44	12	8
Türkei	118	74	13	13	12	56	11	7
Turkmenistan	44	86	51	60	42	70	43	22
Turks- und Caicosinseln (GB)	–	–	–	–	–	–	–	–
Tuvalu	78	57	25	28	23	44	21	17
Uganda	43	175	53	58	48	104	38	21
Ukraine	133	19	9	10	8	17	8	5
Ungarn	157	17	5	6	5	15	4	3
Uruguay	133	23	9	10	8	21	8	5
Usbekistan	80	72	24	27	21	59	21	14
Vanuatu	73	36	28	30	25	29	23	12

Tabelle 1: Grundindikatoren

Gesamt-bevölkerung in Tsd. 2016	Anzahl der Geburten in Tsd. 2016	Anzahl der Sterbefälle bei Kindern unter 5 Jahren in Tsd. 2016	Lebens-erwartung bei der Geburt in Jahren 2016	Alphabeti-sierungs-rate von Erwachs. in % (2011–2016*)	Einschulungs-rate in der Grundschule in % (bereinigt) (2011–2016*)
94	2	0	74	94 x	95
7 396	258	29	52	32	99
16 150	535	30	61	89	86
5 622	50	0	83	97	–
5 444	57	0	77	–	–
2 078	21	0	81	–	98
14 318	609	79	56	–	–
46 348	415	1	83	98	99
20 798	323	3	75	91 x	99
55	–	0	–	–	78
178	2	0	75	–	93 x
110	2	0	73	–	94
56 015	1 176	51	63	94	83 x
39 579	1 290	83	64	54	54
12 231	431	38	57	27 x	31
558	10	0	71	93	93
1 343	39	3	58	83 x	80
18 430	427	7	70	81 x	67
8 735	251	11	71	99 x	98
55 572	2 087	117	66	78	80
68 864	726	9	75	93	91
1 269	44	2	69	58 x	96
7 606	256	19	60	64	95
1	–	–	–	–	–
107	3	0	73	99	88
1 365	19	0	71	–	95 x
14 453	615	77	53	22	79
10 611	109	0	79	–	–
11 403	210	3	76	79	99
79 512	1 294	16	76	96	94
5 663	144	7	68	–	–
35	–	–	–	–	–
11	–	0	–	–	84
41 488	1 715	90	60	70	94
44 439	479	4	72	100	96
9 753	88	0	76	–	91
3 444	49	0	77	99	94
31 447	663	16	71	100	95
270	7	0	72	74 x	86

Statistik

	Sterblichkeitsrate von Kindern unter 5 Jahren (SRUJ5)			SRUJ5 nach Geschlecht 2016		Säuglingssterblichkeitsrate (SSR)		Neugeborenensterblichkeitsrate 2016
	Rang	1990	2016	männl.	weibl.	1990	2016	
Vatikanstadt	–	–	–	–	–	–	–	–
Venezuela	100	30	16	18	15	25	14	10
Ver. Arabische Emirate	142	17	8	9	7	14	7	4
Ver. Staaten von Amerika	151	11	7	7	6	9	6	4
Vietnam	82	51	22	25	18	37	17	12
Weißrussland	164	15	4	4	3	12	3	2
Zentralafrikanische Republik	3	174	124	130	117	114	89	42
Zypern	179	11	3	3	2	10	2	1
Weltregionen								
Afrika südlich der Sahara	–	181	78	84	73	108	53	28
Östliches und südliches Afrika	–	164	61	66	56	101	43	25
West- und Zentralafrika	–	199	95	101	89	116	63	31
Europa und Zentralasien	–	31	10	11	9	25	8	5
Osteuropa und Zentralasien	–	47	14	16	13	38	13	7
Westeuropa	–	11	4	4	4	9	3	2
Lateinamerika und Karibik	–	55	18	19	16	44	15	9
Naher Osten und Nordafrika	–	66	24	26	22	50	20	14
Nordamerika	–	11	6	7	6	9	6	4
Ostasien und Pazifik	–	57	16	18	15	43	14	8
Südasien	–	129	48	48	48	92	39	28
Am wenigsten entwickelte Länder	–	176	68	73	63	109	48	26
Welt	–	93	41	43	39	65	31	19

Definitionen der Weltregionen s. Seite 265 ff.
* Werte beziehen sich auf die neuesten verfügbaren Daten aus dem genannten Zeitraum.
** Angaben ohne China

Tabelle 1: Grundindikatoren

Gesamt-bevölkerung in Tsd. 2016	Anzahl der Geburten in Tsd. 2016	Anzahl der Sterbefälle bei Kindern unter 5 Jahren in Tsd. 2016	Lebens-erwartung bei der Geburt in Jahren 2016	Alphabeti-sierungs-rate von Erwachs. in % (2011–2016*)	Einschulungs-rate in der Grundschule in % (bereinigt) (2011–2016*)
1	–	–	–	–	–
31 568	602	10	75	97	90
9 270	92	1	77	90 x	93
322 180	4 003	26	79	–	94
94 569	1 582	34	76	94 x	98
9 480	114	0	73	100 x	95
4 595	166	20	52	37 x	71
1 170	13	0	81	99	97
1 034 153	37 038	2 860	60	65	80
542 206	18 203	1 104	63	75	82
491 947	18 835	1 756	57	–	–
908 161	11 087	107	77	–	96
416 914	6 139	88	73	98	94
491 247	4 948	19	81	–	98
633 773	10 749	187	76	94	93
435 225	9 953	237	74	78	94
358 469	4 389	28	80	–	94
2 291 492	31 393	510	75	–	94 **
1 765 989	35 853	1 713	69	68	90
979 388	31 163	2 101	64	63	81
7 427 263	140 462	5 642	72	78	90 **

Definitionen s. Seite 268 ff., Hauptquellen s. Seite 279 ff.

x Daten beziehen sich auf andere Jahre oder Zeiträume. Diese Werte werden nicht bei der Berechnung der regionalen und globalen Werte berücksichtigt (ausgenommen Daten aus Indien von 2005–2006). Schätzungen aus den Jahren vor 2000 sind nicht aufgeführt.

– keine Daten verfügbar

Tabelle 2: Ernährung

Anteil der Kinder in % (2011–2016*)

	mit niedrigem Geburtsgewicht[2]	die unmittelbar nach der Geburt zum ersten Mal gestillt wurden	die im Alter bis zu 6 M. ausschließlich gestillt wurden	die im Alter von 6–8 M. Zusatznahrung erhielten	die im Alter von 6–23 M. ausreichend vielfältige Mahlzeiten erhielten	die im Alter von 20–23 M. noch gestillt wurden
Afghanistan	–	41	43	61	16	59
Ägypten	13 x	27	40	77	23	20
Albanien	–	43 x	39 x	78 x	–	31 x
Algerien	6 x	36	26	28	–	27
Andorra	–	–	–	–	–	–
Angola	12 x	48	38	–	13	42
Anguilla (GB)	–	–	–	–	–	–
Antigua und Barbuda	6	–	–	–	–	–
Äquatorialguinea	13 x	21	7	76	11	5
Argentinien	7	53	33	93	–	29
Armenien	8 x	41 x	45	90	24	22
Aserbaidschan	10 x	20	12	77	22	16 x
Äthiopien	20 x	73	58	60	7	76
Australien	6 x	–	–	–	–	–
Bahamas	12	–	–	–	–	–
Bahrain	10	–	–	–	–	–
Bangladesch	22 x	51	55	65	23	87
Barbados	12	40	20 p	–	–	–
Belgien	7 x	–	–	–	–	–
Belize	11	68	33	79	–	35
Benin	15 x	47	41	73	14	46
Bhutan	10 x	78	51	87	–	61
Bolivien	6 x	78	64	83 x	–	40 x
Bosnien und Herzegowina	5	42	19	71	–	12
Botsuana	13 x	40 x	20 x	–	–	6 x
Brasilien	9	43 x	39 x	94 x	–	26 x
Britische Jungferninseln (GB)	–	–	–	–	–	–
Brunei Darussalam	12	–	–	–	–	–
Bulgarien	9	–	–	–	–	–
Burkina Faso	14 x	42	50	59	3	80
Burundi	13 x	74 x	83	70 x	10	81
Chile	6	–	–	–	–	–
China	–	41 x	21	60 x	–	9 x
Cookinseln (NZ)	–	–	–	–	–	–
Costa Rica	7	60	33	86	–	28
Dänemark	5	–	–	–	–	–
Deutschland	7	–	–	–	–	–
Dominica	11	–	–	–	–	–

Tabelle 2: Ernährung

Anteil der Kinder unter 5 Jahren in %, die an ernährungsbedingten Störungen leiden (2011–2016*) (WHO)

Unterentwicklung	Übergewicht	Auszehrung		Anteil der Kinder (6–59 M.) in %, die 2015 zweimal Vitamin A erhielten▲	Anteil der Haushalte in %, die jodiertes Salz verwenden (2011–2016*)
	moderat und stark[1]		stark[1]		
41	5	10	4	98 α	57 s
22	16	10	5	– α	93 y[b]
23 x	23 x	9 x	6 x	–	91 x, s
12	12	4	1	–	82 s
–	–	–	–	–	–
38	3	5	1	14 α	82 s
–	–	–	–	–	–
–	–	–	–	–	–
26	10	3	2	– α	57 x, s
8 x	10 x	1 x	0 x	–	–
9	14	4	2	–	99 s
18	13	3	1	96 α,q	94 y[b]
38	3	10	3	74 α	86 s
2 x	8 x	0 x	0 x	–	–
–	–	–	–	–	–
–	–	–	–	–	–
36	1	14	3	99 α	69 y[a]
8	12	7	2	–	37 s
–	–	–	–	–	–
15	7	2	1	–	85
34	2	5	1	95 α	69
34 x	8 x	6 x	2 x	– α	–
18	9 x	2	1	– α	85 x, s
9	17	2	2	–	–
31 x	11 x	7 x	3 x	57 α	83 x, s
7 x	7 x	2 x	0 x	–	98 x, s
–	–	–	–	–	–
20 x	8 x	3 x	0 x	–	–
9 x	14 x	3 x	1 x	–	92 y[a]
27	1	8	1	99 α	92 x, s
56	1	5	1	71 α	87 x, s
2	9	0	–	–	–
8	7 x	2	1 x	–	96 y[b]
–	–	–	–	–	–
6 x	8 x	1 x	–	–	–
–	–	–	–	–	–
1 x	4 x	1 x	0 x	–	–
–	–	–	–	–	–

122 Statistik

Anteil der Kinder in % (2011–2016*)

	mit niedrigem Geburtsgewicht[2]	die unmittelbar nach der Geburt zum ersten Mal gestillt wurden	die im Alter bis zu 6 M. ausschließlich gestillt wurden	die im Alter von 6–8 M. Zusatznahrung erhielten	die im Alter von 6–23 M. ausreichend vielfältige Mahlzeiten erhielten	die im Alter von 20–23 M. noch gestillt wurden
Dominikanische Republik	11 x	38	5	81	45	12
Dschibuti	10 x	55 x	1 x	35 x	–	18 x
Ecuador	9	55	40 x	74	–	19
El Salvador	9	42	47	90	67	57
Elfenbeinküste	17 x	31	12	64	5	38
Eritrea	14 x	93 x	69 x	40 x	–	73 x
Estland	5	–	–	–	–	–
Fidschi	10 x	57 x	40 x	–	–	–
Finnland	4	–	–	–	–	–
Frankreich	7	–	–	–	–	–
Gabun	14 x	32	6	82	5	4
Gambia	10 x	52	47	47	8	42
Georgien	7	69	55 x	85 x	–	17 x
Ghana	11	56	52	73	13	50
Grenada	9	–	–	–	–	–
Griechenland	10	–	–	–	–	–
Großbritannien	7	–	–	–	–	–
Guatemala	11 x	63	53	–	52	57
Guinea	12 x	17	21	43	4	66
Guinea-Bissau	11 x	34	53	71	8	51
Guyana	14 x	49	23	81	40	41
Haiti	23	47	40	87	14	31
Honduras	10	64	31	70	54	43
Indien	28 x	42	55	52	10	67
Indonesien	9 x	49	42	91	37	55
Irak	13	43	20	36	–	23
Iran	8	69	53	76	–	51
Irland	5	–	–	–	–	–
Island	4	–	–	–	–	–
Israel	8	–	–	–	–	–
Italien	7 x	–	–	–	–	–
Jamaika	11	65	24	55	–	31
Japan	10	–	–	–	–	–
Jemen	32 x	53	10	69	15	45
Jordanien	13 x	19	23	92	33	13
Kambodscha	11 x	63	65	82	30	37
Kamerun	11 x	31	28	83	17	19
Kanada	6	–	–	–	–	–
Kap Verde	6 x	73 x	60 x	–	–	13 x
Kasachstan	6	83	38	67	45	21

Tabelle 2: Ernährung

Anteil der Kinder unter 5 Jahren in %, die an ernährungsbedingten Störungen leiden (2011–2016*) (WHO)

Unterentwicklung	Übergewicht	Auszehrung		Anteil der Kinder (6–59 M.) in %, die 2015 zweimal Vitamin A erhielten▲	Anteil der Haushalte in %, die jodiertes Salz verwenden (2011–2016*)
	moderat und stark[1]		stark[1]		
7	8	2	1	–	30 x, s
34	8	22	9	72 α	4 x, s
25	8	2	1	–	–
14	6	2	0	–	–
30	3	8	2	72 α	82 s
50 x	2 x	15 x	4 x	51 α	72 x, s
–	–	–	–	–	–
8 x	5 x	6 x	2 x	–	–
–	–	–	–	–	–
–	–	–	–	–	–
18	8	3	1	– α	90 s
25	3	11	4	27 α	69 s
11 x	20 x	2 x	1 x	–	–
19	3	5	1	28 α	57 s
–	–	–	–	–	–
–	–	–	–	–	–
47	5	1	0	15 α	–
31	4	10	4	69 α	61 s
28	2	6	1	87 α	26 s
12	5	6	2	–	43 s
22	4	5	1	21 α	16 s
23	5	1	0	– α	–
38	2 x	21	8	53 α	93 y[a]
36	12	14	7	82 α	92 y[b]
23	12	7	4	–	55 s
7	–	4	1	–	–
–	–	–	–	–	–
–	–	–	–	–	–
–	–	–	–	–	–
6	9	4	1 x	–	–
7 x	2 x	2 x	0 x	–	–
47	2	16	5	8 α	49 s
8	5	2	1	–	88 x, y[b]
32	2	10	2	63 α	68 s
32	7	5	1	99 α	86 s
–	10 x	–	–	–	–
–	–	–	–	–	–
8	9	3	1	– α	94 s

Statistik

Anteil der Kinder in % (2011–2016*)

	mit niedrigem Geburtsgewicht[2]	die unmittelbar nach der Geburt zum ersten Mal gestillt wurden	die im Alter bis zu 6 M. ausschließlich gestillt wurden	die im Alter von 6–8 M. Zusatznahrung erhielten	die im Alter von 6–23 M. ausreichend vielfältige Mahlzeiten erhielten	die im Alter von 20–23 M. noch gestillt wurden
Katar	8 x	34	29	50	–	32
Kenia	8 x	62	61	80	22	53
Kirgisistan	6	83	41	85	36	23
Kiribati	8	–	69 x	–	–	82 x
Kolumbien	10	57 x	43 x	86 x	60 x	33 x
Komoren	25 x	34	12	81	6	57
Kongo, Dem. Republik	10 x	52	48	79	8	66
Kongo, Republik	13 x	25	33	84	6	11
Korea, Dem. Volksrepublik	6 x	28	69	66	–	22
Korea, Republik	4 x	–	–	–	–	–
Kroatien	5	–	–	–	–	–
Kuba	5	48	33	91	56	24
Kuwait	8	–	–	–	–	–
Laos	15	39	40	52	–	40
Lesotho	11 x	65	67	83	11	30
Lettland	5	–	–	–	–	–
Libanon	12 x	41 x	27 x	–	–	11 x
Liberia	14 x	61	55	46	4	44
Libyen	–	–	–	–	–	–
Liechtenstein	–	–	–	–	–	–
Litauen	5	–	–	–	–	–
Luxemburg	7	–	–	–	–	–
Madagaskar	16 x	66	42	90	–	83
Malawi	14 x	76	61	89	8	72
Malaysia	11	–	–	–	–	–
Malediven	11 x	64 x	48 x	91 x	–	68 x
Mali	18 x	53	33	42	3	53
Malta	7	–	–	–	–	–
Marokko	15 x	30	28	86 x	–	25
Marshallinseln	18 x	73 x	31 x	–	–	53 x
Mauretanien	35	62	41	66	–	40
Mauritius	14 x	–	21 x	–	–	–
Mazedonien	6	21	23	41	–	13
Mexiko	9	51	31	82	53	24
Mikronesien	11 x	–	–	–	–	–
Moldau	6	61	36	62	–	12
Monaco	6	–	–	–	–	–
Mongolei	5 x	71	47	95	35	53
Montenegro	5	14	17	95	66	9
Montserrat (GB)	–	–	–	–	–	–

Tabelle 2: Ernährung

Anteil der Kinder unter 5 Jahren in %, die an ernährungsbedingten Störungen leiden (2011–2016*) (WHO)

Unterentwicklung	Übergewicht	Auszehrung		Anteil der Kinder (6–59 M.) in %, die 2015 zweimal Vitamin A erhielten▲	Anteil der Haushalte in %, die jodiertes Salz verwenden (2011–2016*)
		moderat und stark[1]	stark[1]		
–	–	–	–	–	–
26	4	4	1	37 α	95 s
13	7	3	1	– α	99 s
–	–	–	–	– α	–
13 x	5 x	1 x	0 x	–	–
32	11	11	4	12 α	82 s
43	4	8	3	94 α	82 s
21	6	8	3	99 α	90 s
28	0 x	4	1	99 α	–
3	7	1	0	–	–
–	–	–	–	–	–
7 x	–	2 x	–	–	–
5	6	3	1	–	–
44	2	6	2	88 α	80 s
33	7	3	1	– α	85 s
–	–	–	–	–	–
17 x	17 x	7 x	3 x	–	95 x, s
32	3	6	2	61 α	91 s
21 x	22 x	7 x	3 x	–	–
–	–	–	–	–	–
–	–	–	–	–	–
49 x	6 x	15 x	6 x	97 α	68 x, s
37	5	3	1	16 α	78 s
18	7	8	–	–	–
20 x	7 x	10 x	3 x	79 α	–
30	2	14	3	88 α	81 x, s
–	–	–	–	–	–
15	11	2	1	– α	–
–	–	–	–	– α	–
28	1	15	4	83 α	24 s
–	–	–	–	–	–
5	12	2	0	–	–
12	5	1	0	– α	–
–	–	–	–	– α	–
6	5	2	1	–	58 s
–	–	–	–	–	–
11	11	1	0	38 α	80 s
9	22	3	1	–	–
–	–	–	–	–	–

Anteil der Kinder in % (2011–2016*)

	mit niedrigem Geburtsgewicht[2]	die unmittelbar nach der Geburt zum ersten Mal gestillt wurden	die im Alter bis zu 6 M. ausschließlich gestillt wurden	die im Alter von 6–8 M. Zusatznahrung erhielten	die im Alter von 6–23 M. ausreichend vielfältige Mahlzeiten erhielten	die im Alter von 20–23 M. noch gestillt wurden
Mosambik	17	69	41	95	11	52
Myanmar	9 x	67	51	75	16	64
Namibia	16 x	71	49	80	13	21
Nauru	27 x	76 x	67 x	–	–	65 x
Nepal	18	55	66	84	32	89
Neuseeland	6	–	–	–	–	–
Nicaragua	8	68	32	–	–	43
Niederlande	6 x	–	–	–	–	–
Niger	27 x	53	23	–	6	50
Nigeria	15	33	17	67	10	35
Niue (NZ)	–	–	–	–	–	–
Norwegen	5 x	–	–	–	–	–
Oman	10	71	33	90	–	48
Österreich	7	–	–	–	–	–
Pakistan	32 x	18	38	66	15	56
Palästina	9 x	41	39	90	42	12
Palau	7 x	–	–	–	–	–
Panama	8	47	22	61	–	34
Papua-Neuguinea	11 x	–	56 x	–	–	72 x
Paraguay	6 x	47 x	24 x	–	–	14 x
Peru	7	55	68	78	53	55 y
Philippinen	21 x	50	34 x	90 x	–	41
Polen	6	–	–	–	–	–
Portugal	9	–	–	–	–	–
Ruanda	7 x	81	87	57	19	87
Rumänien	8	12 x	16 x	–	–	–
Russische Föderation	6	–	–	–	–	–
Salomonen	13 x	75 x	74 x	–	–	67 x
Sambia	11 x	66	73	82	11	42
Samoa	10 x	88 x	51 x	–	–	74 x
San Marino	10	–	–	–	–	–
São Tomé und Príncipe	10 x	38	74	74	22	24
Saudi-Arabien	9	–	–	–	–	–
Schweden	5	–	–	–	–	–
Schweiz	7	–	–	–	–	–
Senegal	19	31	33	63	10	48
Serbien	6	51	13	97	72	9
Seychellen	–	–	–	–	–	–
Sierra Leone	11 x	54	32	63	7	48
Simbabwe	11	58	48	91	8	14

Tabelle 2: Ernährung

Anteil der Kinder unter 5 Jahren in %, die an ernährungsbedingten Störungen leiden (2011–2016*) (WHO)

Unterentwicklung	Übergewicht	Auszehrung		Anteil der Kinder (6–59 M.) in %, die 2015 zweimal Vitamin A erhielten▲	Anteil der Haushalte in %, die jodiertes Salz verwenden (2011–2016*)
	moderat und stark[1]		stark[1]		
43	8	6	2	99 α	43 s
29	1	7	1	88 α	81 s
23	4	7	3	– α	74 s
24 x	3 x	1 x	0 x	–	–
36	1	10	2	79 α	94 s
–	–	–	–	–	–
23 x	6 x	2 x	1 x	3 α	–
–	–	–	–	–	–
42	3	10	2	99 α	59 s
33	2	7	2	76 α	93 s
–	–	–	–	–	–
–	–	–	–	–	–
14	4	8	2	–	–
–	–	–	–	–	–
45	5	11	3	98 α	69 y[a]
7	8	1	0	–	88 s
–	–	–	–	–	–
19 x	–	1 x	0 x	–	–
50	14	14	7	– α	–
11	12	3	0	–	93 y[b]
14	7	1	0	–	90 s
33	4	7	2	72 α	52 y[b]
–	–	–	–	–	–
–	–	–	–	–	–
37	8	2	1	96 α	91 s
13 x	8 x	4 x	1 x	–	–
–	–	–	–	–	–
32	4	8	3	–	–
40	6	6	3	– α	88 s
5	5	4	1	–	96 s
–	–	–	–	–	–
17	2	4	1	42 α	91 s
9 x	6 x	12 x	5 x	–	–
–	–	–	–	–	–
–	–	–	–	–	–
17	1	7	1	29 α	57 s
6	14	4	1	–	–
8	10	4	1	–	–
38	9	9	4	97 α	74 s
27	6	3	1	45 α	93 s

Anteil der Kinder in % (2011–2016*)

	mit niedrigem Geburtsgewicht[2]	die unmittelbar nach der Geburt zum ersten Mal gestillt wurden	die im Alter bis zu 6 M. ausschließlich gestillt wurden	die im Alter von 6–8 M. Zusatznahrung erhielten	die im Alter von 6–23 M. ausreichend vielfältige Mahlzeiten erhielten	die im Alter von 20–23 M. noch gestillt wurden
Singapur	10	–	–	–	–	–
Slowakei	8	–	–	–	–	–
Slowenien	6	–	–	–	–	–
Somalia	–	23 x	5 x	16 x	–	27 x
Spanien	8	–	–	–	–	–
Sri Lanka	17 x	80 x	76 x	–	–	84 x
St. Kitts und Nevis	10	–	–	–	–	–
St. Lucia	10	50	–	–	–	–
St. Vincent u. d. Grenadinen	11	–	–	–	–	–
Südafrika	–	61 x	32	–	23	13
Sudan	–	69	55	51	15	49
Südsudan	–	48 x	45 x	21 x	–	38 x
Suriname	14 x	45 x	3 x	47 x	–	15 x
Swasiland	9 x	48	64	90	38	8
Syrien	10 x	46 x	43 x	–	–	25 x
Tadschikistan	10 x	50	34	49	20	50
Tansania	8 x	51	59	92	9	43
Thailand	11 x	40	23	85	56	16
Timor-Leste	12 x	93	62	97	18	39
Togo	11 x	61	58	67	12	61
Tokelau (NZ)	–	–	–	–	–	–
Tonga	–	79	52	–	–	30
Trinidad und Tobago	12	41 x	13 x	83 x	–	22 x
Tschad	20 x	23	0	59	6	65
Tschechische Republik	8	–	–	–	–	–
Tunesien	7	40	9	27	–	19
Türkei	11 x	50	30	75	–	34
Turkmenistan	5	73	59	82	77	20
Turks- und Caicosinseln (GB)	–	–	–	–	–	–
Tuvalu	6 x	15 x	35 x	–	–	51 x
Uganda	12	53	66	67	14	43
Ukraine	5	66	20	43	–	22
Ungarn	9	–	–	–	–	–
Uruguay	8	77	–	–	–	–
Usbekistan	5 x	67 x	26 x	47 x	–	38 x
Vanuatu	10 x	85	73	72	–	49
Vatikanstadt	–	–	–	–	–	–
Venezuela	9	–	–	–	–	–
Ver. Arabische Emirate	6 x	–	–	–	–	–
Ver. Staaten von Amerika	8 x	–	24	–	–	–

Tabelle 2: Ernährung

Anteil der Kinder unter 5 Jahren in %, die an ernährungsbedingten Störungen leiden (2011–2016*) (WHO)

Unterentwicklung	Übergewicht	Auszehrung		Anteil der Kinder (6–59 M.) in %, die 2015 zweimal Vitamin A erhielten▲	Anteil der Haushalte in %, die jodiertes Salz verwenden (2011–2016*)
	moderat und stark[1]		stark[1]		
4 x	3 x	4 x	1 x	–	–
–	–	–	–	–	–
–	–	–	–	–	–
25 x	3 x	15 x	5 x	33 α	7 x, s
–	–	–	–	–	–
17	2	15	3	74 α	–
–	–	–	–	–	–
3	6	4	1	–	75 s
–	–	–	–	–	–
27	13	3	1	– α	–
38	3	16	5	72 α	34 s
31 x	6 x	23 x	10 x	– α	60 x, s
9 x	4 x	5 x	1 x	–	–
26	9	2	0	– α	90 s
28 x	18 x	12 x	6 x	–	–
27	7	10	4	97 α	84 s
34	4	5	1	87 α	76 s
11	8	5	1	–	85
50	2	11	2	61 α	76 x, s
28	2	7	2	6 α	77 s
–	–	–	–	–	–
8	17	5	2	–	–
5 x	5 x	5 x	1 x	–	53 x, s
40	3	13	4	85 α	77 s
3 x	4 x	5 x	1 x	–	–
10	14	3	2	–	–
10	11	2	0	–	85 x, s
12	6	4	1	– α	100 s
–	–	–	–	–	–
10 x	6 x	3 x	1 x	–	–
29	4	4	1	– α	92 s
4 x	27 x	0 x	4 x	–	36 s
–	–	–	–	–	–
11	7	1	0	–	–
20 x	13 x	5 x	2 x	98 α	82 x, s
29	5	4	1	–	33 x, s
–	–	–	–	–	–
13 x	6 x	4 x	–	–	–
–	–	–	–	–	–
2	6	1	0	–	–

Anteil der Kinder in % (2011–2016*)

	mit niedrigem Geburtsgewicht[2]	die unmittelbar nach der Geburt zum ersten Mal gestillt wurden	die im Alter bis zu 6 M. ausschließlich gestillt wurden	die im Alter von 6–8 M. Zusatznahrung erhielten	die im Alter von 6–23 M. ausreichend vielfältige Mahlzeiten erhielten	die im Alter von 20–23 M. noch gestillt wurden
Vietnam	5	27	24	91	59	22
Weißrussland	5	53	19	64	–	12
Zentralafrikanische Republik	14 x	44 x	34 x	59 x	–	32 x
Zypern	12 x	–	–	–	–	–
Weltregionen						
Afrika südlich der Sahara	–	51	42	71	11	50
Östliches und südliches Afrika	–	63	55	75	13	53
West- und Zentralafrika	–	40	29	68	9	47
Europa und Zentralasien	6	–	–	–	–	–
Osteuropa und Zentralasien	6	57	30	69	–	28 r
Westeuropa	7	–	–	–	–	–
Lateinamerika und Karibik	9	54	38	82 N	51 N	32
Naher Osten und Nordafrika	–	40	32	63	–	29
Nordamerika	–	–	24	–	–	–
Ostasien und Pazifik	–	43	28	69	40 **	23
Südasien	–	39	52	56	12	68
Am wenigsten entwickelte Länder	–	56	49	70	12	62
Welt	–	45	40	66	17	45

Definitionen der Weltregionen s. Seite 265 ff.

1 Globale und regionale Durchschnittswerte für moderate und starke Unterentwicklung, moderates und starkes ernährungsbedingtes Übergewicht (einschließlich Fettleibigkeit), moderate und starke bzw. starke Auszehrung wurden anhand der statistischen Modellierung der Daten der Joint Global Nutrition Database von UNICEF, WHO und Weltbank geschätzt (Überprüfung vom Mai 2017). Mehr Informationen: http://data.unicef.org/nutrition/malnutrition. Detailangaben hinsichtlich Unterentwicklung (moderat und stark), wie in Tabelle 10 und 11 dargestellt, basieren auf populationsbasierten, aktuellen Schätzungen. Daher stimmen sie häufig nicht mit den Gesamtschätzungen auf globaler und regionaler Ebene überein.

2 Die Schätzungen zu niedrigem Geburtsgewicht stammen aus Oktober 2014. Da sie veraltet sind, wurden die Gesamtwerte bei einigen Weltregionen und auf globaler Ebene (»Welt«) ausgelassen.

j Schätzungen zu Osteuropa sowie Zentralasien basieren auf einer Modellberechnung, die für ganz Europa und Zentralasien angewendet wird. Die Schätzungen stammen vorwiegend aus Ländern Osteuropas und Zentralasiens (Daten zur Russischen Föderation liegen nicht vor).

k Für die Zeiträume 2008–2012 sowie 2013–2016 liegen keine verlässlichen Schätzungen vor, so dass Daten zu Übergewicht für Südasien nicht dargestellt werden können. Mehr Informationen: https://data.unicef.org/topic/nutrition/malnutrition

p Werte beruhen auf einer kleinen Stichprobe (25–49 Fälle).

s Anpassung, um Haushalte zu berücksichtigen, in denen Salz nicht verwendet wird.

q Länder mit nationalen Vitamin-A-Zusatzprogrammen; angegebener Wert bezieht sich auf beabsichtigte Verabreichung.

Anteil der Kinder unter 5 Jahren in %, die an ernährungsbedingten
Störungen leiden (2011–2016*) (WHO)

Unterentwicklung	Übergewicht	Auszehrung		Anteil der Kinder (6–59 M.) in %, die 2015 zweimal Vitamin A erhielten▲	Anteil der Haushalte in %, die jodiertes Salz verwenden (2011–2016*)
	moderat und stark[1]		stark[1]		
25	5	6	1	97 α,q	61 s
5 x	10 x	2 x	1 x	–	–
41	2	7	2 x	3 α	77 s
–	–	–	–	–	–
34	4	8	2	72	80
34	4	7	2	65	78
34	4	9	3	78	81
–	–	–	–	–	–
6 j	13 j	2 j	0 j	–	–
–	–	–	–	–	–
11	7	1	0	–	–
15	11	7	3	–	–
2	8	1	0	–	–
9	6	3	1	82	91
36	4 k	16	5	66	88
–	–	–	–	77	72
23	6	8	3	70	86

Definitionen s. Seite 268 ff., Hauptquellen s. Seite 279 ff.

x Daten beziehen sich auf andere Jahre oder Zeiträume. Diese Werte werden nicht bei der Berechnung der regionalen und globalen Werte berücksichtigt (ausgenommen Daten aus China von 2008 zu »Anteil der Kinder in % (2011–2016*), die unmittelbar nach der Geburt zum ersten Mal gestillt wurden«, »... die im Alter von 6–8 M. Zusatznahrung erhielten« sowie »... die im Alter von 20–23 M. noch gestillt wurden«). Schätzungen aus den Jahren vor 2000 sind nicht aufgeführt.

y Daten weichen von der Standarddefinition ab oder beziehen sich nur auf einen Teil des Landes. Diese Werte werden bei der Berechnung der regionalen und globalen Werte berücksichtigt, sofern sie in den angegebenen Referenzzeitraum fallen. Die mit einem hochgestellten »a« versehenen Schätzungen werden einer erneuten Analyse unterzogen. Bei den mit einem hochgestellten »b« versehenen Schätzungen kann nicht bestätigt werden, ob der angegebene Wert Haushalte einschließt, in denen Salz verwendet wird oder nicht.

* Werte beziehen sich auf die neuesten verfügbaren Daten aus dem genannten Zeitraum.

** Angaben ohne China

r Angaben ohne die Russische Föderation

N Angaben ohne Brasilien

– keine Daten verfügbar

α Diese Länder sind Schwerpunkt für Programme zur Behebung des Vitamin-A-Mangels.

▲ Die vorliegenden Daten beziehen sich nur auf die Länder, in denen vorrangig Vitamin-A-Präparate verabreicht wurden.

Tabelle 3: Gesundheit

	Anteil der Bevölkerung mit Zugang zu sauberem Trinkwasser in % 2015			Anteil der Bevölkerung mit Zugang zu Sanitäreinrichtungen in % 2015			Impfschutz Anteil der Einjährigen in %,			
	gesamt	Stadt	Land	gesamt	Stadt	Land	BCG	DTP1	DTP3	Polio3
Afghanistan	63	89	53	39	56	33	74	73	65	60
Ägypten	98	99	98	93	97	90	96	96	95	95
Albanien	91	93	90	98	98	97	99	99	98	98
Algerien	93	95	89	87	90	82	99	96	91	91
Andorra	100	100	100	100	100	100	–	99	98	98
Angola	41	63	23	39	62	21	58	79	64	66
Anguilla (GB)	98	98	–	97	97	–	–	–	–	–
Antigua und Barbuda	97	–	–	88	–	–	–	99	99	86
Äquatorialguinea	50	78	31	75	80	71	48	40	19	20
Argentinien	100	100	100	95	95	94	92	97	92	87
Armenien	99	99	99	92	96	83	99	97	94	96
Aserbaidschan	84	95	72	89	92	87	98	98	97	98
Äthiopien	39	77	30	7	18	4	75	86	77	75
Australien	100	100	100	100	–	–	–	98	94	94
Bahamas	98	–	–	92	–	–	–	95	94	94
Bahrain	100	–	–	100	–	–	–	99	99	99
Bangladesch	97	98	97	47	54	43	99	99	97	97
Barbados	98	–	–	96	–	–	–	99	97	97
Belgien	100	100	100	99	99	99	–	99	98	98
Belize	97	99	96	87	91	84	94	98	95	96
Benin	67	77	60	14	25	5	96	86	82	78
Bhutan	98	97	98	63	72	57	99	99	98	97
Bolivien	93	99	79	53	64	27	99	99	99	99
Bosnien und Herzegowina	98	97	98	95	99	92	97	90	78	79
Botsuana	79	95	58	60	75	39	98	98	95	96
Brasilien	97	99	87	86	91	58	99	89	86	98
Britische Jungferninseln (GB)	100	–	–	97	–	–	–	–	–	–
Brunei Darussalam	100	100	99	96	96	97	99	99	99	99
Bulgarien	99	99	99	86	87	84	96	94	92	92
Burkina Faso	54	79	43	23	48	12	98	95	91	91
Burundi	56	88	52	50	46	51	93	97	94	94
Chile	100	100	100	100	100	99	97	99	95	95
China	96	96	96	75	86	61	99	99	99	99
Cookinseln (NZ)	100	–	–	98	–	–	99	99	99	99
Costa Rica	100	100	100	97	98	94	89	99	97	97
Dänemark	100	100	100	100	100	100	–	97	94	94

Tabelle 3: Gesundheit

2016							Anteil der Kinder unter 5 Jahren in % (2011–2016*)				
die folgende Impfungen erhalten haben							Verdacht auf Lungenentzündung	Durchfallerkrankungen	Malaria		
MCV1	MCV2	HepB3	Hib3	Rota	PCV3	Anteil der gegen Tetanus geimpften Neugeborenen in %	ärztliche Behandlung	ORT-Behandlung	die wegen Fieber ärztlich behandelt wurden	die unter imprägnierten Moskitonetzen schlafen	Anteil der Haushalte mit wenigstens einem imprägnierten Moskitonetz in %
62	39	65	65	0	65	65	62	46	63	5	26
95	96	95	95	0	0	80	68	28	68	–	–
96	98	98	98	0	98	92	70 x	54 x	71 x	–	–
94	96	91	91	0	61	92	66	25	–	–	–
97	90	94	98	0	92	–	–	–	–	–	–
49	26	64	64	53	58	78	49	43	51	22	31
–	–	–	–	–	–	–	–	–	–	–	–
98	87	99	99	0	0	–	–	–	–	–	–
30	0	19	19	0	0	70	54	40	62	23	38
90	88	92	92	75	82	–	94	18	–	–	–
97	97	94	94	94	94	–	57 x	37	71	–	–
98	98	97	97	0	97	–	36 x	11	–	1 x	–
70	0	77	77	63	76	80	30	30	35	45	64
95	94	94	94	87	94	–	–	–	–	–	–
89	74	94	94	0	94	100	–	–	–	–	–
99	99	99	99	98	99	98	–	–	–	–	–
94	93	97	97	0	97	97	42	77	55	–	–
92	87	97	97	0	96	–	–	–	–	–	–
96	85	97	97	87	94	–	–	–	–	–	–
95	96	95	95	0	0	91	67	55	71	–	–
74	0	82	82	0	75	85	23	25	44	73	77
97	90	98	98	0	0	89	74 x	61 x	–	–	–
99	0	99	99	99	97	87	62	22	–	–	–
83	78	78	69	0	0	–	87	36	–	–	–
97	74	95	95	95	95	92	14 x	43 x	75 x	31	53
96	72	86	86	94	94	93	50 x	–	–	–	–
–	–	–	–	–	–	–	–	–	–	–	–
98	97	99	99	0	0	95	–	–	–	–	–
92	88	91	92	0	90	–	–	–	–	–	–
88	50	91	91	91	91	92	52	40	61	75	90
93	72	94	94	96	94	85	63	36	69	40	46
93	87	95	95	0	90	–	–	–	–	–	–
99	99	99	0	0	0	–	–	–	–	–	–
90	90	99	99	0	0	–	–	–	–	–	–
93	87	97	97	0	94	–	77	40	–	–	–
94	85	0	94	0	94	–	–	–	–	–	–

134   Statistik

	Anteil der Bevölkerung mit Zugang zu sauberem Trinkwasser in % 2015			Anteil der Bevölkerung mit Zugang zu Sanitäreinrichtungen in % 2015			Impfschutz Anteil der Einjährigen in %,			
	gesamt	Stadt	Land	gesamt	Stadt	Land	BCG	DTP1	DTP3	Polio3
Deutschland	100	100	100	99	99	99	–	95	95	94
Dominica	97	–	–	78	–	–	98	99	99	99
Dominikanische Republik	94	97	86	83	85	74	99	98	87	82
Dschibuti	77	83	55	51	63	13	90	90	84	84
Ecuador	93	100	80	86	89	80	84	94	83	79
El Salvador	93	98	83	91	93	87	99	97	93	95
Elfenbeinküste	73	89	54	30	45	13	95	98	85	80
Eritrea	19	66	6	11	29	6	97	97	95	95
Estland	100	100	99	100	100	100	95	94	93	93
Fidschi	94	98	89	96	96	95	99	99	99	99
Finnland	100	100	100	99	99	99	–	99	92	92
Frankreich	100	100	100	99	99	99	–	99	97	97
Gabun	88	92	59	41	42	32	94	83	75	74
Gambia	80	88	68	42	46	35	98	99	95	95
Georgien	93	98	87	85	95	73	98	97	92	92
Ghana	78	88	66	14	19	9	94	94	93	95
Grenada	96	–	–	78	–	–	–	98	96	98
Griechenland	100	100	100	99	99	98	–	99	99	99
Großbritannien	100	100	100	99	99	99	–	98	94	94
Guatemala	94	97	89	67	81	53	87	96	80	82
Guinea	67	88	55	22	34	15	72	65	57	42
Guinea-Bissau	69	85	54	21	35	8	94	95	87	87
Guyana	95	100	93	86	89	85	95	97	97	94
Haiti	64	81	40	31	37	22	72	78	58	56
Honduras	92	99	84	80	84	75	99	99	97	97
Indien	88	93	85	44	65	34	89	91	88	86
Indonesien	90	97	81	68	77	57	81	95	79	80
Irak	86	90	78	86	86	86	94	73	63	68
Iran	95	97	89	88	92	79	99	99	99	99
Irland	99	99	99	92	91	95	18	98	95	95
Island	100	100	100	99	99	100	–	96	91	91
Israel	100	100	100	100	100	100	–	94	94	94
Italien	100	100	100	99	99	99	–	97	93	93
Jamaika	93	97	88	85	84	87	96	99	99	99
Japan	99	–	–	100	–	–	84	99	99	99
Jemen	70	85	63	60	90	44	73	76	71	65
Jordanien	99	99	97	97	97	96	99	99	98	98
Kambodscha	75	96	70	49	88	39	97	92	90	87

Tabelle 3: Gesundheit

2016 — Anteil der Kinder unter 5 Jahren in % (2011–2016*)

						Verdacht auf Lungenentzündung	Durchfallerkrankungen		Malaria		
die folgende Impfungen erhalten haben						Anteil der gegen Tetanus geimpften Neugeborenen in %	ärztliche Behandlung	ORT-Behandlung	die wegen Fieber ärztlich behandelt wurden	die unter imprägnierten Moskitonetzen schlafen	Anteil der Haushalte mit wenigstens einem imprägnierten Moskitonetz in %
MCV1	MCV2	HepB3	Hib3	Rota	PCV3						
97	93	88	93	66	86	–	–	–	–	–	–
96	92	99	99	0	0	–	–	–	–	–	–
85	0	80	73	75	30	90	73	48	65	–	–
75	82	84	84	86	82	85	94	94	–	20 x	32
86	76	84	84	80	84	88	–	46	–	–	–
90	87	93	93	93	90	90	80	70	–	–	–
77	0	85	85	0	83	90	38	17	43	37	67
93	85	95	95	96	95	94	45 x	43 x	–	20 x	71 x
93	92	93	93	85	0	–	–	–	–	–	–
94	94	99	99	99	99	94	–	–	–	–	–
94	85	0	92	84	87	–	–	–	–	–	–
90	79	88	96	0	91	–	–	–	–	–	–
64	0	75	75	0	0	90	68	26	67	39	36
97	79	95	95	95	95	92	68	59	65	47	69
93	85	92	92	75	75	–	74 x	40 x	–	–	–
89	75	93	93	94	93	88	56	49	77	47	68
95	85	96	96	0	0	–	–	–	–	–	–
97	83	96	99	20	96	–	–	–	–	–	–
92	89	0	94	90	92	–	–	–	–	–	–
86	65	80	80	82	81	90	52	49	50	–	–
54	0	57	57	0	0	80	37	34	37	26	47
81	0	87	87	61	80	80	34	35	51	81	90
99	94	97	97	96	92	99	84	43	71	7	5
53	26	58	58	48	0	88	38	53	40	12	19
88	0	97	97	97	97	94	64	60	62	–	–
88	76	88	80	4	0	87	73	51	71 x	–	–
76	56	79	79	0	0	85	75	39	74	3 x	3 x
66	64	61	63	34	0	75	74	23	–	–	–
99	98	99	99	0	0	95	76 x	61 x	–	–	–
92	0	95	95	0	91	–	–	–	–	–	–
91	95	0	91	0	90	–	–	–	–	–	–
97	97	95	94	81	93	–	–	–	–	–	–
85	83	93	93	0	89	–	–	–	–	–	–
95	85	98	99	0	0	80	82	64	–	–	–
96	93	0	99	0	99	–	–	–	–	–	–
70	49	71	71	59	71	70	34	25	33	–	–
96	99	98	98	97	0	90	77	20	69	–	–
81	58	90	90	0	87	93	69	35	61	4 x	5 x

136 Statistik

	Anteil der Bevölkerung mit Zugang zu sauberem Trinkwasser in % 2015			Anteil der Bevölkerung mit Zugang zu Sanitäreinrichtungen in % 2015			Impfschutz Anteil der Einjährigen in %,			
	gesamt	Stadt	Land	gesamt	Stadt	Land	BCG	DTP1	DTP3	Polio3
Kamerun	65	84	43	39	56	19	70	92	85	83
Kanada	99	–	–	99	–	–	–	96	91	91
Kap Verde	86	93	74	65	73	51	96	96	96	95
Kasachstan	91	97	84	98	97	99	95	93	82	82
Katar	100	–	–	100	–	–	97	99	98	98
Kenia	58	83	50	30	35	28	99	96	89	88
Kirgisistan	87	97	82	97	93	99	97	97	96	97
Kiribati	64	90	44	40	49	32	79	82	81	82
Kolumbien	97	100	86	84	88	72	88	93	91	91
Komoren	84	93	80	34	47	29	94	96	91	92
Kongo, Dem. Republik	42	70	21	20	23	18	80	80	79	74
Kongo, Republik	68	85	37	15	20	6	85	85	80	80
Korea, Dem. Volksrepublik	100	100	99	77	83	68	97	97	96	99
Korea, Republik	100	–	–	100	–	–	97	98	98	98
Kroatien	100	100	100	97	98	96	99	98	93	93
Kuba	95	97	90	91	92	88	99	99	99	98
Kuwait	100	–	–	100	–	–	99	99	99	99
Laos	80	92	73	73	93	60	78	85	82	83
Lesotho	72	87	66	44	46	43	98	98	93	90
Lettland	99	99	98	93	97	84	96	99	98	98
Libanon	92	–	–	95	–	–	–	84	81	75
Liberia	70	80	60	17	28	6	97	99	79	79
Libyen	97	–	–	100	–	–	99	98	97	97
Liechtenstein	100	–	–	100	–	–	–	–	–	–
Litauen	97	100	93	94	97	86	98	97	94	94
Luxemburg	100	100	100	98	97	99	–	99	99	99
Madagaskar	51	82	34	10	16	6	70	84	77	75
Malawi	67	87	63	44	49	43	86	89	84	83
Malaysia	96	99	89	100	100	99	98	99	98	98
Malediven	98	96	100	96	93	98	99	99	99	99
Mali	74	91	63	31	46	22	92	86	68	67
Malta	100	100	100	100	100	100	–	97	97	97
Marokko	83	96	64	83	89	75	99	99	99	99
Marshallinseln	78	70	99	87	95	66	94	87	71	69
Mauretanien	70	86	45	45	63	17	85	87	73	67
Mauritius	100	100	100	93	94	93	98	97	96	96
Mazedonien	97	96	98	91	97	83	99	97	95	95
Mexiko	98	100	94	89	91	81	99	99	97	96

Tabelle 3: Gesundheit

2016									Anteil der Kinder unter 5 Jahren in % (2011–2016*)		
die folgende Impfungen erhalten haben							Verdacht auf Lungenentzündung	Durchfallerkrankungen	Malaria		
						Anteil der gegen Tetanus geimpften Neugeborenen in %	ärztliche Behandlung	ORT-Behandlung	die wegen Fieber ärztlich behandelt wurden	die unter imprägnierten Moskitonetzen schlafen	Anteil der Haushalte mit wenigstens einem imprägnierten Moskitonetz in %
MCV1	MCV2	HepB3	Hib3	Rota	PCV3						
78	0	85	85	80	84	85	28	16	33	55	71
90	86	55	91	0	79	–	–	–	–	–	–
92	95	96	96	0	0	92	–	–	–	–	–
99	99	82	82	0	97	–	81	62	–	–	–
99	92	98	98	99	97	–	–	–	–	–	–
75	32	89	89	74	78	85	66	54	72	56	59
97	98	96	96	0	0	–	60	33	56	–	–
80	79	81	81	79	79	90	81 x	62 x	27 x	–	–
93	87	91	91	90	89	90	64 x	54 x	54 x	–	3 x
99	0	91	91	0	0	85	38	38	45	41	59
77	0	79	79	0	77	85	42	39	55	56	70
80	0	80	80	80	80	85	28	28	51	61	66
99	98	96	96	0	0	97	80 x	74 x	–	–	–
98	97	98	98	0	98	–	–	–	–	–	–
90	96	93	93	0	0	–	–	–	–	–	–
99	99	99	99	0	0	–	93	61	93	–	–
93	96	99	99	0	99	95	–	–	–	–	–
76	0	82	82	0	78	90	54	42	–	43	50
90	82	93	93	0	93	85	63	53	61	–	–
93	89	98	98	83	82	–	–	–	–	–	–
79	75	81	81	0	0	–	74 x	44 x	–	–	–
80	0	79	79	48	79	89	51	60	78	44	62
97	96	97	97	97	96	–	–	–	–	–	–
–	–	–	–	–	–	–	–	–	–	–	–
94	92	95	94	0	82	–	–	–	–	–	–
99	86	94	99	89	95	–	–	–	–	–	–
58	0	77	77	78	76	78	41	15	46	73	80
81	61	84	84	81	83	89	78	65	67	43	57
96	99	98	98	0	0	90	–	–	–	–	–
99	99	99	99	0	0	99	22 x	57 x	84 x	–	–
75	0	68	68	60	70	85	23	22 x	49	79	93
93	86	97	97	0	0	–	–	–	–	–	–
99	99	99	99	99	98	90	70	22	–	–	–
75	49	73	58	38	51	–	–	38 x	63 x	–	–
70	0	73	73	73	73	80	34	19	35	18	67
92	92	72	96	92	10	95	–	–	–	–	–
82	93	94	94	0	0	–	93 x	62	–	–	–
96	98	93	97	72	92	90	73	61	–	–	–

Statistik

	Anteil der Bevölkerung mit Zugang zu sauberem Trinkwasser in % 2015			Anteil der Bevölkerung mit Zugang zu Sanitäreinrichtungen in % 2015			Impfschutz Anteil der Einjährigen in %,			
	gesamt	Stadt	Land	gesamt	Stadt	Land	BCG	DTP1	DTP3	Polio3
Mikronesien	88	97	86	–	–	–	85	95	69	68
Moldau	87	96	79	78	89	70	97	94	89	91
Monaco	100	100	–	100	100	–	89	99	99	99
Mongolei	83	94	56	59	66	41	99	99	99	99
Montenegro	98	97	99	96	98	92	88	97	89	89
Montserrat (GB)	97	–	–	89	–	–	–	–	–	–
Mosambik	47	79	32	24	47	12	95	90	80	80
Myanmar	68	82	60	65	76	59	88	94	90	89
Namibia	79	97	63	34	55	15	94	98	92	92
Nauru	100	100	–	66	66	–	99	98	91	91
Nepal	88	89	87	46	52	45	93	92	87	85
Neuseeland	100	100	100	100	100	100	–	92	92	92
Nicaragua	82	97	61	76	86	63	98	99	98	99
Niederlande	100	100	100	98	98	100	–	98	95	95
Niger	46	89	36	13	44	6	77	87	67	67
Nigeria	67	82	54	33	39	27	64	64	49	49
Niue (NZ)	98	–	–	97	–	–	99	99	99	99
Norwegen	100	100	100	98	98	98	–	99	96	96
Oman	91	95	78	99	99	99	99	99	99	99
Österreich	100	100	100	100	100	100	–	99	87	87
Pakistan	89	92	87	58	74	48	85	79	72	72
Palästina	88	86	94	96	95	99	99	99	99	99
Palau	100	100	97	100	100	100	–	99	98	98
Panama	95	99	87	77	86	59	99	96	73	72
Papua-Neuguinea	37	84	29	19	55	13	89	87	72	73
Paraguay	99	99	98	91	98	81	99	99	93	89
Peru	90	95	72	77	82	58	90	94	89	88
Philippinen	91	96	86	75	79	72	76	87	86	72
Polen	98	99	96	98	98	98	94	99	98	92
Portugal	100	100	100	99	99	100	32	99	98	98
Ruanda	57	77	49	62	57	64	99	99	98	99
Rumänien	100	100	100	82	93	68	84	96	89	89
Russische Föderation	96	99	90	89	93	76	96	97	97	97
Salomonen	64	90	56	31	76	18	98	99	99	99
Sambia	61	86	44	31	49	19	99	99	91	87
Samoa	96	99	95	97	98	96	76	95	62	57
San Marino	100	–	–	100	–	–	–	78	66	66
São Tomé und Príncipe	80	83	74	40	47	28	92	97	96	96

Tabelle 3: Gesundheit

2016 — Anteil der Kinder unter 5 Jahren in % (2011–2016*)

MCV1	MCV2	HepB3	Hib3	Rota	PCV3	Anteil der gegen Tetanus geimpften Neugeborenen in %	ärztliche Behandlung	ORT-Behandlung	die wegen Fieber ärztlich behandelt wurden	die unter imprägnierten Moskitonetzen schlafen	Anteil der Haushalte mit wenigstens einem imprägnierten Moskitonetz in %
70	74	76	61	46	63	–	–	–	–	–	–
88	95	90	89	70	77	–	79	42	–	–	–
99	0	99	99	0	0	–	–	–	–	–	–
98	90	99	99	0	0	–	70	42	–	–	–
47	86	75	89	0	0	–	89 x	16 x	74	–	–
–	–	–	–	–	–	–	–	–	–	–	–
91	51	80	80	76	80	83	50	55	56	36	51
91	86	90	90	0	14	87	58	62	65	19	27
85	0	92	92	86	81	88	68	72	63	6	24
98	96	91	91	0	0	–	69 x	23 x	51 x	–	–
83	25	87	87	0	46	82	85	37	46	–	–
92	89	92	92	66	93	–	–	–	–	–	–
99	0	98	98	98	98	85	58 x	65	–	–	–
94	91	93	95	0	94	–	–	–	–	–	–
74	37	67	67	61	64	85	59	41	51	20	61
51	0	49	49	0	26	63	35	34	66	44	69
99	99	99	99	0	99	–	–	–	–	–	–
96	91	0	96	0	94	–	–	–	–	–	–
99	99	99	99	0	99	98	56	59	–	–	–
95	89	87	87	61	0	–	–	–	–	–	–
61	53	72	72	0	72	80	64	38	65	0 x	1
99	99	99	99	0	99	–	77	32	–	–	–
96	95	98	98	98	98	–	–	–	–	–	–
90	92	73	73	92	83	–	82	52	–	–	–
70	0	66	72	0	20	75	63 x	–	–	–	–
99	92	93	93	92	99	85	–	–	–	–	–
88	66	89	89	87	86	85	62	32	61	–	–
80	66	86	86	0	36	90	64	49	50	–	–
96	94	96	98	0	0	–	–	–	–	–	–
98	95	98	98	0	0	–	–	–	–	–	–
95	90	98	98	98	98	90	54	28	57	68	81
86	76	90	89	0	0	–	–	–	–	–	–
98	97	97	0	0	35	–	–	–	–	–	–
99	0	99	99	0	87	85	79	37	61	70	86
93	58	91	91	90	90	85	70	64	75	41	68
68	44	55	55	0	0	–	78	63	59	–	–
62	36	66	65	0	12	–	–	–	–	–	–
93	76	96	96	24	96	99	69	49	66	61	78

Statistik

	Anteil der Bevölkerung mit Zugang zu sauberem Trinkwasser in % 2015			Anteil der Bevölkerung mit Zugang zu Sanitäreinrichtungen in % 2015			Impfschutz Anteil der Einjährigen in %,			
	gesamt	Stadt	Land	gesamt	Stadt	Land	BCG	DTP1	DTP3	Polio3
Saudi-Arabien	100	–	–	100	–	–	98	98	98	97
Schweden	100	100	100	99	99	100	26	99	98	98
Schweiz	100	100	100	100	100	100	–	99	97	97
Senegal	75	91	63	48	66	35	97	96	93	92
Serbien	91	88	95	95	98	91	98	97	92	93
Seychellen	96	–	–	100	–	–	99	98	96	96
Sierra Leone	58	75	47	15	24	8	92	97	84	84
Simbabwe	67	94	54	39	54	31	95	94	90	90
Singapur	100	100	–	100	100	–	99	98	97	96
Slowakei	98	99	97	99	99	98	0	99	96	96
Slowenien	100	100	99	99	99	99	–	98	94	94
Somalia	40	70	20	16	28	8	37	52	42	47
Spanien	100	100	100	100	100	100	–	99	97	97
Sri Lanka	92	96	91	94	89	95	99	99	99	99
St. Kitts und Nevis	–	–	–	–	–	–	96	99	97	99
St. Lucia	98	98	98	91	86	92	96	95	95	95
St. Vincent u. d. Grenadinen	95	–	–	87	–	–	99	99	98	97
Südafrika	85	97	63	73	76	69	74	78	66	66
Sudan	59	73	52	35	58	23	96	97	93	93
Südsudan	50	60	48	10	28	6	37	35	26	31
Suriname	95	98	88	79	88	61	–	92	91	91
Swasiland	68	95	60	58	58	58	97	96	90	90
Syrien	97	99	94	93	96	89	66	61	42	48
Tadschikistan	74	92	68	95	94	96	98	98	96	97
Tansania	50	79	37	24	37	17	99	99	97	93
Thailand	98	99	97	95	94	96	99	99	99	99
Timor-Leste	70	91	60	44	73	30	85	95	85	83
Togo	63	90	45	14	28	5	79	93	89	89
Tokelau (NZ)	100	–	100	93	–	93	–	–	–	–
Tonga	100	100	100	93	97	92	80	83	78	80
Trinidad und Tobago	97	–	–	92	–	–	–	97	97	84
Tschad	43	78	32	10	33	3	56	60	46	44
Tschechische Republik	100	100	100	99	99	99	–	98	96	96
Tunesien	94	100	83	93	98	83	95	99	98	98
Türkei	99	99	100	96	99	89	96	99	98	98
Turkmenistan	94	91	98	97	94	99	98	99	98	98
Turks- und Caicosinseln (GB)	94	–	–	88	–	–	–	–	–	–
Tuvalu	99	100	99	91	92	91	98	99	94	94

Tabelle 3: Gesundheit

2016						Anteil der Kinder unter 5 Jahren in % (2011–2016*)					
die folgende Impfungen erhalten haben							Verdacht auf Lungenentzündung	Durchfallerkrankungen	Malaria		
MCV1	MCV2	HepB3	Hib3	Rota	PCV3	Anteil der gegen Tetanus geimpften Neugeborenen in %	ärztliche Behandlung	ORT-Behandlung	die wegen Fieber ärztlich behandelt wurden	die unter imprägnierten Moskitonetzen schlafen	Anteil der Haushalte mit wenigstens einem imprägnierten Moskitonetz in %
98	96	98	98	95	98	–	–	–	–	–	–
97	95	67	98	0	97	–	–	–	–	–	–
94	89	0	97	0	81	–	–	–	–	–	–
93	75	93	93	93	93	91	48	32	49	55	77
82	90	91	92	0	0	–	90 x	36 x	–	–	–
97	99	97	96	0	0	100	–	–	–	–	–
83	50	84	84	95	84	90	72	85	72	49	64
95	63	90	90	91	90	80	51	41	50	9	48
95	88	96	96	57	78	–	–	–	–	–	–
95	97	96	96	0	96	–	–	–	–	–	–
92	93	0	94	0	50	–	–	–	–	–	–
46	0	42	42	0	0	67	13 x	13 x	–	11 x	12 x
97	95	97	97	0	0	–	–	–	–	–	–
99	99	99	99	0	0	95	58 x	51 x	85 x	3 x	5 x
98	97	98	98	0	0	–	–	–	–	–	–
99	88	95	95	0	0	–	–	–	–	–	–
99	99	98	99	0	0	–	–	–	–	–	–
75	70	66	66	73	69	80	88	51	68	–	–
86	69	93	93	90	93	77	48	20	–	30	25 x
20	0	26	26	0	0	75	48 x	39 x	57	46	66
97	44	91	91	0	0	93	76 x	42 x	–	43 x	61 x
89	89	90	90	95	90	90	60	84	63	2 x	10 x
62	52	50	42	0	0	91	77 x	50 x	–	–	–
97	97	97	97	96	0	–	63	60	57	1 x	2 x
90	71	97	97	96	96	90	55	45	50	54	66
99	95	99	0	0	0	95	80	73	76	–	–
78	22	85	85	0	0	81	71 x	71 x	73 x	41 x	41 x
87	0	89	89	90	89	83	49	19	58	43	65
–	–	–	–	–	–	–	–	–	–	–	–
84	85	78	78	0	0	–	–	–	64	–	–
86	65	97	97	0	91	–	74 x	–	–	–	–
58	0	46	46	0	0	80	26	20	23	36	77
98	93	96	96	0	0	–	–	–	–	–	–
96	97	98	98	0	0	96	60	65	–	–	–
98	85	98	98	0	98	90	–	–	–	–	–
99	99	98	98	0	0	–	59	47	–	–	–
–	–	–	–	–	–	–	–	–	–	–	–
96	92	94	94	0	0	–	–	44 x	79 x	–	–

	Anteil der Bevölkerung mit Zugang zu sauberem Trinkwasser in % 2015			Anteil der Bevölkerung mit Zugang zu Sanitäreinrichtungen in % 2015			Impfschutz Anteil der Einjährigen in %,			
	gesamt	Stadt	Land	gesamt	Stadt	Land	BCG	DTP1	DTP3	Polio3
Uganda	39	73	32	19	28	17	93	89	78	82
Ukraine	98	97	100	96	97	93	75	42	19	56
Ungarn	100	100	100	98	98	99	99	99	99	99
Uruguay	99	100	94	96	96	95	98	97	95	95
Usbekistan	–	99	–	100	100	100	99	99	99	99
Vanuatu	91	99	87	53	61	51	73	75	64	65
Vatikanstadt	–	–	–	–	–	–	–	–	–	–
Venezuela	97	99	86	95	98	72	99	98	84	82
Ver. Arabische Emirate	100	100	100	100	100	100	99	99	99	99
Ver. Staaten von Amerika	99	100	97	100	100	100	–	97	95	94
Vietnam	91	92	91	78	91	72	95	96	96	95
Weißrussland	98	98	99	94	94	95	98	99	99	98
Zentralafrikanische Republik	54	74	41	25	49	9	74	69	47	47
Zypern	100	100	100	99	100	99	–	98	97	97
Weltregionen										
Afrika südlich der Sahara	58	82	43	28	42	20	80	83	74	73
Östliches und südliches Afrika	53	82	40	30	48	21	84	88	80	80
West- und Zentralafrika	62	82	46	27	37	19	76	77	67	65
Europa und Zentralasien	98	99	94	96	98	92	91	95	92	94
Osteuropa und Zentralasien	95	98	90	93	95	87	95	93	90	93
Westeuropa	100	100	99	99	99	99	66	98	96	95
Lateinamerika und Karibik	96	99	86	86	90	68	95	94	90	92
Naher Osten und Nordafrika	93	96	87	89	94	81	94	91	88	88
Nordamerika	99	100	97	100	100	100	–	97	95	94
Ostasien und Pazifik	94	96	91	77	87	63	93	97	94	93
Südasien	88	93	86	46	65	37	89	89	86	84
Am wenigsten entwickelte Länder	62	83	52	32	46	26	84	87	80	78
Welt	89	95	80	68	83	50	88	91	86	85

Definitionen der Weltregionen s. Seite 265 ff.
* Werte beziehen sich auf die neuesten verfügbaren Daten aus dem genannten Zeitraum.
** Angaben ohne China
‡ Angaben ohne Indien
– keine Daten verfügbar

Tabelle 3: Gesundheit

2016									Anteil der Kinder unter 5 Jahren in % (2011–2016*)			
die folgende Impfungen erhalten haben							Verdacht auf Lungenentzündung	Durchfallerkrankungen		Malaria		
MCV1	MCV2	HepB3	Hib3	Rota	PCV3	Anteil der gegen Tetanus geimpften Neugeborenen in %	ärztliche Behandlung	ORT-Behandlung	die wegen Fieber ärztlich behandelt wurden	die unter imprägnierten Moskitonetzen schlafen	Anteil der Haushalte mit wenigstens einem imprägnierten Moskitonetz in %
82	0	78	78	0	78	87	80	47	81	62	78
42	31	26	47	0	0	–	92	59	–	–	–
99	99	0	99	0	98	–	–	–	–	–	–
95	92	95	95	0	94	–	91	–	–	–	–
99	99	99	99	99	99	–	68 x	28 x	–	–	–
53	0	64	64	0	0	78	72	48	57	51	83
–	–	–	–	–	–	–	–	–	–	–	–
88	53	84	84	47	7	75	72 x	38 x	–	–	–
99	99	99	99	92	99	–	–	–	–	–	–
92	0	93	93	73	93	–	–	–	–	–	–
99	95	96	96	0	0	94	81	51	–	9	10
98	98	96	11	0	0	–	93	45	–	–	–
49	0	47	47	0	47	60	30 x	16 x	–	36 x	47 x
90	88	97	96	0	81	–	–	–	–	–	–
72	24	74	74	45	65	80	47	38	57	48	66
76	36	80	80	66	76	82	56	42	56	48	62
67	11	67	67	25	54	77	39	34	57	48	70
93	88	81	76	22	62	–	–	–	–	–	–
93	88	90	61	16	54	–	–	–	–	–	–
93	88	69	95	30	71	–	–	–	–	–	–
92	73	89	89	77	81	89	72	48	–	–	–
89	87	88	88	29	32	84	65	27	–	–	–
92	8	90	93	67	92	–	–	–	–	–	–
93	87	90	38	1	11	89**	72**	47**	67**	–	–
84	72	86	80	3	22	86	69	51	61 ‡	–	5 ‡
77	37	80	80	42	72	84	49	44	53	46	60
85	64	84	70	25	42	84**	62**	44**	59 ‡**	–	–

Definitionen s. Seite 268 ff., Hauptquellen s. Seite 279 ff.

x Daten beziehen sich auf andere Jahre oder Zeiträume. Diese Werte werden nicht bei der Berechnung der regionalen und globalen Werte berücksichtigt. Schätzungen aus den Jahren vor 2000 sind nicht aufgeführt.

Tabelle 4: HIV/Aids

Epidemiologie (2016)

	HIV-Infektionen pro 1000 Nichtinfizierte 2016			HIV-Infizierte			Neuinfektionen		
	Alle Altersgruppen	Kinder unter 5 J.	Heranw. und junge Erw. (15–19 J.)	Alle Altersgruppen	Kinder unter 15 J.	Heranw. und junge Erw. (10–19 J.)	Alle Altersgruppen	Kinder unter 5 J.	Heranw. und junge Erw. (15–19 J.)
Afghanistan	0,03	0,01	0,02	7500	<500	<500	<1000	<100	<100
Ägypten	0,02	<0,01	0,04	11000	<500	<1000	1600	<100	<500
Albanien	0,08	0,04	0,16	1700	–	–	<500	–	<100
Algerien	0,02	0,01	0,05	13000	<500	<500	<1000	<100	<200
Andorra	–	–	–	–	–	–	–	–	–
Angola	0,94	0,76	0,81	280000	23000	13000	25000	3600	2400
Anguilla (GB)	–	–	–	–	–	–	–	–	–
Antigua und Barbuda	–	–	–	–	–	–	–	–	–
Äquatorialguinea	2,71	1,35	2,36	35000	2400	1300	2300	<200	<200
Argentinien	0,13	0,02	0,28	120000	1200	3700	5500	<100	<1000
Armenien	0,09	<0,01	0,18	3300	–	–	<500	–	<100
Aserbaidschan	0,10	0,01	0,05	9200	<200	<100	<1000	<100	<100
Äthiopien	0,33	0,26	0,23	710000	62000	67000	30000	3800	2700
Australien	0,05	<0,01	0,02	25000	<100	<100	1100	<100	<100
Bahamas	–	–	–	8200	–	–	–	–	–
Bahrain	0,04	0,02	0,02	<500	–	–	<100	–	<100
Bangladesch	0,01	<0,01	<0,01	12000	<500	<500	1500	<100	<100
Barbados	0,58	0,08	0,33	2600	–	–	<200	–	<100
Belgien	–	–	–	–	–	–	–	–	–
Belize	0,75	0,46	1,48	4300	<200	<500	<500	<100	<100
Benin	0,34	0,25	0,58	67000	6300	5100	3600	<500	<1000
Bhutan	–	–	–	–	–	–	–	–	–
Bolivien	0,10	0,01	0,21	19000	<500	<1000	1100	<100	<500
Bosnien und Herzegowina	–	–	–	–	–	–	–	–	–
Botsuana	5,52	2,30	7,18	360000	12000	17000	10000	<1000	1400
Brasilien	0,24	0,04	0,48	830000	11000	30000	48000	<1000	8200
Britische Jungferninseln (GB)	–	–	–	–	–	–	–	–	–
Brunei Darussalam	–	–	–	–	–	–	–	–	–
Bulgarien	–	–	–	3500	–	–	<500	–	–
Burkina Faso	0,19	0,18	0,47	95000	10000	12000	3400	<1000	<1000
Burundi	0,20	0,20	0,15	84000	12000	8100	2200	<500	<200
Chile	0,28	0,08	0,59	61000	<500	2200	5000	<100	<1000
China	–	–	–	–	–	–	–	–	–
Cookinseln (NZ)	–	–	–	–	–	–	–	–	–
Costa Rica	0,19	0,02	0,36	13000	<100	<500	<1000	<100	<200
Dänemark	–	–	–	–	–	–	–	–	–

Tabelle 4: HIV/Aids

				Maßnahmen						
ds-bedingte Todesfälle			HIV-infizierte Schwangere (Verabreichung von Medikamenten) in % (2016*)	HIV-Infizierte, die eine antiretrovirale Therapie (ART) erhalten in % (2016*)			Verwendung von Kondomen bei wechselnden Sexualpartnern, in % (2011–2016*)		HIV-Tests bei 15–19-Jährigen in % (2011–2016*)	
lle ers- pen	Kinder unter 15 J.	Heranw. und junge Erw. (10–19 J.)		Alle Altersgruppen	Kinder unter 15 J.	Heranw. und junge Erw. (10–19 J.)	männl.	weibl.	männl.	weibl.
<500	<100	<100	5	7	17	16	–	–	<0,1	1
<500	<100	<100	18	27	38	–	–	–	–	–
<100	–	–	–	30	–	–	–	–	0 x	0 x
<200	<100	<100	49	76	>95	77	–	–	–	1
–	–	–	–	–	–	–	–	–	–	–
.000	2 100	<500	44	22	14	–	39	31	4	16
–	–	–	–	–	–	–	–	–	–	–
–	–	–	–	–	–	–	100 x	54 x	–	–
000	<200	<100	90	43	16	–	31	17	7	27
.400	<100	<100	91	64	>95	–	–	–	–	–
<200	–	–	–	36	–	–	–	–	0	1
<500	<100	<100	75	30	76	36	–	–	–	–
000	2900	2500	69	59	35	–	57 p	–	9	12
<500	<100	<100	>95	90	93	–	–	–	–	–
–	–	–	–	28	–	–	–	–	–	–
<100	–	–	–	42	–	–	–	–	–	–
000	<100	<100	17	16	39	23	–	–	–	–
<100	–	–	–	46	–	–	–	–	–	10
–	–	–	–	–	–	–	–	–	–	–
200	<100	<100	35	32	64	–	–	–	–	14
.400	<500	<200	>95	57	32	–	43	38	6	7
–	–	–	–	–	–	–	–	–	–	3 x
.000	<100	<100	68	25	43	40	43 x	–	1 x	–
–	–	–	–	–	–	–	–	–	<0,1	<0,1
900	<500	<500	>95	83	60	77	–	–	–	–
000	<1 000	<500	89	60	37	32	–	–	–	–
–	–	–	–	–	–	–	–	–	–	–
200	–	–	–	26	–	–	–	–	–	–
100	<500	<500	83	60	24	–	76 x,p	57 x,p	4 x	8 x
900	<1 000	<500	84	61	25	–	–	–	8	13
–	–	–	38	53	35	7	–	–	–	–
–	–	–	–	–	–	–	–	–	–	–
500	<100	<100	65	49	80	–	–	59 p	–	9
–	–	–	–	–	–	–	–	–	–	–

146 Statistik

Epidemiologie (

	HIV-Infektionen pro 1000 Nichtinfizierte 2016			HIV-Infizierte			Neuinfektione		
	Alle Altersgruppen	Kinder unter 5 J.	Heranw. und junge Erw. (15–19 J.)	Alle Altersgruppen	Kinder unter 15 J.	Heranw. und junge Erw. (10–19 J.)	Alle Altersgruppen	Kinder unter 5 J.	Heranw. und jung Erw. (15–19 J
Deutschland	–	–	–	–	–	–	–	–	–
Dominica	–	–	–	–	–	–	–	–	
Dominikanische Republik	0,24	0,07	0,52	67000	1700	3100	2500	<100	<5
Dschibuti	0,58	0,68	0,40	8600	<1000	<1000	<500	<100	<10
Ecuador	–	–	–	33000	<500	1400	1900	<100	
El Salvador	0,16	0,09	0,31	24000	<500	<1000	<1000	<100	<2
Elfenbeinküste	0,86	0,87	0,60	460000	36000	25000	20000	3300	150
Eritrea	0,15	0,22	0,11	15000	1500	1300	<1000	<200	<1
Estland	–	–	–	–	–	–	–	–	
Fidschi	–	–	–	<1000	–	–	<200	–	
Finnland	–	–	–	–	–	–	–	–	
Frankreich	0,09	0,01	0,25	180000	<500	2800	6000	<100	<10
Gabun	0,92	0,95	1,57	48000	3700	2900	1700	<500	<5
Gambia	0,65	0,47	0,23	20000	1600	<1000	1300	<200	<1
Georgien	0,28	0,06	0,15	12000	<100	<100	1100	<100	<1
Ghana	0,78	0,79	0,83	290000	32000	23000	20000	3000	22
Grenada	–	–	–	–	–	–	–	–	
Griechenland	–	–	–	–	–	–	–	–	
Großbritannien	–	–	–	–	–	–	–	–	
Guatemala	0,18	0,15	0,35	46000	1800	2300	2900	<500	<10
Guinea	0,67	0,68	1,08	120000	10000	8700	8300	1300	14
Guinea-Bissau	0,72	0,72	0,56	36000	4200	2100	1300	<500	<2
Guyana	0,77	0,32	1,62	8500	<500	<1000	<1000	<100	<2
Haiti	0,77	0,50	0,59	150000	7200	6200	7900	<1000	<10
Honduras	0,11	0,05	0,21	21000	<1000	1300	<1000	<100	<2
Indien	0,06	–	–	2100000	130000	130000	80000	9100	160
Indonesien	0,19	0,13	0,29	620000	14000	17000	48000	3200	63
Irak	–	–	–	–	–	–	–	–	
Iran	0,06	0,01	0,03	66000	1000	<1000	5000	<100	<2
Irland	0,06	<001	0,03	6200	<100	<100	<500	<100	<1
Island	–	–	–	–	–	–	–	–	
Israel	–	–	–	–	–	–	–	–	
Italien	0,06	0,02	0,04	130000	<1000	<500	3600	<100	<2
Jamaika	–	–	–	30000	<500	1300	1700	<100	
Japan	–	–	–	–	–	–	–	–	
Jemen	0,04	0,02	0,08	9900	<500	<1000	1100	<100	<5
Jordanien	<0,01	<0,01	0,01	<500	–	–	<100	–	<1
Kambodscha	0,04	0,05	0,08	71000	4200	3300	<1000	<100	<2

Tabelle 4: HIV / Aids

			Maßnahmen							
...ids-bedingte Todesfälle			HIV-infizierte Schwangere (Verabreichung von Medikamenten) in % (2016*)	HIV-Infizierte, die eine antiretrovirale Therapie (ART) erhalten in % (2016*)			Verwendung von Kondomen bei wechselnden Sexualpartnern, in % (2011–2016*)		HIV-Tests bei 15–19-Jährigen in % (2011–2016*)	
..lle ...ers- ...ppen	Kinder unter 15 J.	Heranw. und junge Erw. (10–19 J.)		Alle Altersgruppen	Kinder unter 15 J.	Heranw. und junge Erw. (10–19 J.)	männl.	weibl.	männl.	weibl.
–	–	–	–	–	–	–	–	–	–	–
–	–	–	–	–	–	–	74 x	86 x	–	–
2 200	<100	<100	83	46	45	30	–	40	–	11
1 000	<100	<100	35	26	9	10	–	–	–	–
1 000	<100	<100	>95	52	>95	–	–	–	–	–
1 000	<100	<100	44	48	50	–	–	31 p	8	8
5 000	2 600	1 100	73	41	25	–	70	32	5	10
1 000	<200	<100	37	59	34	–	–	–	–	–
–	–	–	–	–	–	–	–	–	–	–
<100	–	–	–	32	–	–	–	–	–	–
1 000	<100	<100	>95	78	>95	–	–	–	–	–
1 500	<500	<100	76	63	39	61	77	58	6	20
1 100	<200	<100	69	30	33	–	–	–	2	6
<500	<100	<100	46	32	50	62	–	–	–	2 x
5 000	2 500	1 100	56	34	15	–	–	22 p	1	5
–	–	–	–	–	–	–	80 x	92 x	–	–
–	–	–	–	–	–	–	–	–	–	–
1 600	<200	<100	19	36	42	25	66	38	2	5
5 800	<1 000	<500	43	35	18	–	46 p	30	1	3
2 000	<500	<200	85	33	15	–	60	41	2	5
<200	<100	<100	66	58	69	–	83 p	–	10	16
4 600	<500	<200	71	55	49	53	58	42	4	9
1 000	<100	<100	54	51	69	60	73	39	3	10
2 000	7 000	3 100	41	49	33	–	39 x	–	0 x	1 x
3 000	1 900	<500	14	13	21	–	–	–	–	–
–	–	–	–	–	–	–	–	–	–	0
4 000	<100	<100	51	14	28	19	–	–	–	–
–	–	–	>95	77	>95	–	–	–	–	–
–	–	–	–	–	–	–	–	–	–	–
–	–	–	58	80	94	–	–	–	–	–
300	<100	<100	>95	35	>95	–	75	56 p	20	35
<500	<100	<100	8	18	21	–	–	–	–	–
<100	–	–	–	55	–	–	–	–	–	–
800	<100	<100	75	80	87	–	–	–	3	7

Epidemiologie (2...

	HIV-Infektionen pro 1000 Nichtinfizierte 2016			HIV-Infizierte			Neuinfektionen		
	Alle Altersgruppen	Kinder unter 5 J.	Heranw. und junge Erw. (15–19 J.)	Alle Altersgruppen	Kinder unter 15 J.	Heranw. und junge Erw. (10–19 J.)	Alle Altersgruppen	Kinder unter 5 J.	Heranw. und junge Erw. (15–19 J.)
Kamerun	1,39	1,09	2,41	560 000	46 000	40 000	32 000	4 000	590
Kanada	–	–	–	–	–	–	–	–	
Kap Verde	–	–	–	2 800	<200	<200	<200	<100	
Kasachstan	0,16	0,03	0,08	26 000	<500	<500	2 900	<100	<10
Katar	0,02	–	0,04	<100	–	–	<100	–	<10
Kenia	1,46	0,87	2,69	1 600 000	120 000	140 000	62 000	6 100	1 400
Kirgisistan	0,13	0,02	0,07	8 500	<200	<200	<1 000	<100	<10
Kiribati	–	–	–	–	–	–	–	–	
Kolumbien	0,12	0,01	0,22	120 000	<1 000	3 500	5 600	<100	<1 000
Komoren	0,01	0,01	0,02	<200	–	–	<100	–	<10
Kongo, Dem. Republik	0,17	0,21	0,24	370 000	48 000	32 000	13 000	2 900	210
Kongo, Republik	1,65	1,39	1,38	91 000	6 000	4 100	7 600	1 100	<1 000
Korea, Dem. Volksrepublik	–	–	–	–	–	–	–	–	
Korea, Republik	–	–	–	–	–	–	–	–	
Kroatien	0,02	<0,01	0,05	1 500	–	–	<100	–	<10
Kuba	0,29	0,05	0,68	25 000	<200	1 100	3 300	<100	<50
Kuwait	0,02	0,01	0,03	<500	–	–	<100	–	<10
Laos	0,10	0,10	0,10	11 000	<1 000	<500	<1 000	<100	<10
Lesotho	12,68	7,57	13,73	330 000	–	–	21 000	–	290
Lettland	0,23	0,02	0,63	6 600	<100	<200	<500	<100	<10
Libanon	0,02	0,02	0,05	2 200	–	–	<200	–	<10
Liberia	0,66	0,47	1,49	43 000	4 200	5 000	2 900	<500	<1 000
Libyen	–	–	–	–	–	–	–	–	
Liechtenstein	–	–	–	–	–	–	–	–	
Litauen	0,09	<0,01	0,05	2 900	–	–	<500	–	<10
Luxemburg	0,18	0,03	0,40	–	–	–	<200	<100	<10
Madagaskar	0,18	0,09	0,37	31 000	1 900	3 200	4 300	<500	<100
Malawi	2,29	1,61	2,58	1 000 000	110 000	90 000	36 000	4 300	480
Malaysia	0,19	0,01	0,07	97 000	<500	<1 000	5 700	<100	<20
Malediven	–	–	–	–	–	–	–	–	
Mali	0,33	0,51	0,62	110 000	14 000	9 900	5 900	1 600	120
Malta	–	–	–	<500	–	–	<100	–	
Marokko	0,03	0,01	0,06	22 000	<500	<1 000	<1 000	<100	<20
Marshallinseln	–	–	–	–	–	–	–	–	
Mauretanien	–	–	–	11 000	<1 000	<1 000	<500	<100	
Mauritius	–	–	–	–	–	–	–	–	
Mazedonien	0,02	<0,01	0,03	<500	–	–	<100	–	<10
Mexiko	0,10	0,02	0,19	220 000	2 500	7 200	12 000	<500	220

	Maßnahmen									
Aids-bedingte Todesfälle			HIV-infizierte Schwangere (Verabreichung von Medikamenten) in % (2016*)	HIV-Infizierte, die eine antiretrovirale Therapie (ART) erhalten in % (2016*)			Verwendung von Kondomen bei wechselnden Sexualpartnern, in % (2011–2016*)		HIV-Tests bei 15–19-Jährigen in % (2011–2016*)	
Alle Altersgruppen	Kinder unter 15 J.	Heranw. und junge Erw. (10–19 J.)		Alle Altersgruppen	Kinder unter 15 J.	Heranw. und junge Erw. (10–19 J.)	männl.	weibl.	männl.	weibl.
9 000	3 200	1 400	74	37	18	–	70	52	7	15
–	–	–	–	–	–	–	–	–	–	–
<100	<100	<100	>95	57	65	40	–	–	–	–
1 000	<100	<100	87	31	89	>95	94 p	–	–	11
<100	–	–	–	86	–	–	–	–	–	–
6 000	4 800	3 300	80	64	65	–	64	26	27	35
<500	<100	<100	–	28	88	>95	–	–	–	11
–	–	–	–	–	–	–	29 x	–	–	–
2 800	<100	<100	>95	–	–	–	–	45 x	–	8 x
<100	–	–	–	35	–	–	51 p	–	3	2
9 000	2 800	1 400	70	42	30	–	17	12	1	5
3 800	<1 000	<200	16	23	25	–	56	46	4	8
–	–	–	–	–	–	–	–	–	–	–
<100	–	–	–	70	–	–	–	–	–	–
<200	<100	<100	63	70	24	9	–	79 p	16	19
<100	–	–	–	80	–	–	–	–	–	–
<500	<100	<100	50	41	34	–	–	–	1	1
9 900	–	–	66	53	–	–	80	58	25	41
<500	<100	<100	>95	26	93	–	–	–	–	–
<100	–	–	–	51	–	–	–	–	–	–
2 800	<500	<500	70	19	11	–	22 p	27	4	13
–	–	–	–	–	–	–	–	–	–	–
<200	–	–	–	23	–	–	–	–	–	–
<100	<100	<100	56	–	–	–	–	–	–	–
1 600	<500	<100	3	5	2	52	5	6 p	1	2
4 000	4 100	3 200	84	66	49	–	59	44	22	32
7 000	<100	<100	73	37	>95	71	–	–	–	–
–	–	–	–	–	–	–	–	–	–	–
5 100	<1 000	<500	35	35	21	7	47	26	1	8
<100	–	–	–	75	–	–	–	–	–	–
000	<100	<100	62	48	>95	–	–	–	–	–
000	<100	<100	34	23	23	15	–	–	–	–
–	–	–	–	–	–	–	–	–	–	–
<100	–	–	–	48	–	–	–	–	–	–
200	<200	<100	58	60	74	28	–	36 p	–	7

Epidemiologie (2)

	HIV-Infektionen pro 1000 Nichtinfizierte 2016			HIV-Infizierte			Neuinfektionen		
	Alle Altersgruppen	Kinder unter 5 J.	Heranw. und junge Erw. (15–19 J.)	Alle Altersgruppen	Kinder unter 15 J.	Heranw. und junge Erw. (10–19 J.)	Alle Altersgruppen	Kinder unter 5 J.	Heranw. und junge Erw. (15–19 J.)
Mikronesien	–	–	–	–	–	–	–	–	–
Moldau	0,38	0,06	0,19	15000	<200	<200	1600	<100	<100
Monaco	–	–	–	–	–	–	–	–	–
Mongolei	0,01	<0,01	0,02	<500	–	–	<100	–	<100
Montenegro	0,11	0,05	0,30	<500	–	–	<100	–	<100
Montserrat (GB)	–	–	–	–	–	–	–	–	–
Mosambik	3,63	2,77	3,03	1800000	200000	120000	83000	13000	9000
Myanmar	0,22	0,12	0,49	230000	9300	11000	11000	<1000	2300
Namibia	4,37	1,32	5,31	230000	15000	13000	9600	<500	1300
Nauru	–	–	–	–	–	–	–	–	–
Nepal	0,03	0,02	0,02	32000	1200	<1000	<1000	<100	<100
Neuseeland	–	–	–	–	–	–	–	–	–
Nicaragua	0,06	0,01	0,13	8900	<200	<500	<500	<100	<100
Niederlande	0,03	<0,01	0,07	23000	<100	<500	<500	<100	<100
Niger	0,09	0,13	0,18	48000	5800	4400	1800	<1000	<500
Nigeria	1,23	1,19	2,18	3200000	270000	240000	220000	37000	40000
Niue (NZ)	–	–	–	–	–	–	–	–	–
Norwegen	–	–	–	–	–	–	–	–	–
Oman	–	–	–	–	–	–	–	–	–
Österreich	–	–	–	–	–	–	–	–	–
Pakistan	0,10	0,04	0,05	130000	3300	2300	19000	<1000	<100
Palästina	–	–	–	–	–	–	–	–	–
Palau	–	–	–	–	–	–	–	–	–
Panama	0,34	0,08	0,70	21000	–	–	1300	–	<500
Papua-Neuguinea	0,37	0,42	0,27	46000	3400	2000	2800	<500	<500
Paraguay	0,20	0,05	0,38	19000	<500	<1000	1300	<100	<500
Peru	–	–	–	70000	1300	2400	2700	<100	
Philippinen	0,11	0,01	0,25	56000	<500	5200	10000	<200	2400
Polen	–	–	–	–	–	–	–	–	–
Portugal	–	–	–	–	–	–	–	–	–
Ruanda	0,70	0,50	0,85	220000	16000	16000	7500	<1000	<100
Rumänien	0,04	<0,01	0,10	16000	<100	<500	<1000	<100	<200
Russische Föderation	–	–	–	–	–	–	–	–	–
Salomonen	–	–	–	–	–	–	–	–	–
Sambia	4,08	3,28	6,46	1200000	94000	95000	59000	8900	11000
Samoa	–	–	–	–	–	–	–	–	–
San Marino	–	–	–	–	–	–	–	–	–
São Tomé und Príncipe	–	–	–	–	–	–	–	–	–

Tabelle 4: HIV/Aids

				Maßnahmen						
Aids-bedingte Todesfälle			HIV-infizierte Schwangere (Verabreichung von Medikamenten) in % (2016*)	HIV-Infizierte, die eine antiretrovirale Therapie (ART) erhalten in % (2016*)			Verwendung von Kondomen bei wechselnden Sexualpartnern, in % (2011–2016*)		HIV-Tests bei 15–19-Jährigen in % (2011–2016*)	
Alle Altersgruppen	Kinder unter 15 J.	Heranw. und junge Erw. (10–19 J.)		Alle Altersgruppen	Kinder unter 15 J.	Heranw. und junge Erw. (10–19 J.)	männl.	weibl.	männl.	weibl.
–	–	–	–	–	–	–	–	–	–	–
<500	<100	<100	>95	29	83	55	–	–	6	10
–	–	–	–	–	–	–	–	–	–	–
<100	–	–	–	33	–	–	78 p	–	–	–
<100	–	–	–	60	–	–	64 p	–	<0,1	0
52000	9200	4400	80	54	38	–	39	43 p	10	25
7800	<500	<200	87	55	78	–	–	–	2	1
4300	<500	<500	>95	64	66	–	75	61	14	29
–	–	–	–	–	–	–	–	–	–	–
1700	<100	<100	64	40	83	–	–	–	3	3
<500	<100	<100	>95	43	71	33	–	–	–	–
<200	<100	<100	>95	80	>95	–	–	–	–	–
3400	<500	<500	52	32	17	14	–	–	2	4
50000	24000	7900	32	30	21	–	46 p	38	2	4
–	–	–	–	–	–	–	–	–	–	–
–	–	–	–	–	–	–	–	–	–	–
5500	<500	<100	4	7	10	85	–	–	–	–
–	–	–	–	–	–	–	–	–	–	–
<1000	–	–	–	54	–	–	–	–	–	–
1100	<500	<100	33	52	37	–	–	–	–	–
<1000	<100	<100	71	35	55	25	–	50 x	–	–
2200	<100	<100	85	60	73	15	–	20	–	–
<1000	<100	<100	12	32	10	3	–	–	–	<0,1
–	–	–	–	–	–	–	–	–	–	–
3300	<1000	<500	82	80	55	–	–	–	22	27
<200	<100	<100	>95	68	>95	66	–	–	–	–
–	–	–	–	–	–	–	54 x,p	15 x,p	–	–
<1000	5700	2300	83	65	52	–	38	33	19	33
–	–	–	–	–	–	–	–	–	1 x	0 x
–	–	–	–	–	–	–	–	–	–	–
–	–	–	–	–	–	–	79	–	8	22

Statistik

Epidemiologie (20

	HIV-Infektionen pro 1000 Nichtinfizierte 2016			HIV-Infizierte			Neuinfektionen		
	Alle Altersgruppen	Kinder unter 5 J.	Heranw. und junge Erw. (15–19 J.)	Alle Altersgruppen	Kinder unter 15 J.	Heranw. und junge Erw. (10–19 J.)	Alle Altersgruppen	Kinder unter 5 J.	Heranw. und junge Erw. (15–19 J.)
Saudi-Arabien	0,02	0,01	0,01	8 200	<500	<200	<500	<100	<100
Schweden	0,06	<0,01	0,14	11 000	<100	<200	<1 000	<100	<100
Schweiz	–	–	–	–	–	–	–	–	–
Senegal	0,08	0,16	0,12	41 000	4 800	2 900	1 100	<500	<200
Serbien	0,03	0,01	0,06	2 700	–	–	<500	–	<100
Seychellen	–	–	–	–	–	–	–	–	–
Sierra Leone	–	–	–	67 000	4 400	5 000	5 300	<500	–
Simbabwe	3,03	1,36	3,50	1 300 000	–	–	40 000	–	5 800
Singapur	–	–	–	–	–	–	–	–	–
Slowakei	0,02	<0,01	0,04	<1 000	–	–	<200	–	<100
Slowenien	0,03	<0,01	0,06	<1 000	–	–	<100	–	<100
Somalia	0,17	0,18	0,13	24 000	2 500	1 400	1 800	<500	<200
Spanien	0,09	<0,01	0,21	140 000	<100	1 200	3 900	<100	<500
Sri Lanka	0,03	<0,01	0,06	4 000	–	–	<1 000	–	<100
St. Kitts und Nevis	–	–	–	–	–	–	–	–	–
St. Lucia	–	–	–	–	–	–	–	–	–
St. Vincent u. d. Grenadinen	–	–	–	–	–	–	–	–	–
Südafrika	5,58	2,19	10,51	7 100 000	320 000	370 000	270 000	12 000	50 000
Sudan	0,13	0,10	0,26	56 000	3 000	3 800	5 000	<1 000	1 100
Südsudan	1,35	1,25	1,08	200 000	18 000	10 000	16 000	2 400	1 500
Suriname	0,62	0,17	1,35	4 900	<200	<500	<500	<100	<100
Swasiland	9,37	4,50	11,91	220 000	15 000	15 000	8 800	<1 000	1 400
Syrien	–	–	–	–	–	–	–	–	–
Tadschikistan	0,15	0,02	0,07	14 000	<500	<500	1 300	<100	<100
Tansania	1,19	1,28	1,04	1 400 000	110 000	98 000	55 000	10 000	5 500
Thailand	0,10	0,01	0,23	450 000	4 100	9 700	6 400	<100	<1 000
Timor-Leste	–	–	–	–	–	–	–	–	–
Togo	0,59	0,65	0,49	100 000	12 000	7 600	4 100	<1 000	<500
Tokelau (NZ)	–	–	–	–	–	–	–	–	–
Tonga	–	–	–	–	–	–	–	–	–
Trinidad und Tobago	0,29	0,05	0,60	11 000	<100	<500	<500	<100	<100
Tschad	0,34	0,38	0,38	110 000	11 000	7 600	4 800	<1 000	<100
Tschechische Republik	0,04	<0,01	0,08	3 400	–	–	<500	–	<100
Tunesien	0,03	0,01	0,06	2 900	–	–	<500	–	<100
Türkei	–	–	–	–	–	–	–	–	–
Turkmenistan	–	–	–	–	–	–	–	–	–
Turks- und Caicosinseln (GB)	–	–	–	–	–	–	–	–	–
Tuvalu	–	–	–	–	–	–	–	–	–

Tabelle 4: HIV/Aids

				Maßnahmen					
Aids-bedingte Todesfälle			HIV-infizierte Schwangere (Verabreichung von Medikamenten) in % (2016*)	HIV-Infizierte, die eine antiretrovirale Therapie (ART) erhalten in % (2016*)			Verwendung von Kondomen bei wechselnden Sexualpartnern, in % (2011–2016*)		HIV-Tests bei 15–19-Jährigen in % (2011–2016*)	
Alle Altersgruppen	Kinder unter 15 J.	Heranw. und junge Erw. (10–19 J.)		Alle Altersgruppen	Kinder unter 15 J.	Heranw. und junge Erw. (10–19 J.)	männl.	weibl.	männl.	weibl.
<500	<100	<100	39	60	48	>95	–	–	–	–
<100	<100	<100	>95	83	>95	–	–	–	–	–
–	–	–	–	–	–	–	–	–	–	–
1 900	<500	<200	55	52	26	31	–	–	6	10
<100	–	–	–	62	–	–	63 x	–	1 x	1 x
–	–	–	–	–	–	–	–	–	–	–
2 800	<500	<200	87	26	18	–	24	10	3	11
000	–	–	93	75	–	–	71	–	19	30
–	–	–	–	–	–	–	–	–	–	–
<100	–	–	–	59	–	–	–	–	–	–
<100	–	–	–	–	–	–	–	–	–	–
1 700	<500	<100	7	11	5	–	–	–	–	–
–	–	–	>95	77	>95	–	–	–	–	–
<200	–	–	–	27	–	–	–	–	–	–
–	–	–	–	–	–	–	54 x	50 x	–	–
–	–	–	–	–	–	–	–	–	–	12
–	–	–	–	–	–	–	–	–	–	–
000	9 300	6 200	>95	56	55	–	88	–	29	38
3 000	<500	<100	4	10	16	–	–	–	–	–
3 000	1 700	<500	29	10	5	–	–	6 x,p	–	4 x
<200	<100	<100	89	48	81	36	–	86 x,p	–	11 x
3 900	<1 000	<500	95	79	64	91	–	–	30	41
–	–	–	–	–	–	–	–	–	–	–
000	<100	<100	85	30	88	90	–	–	–	1
3 000	6 500	3 200	84	62	48	–	45	38	13	21
000	<100	<100	95	69	86	>95	–	–	4	6
–	–	–	–	–	–	–	–	–	–	–
5 100	<1 000	<500	86	51	26	27	–	–	7	11
–	–	–	–	–	–	–	–	–	2	0
<500	<100	<100	95	62	>95	–	–	–	–	–
800	<1 000	<500	63	39	14	–	–	54	2	5
<100	–	–	–	52	–	–	–	–	–	–
<100	–	–	–	29	–	–	–	–	–	<0,1
–	–	–	–	–	–	–	–	–	–	5
–	–	–	–	–	–	–	–	–	–	–

Statistik

Epidemiologie

	HIV-Infektionen pro 1000 Nichtinfizierte 2016			HIV-Infizierte			Neuinfektionen		
	Alle Altersgruppen	Kinder unter 5 J.	Heranw. und junge Erw. (15–19 J.)	Alle Altersgruppen	Kinder unter 15 J.	Heranw. und junge Erw. (10–19 J.)	Alle Altersgruppen	Kinder unter 5 J.	Heranw. und junge Erw. (15–19 J.)
Uganda	1,50	0,69	2,55	1 400 000	130 000	120 000	52 000	4 600	10 000
Ukraine	0,38	0,17	0,57	240 000	4 000	5 100	17 000	<500	120
Ungarn	–	–	–	–	–	–	–	–	–
Uruguay	–	–	–	12 000	<100	<500	<1 000	<100	
Usbekistan	–	–	–	–	–	–	–	–	–
Vanuatu	–	–	–	–	–	–	–	–	–
Vatikanstadt	–	–	–	–	–	–	–	–	–
Venezuela	0,21	0,10	0,44	120 000	2 500	4 400	6 500	<500	120
Ver. Arabische Emirate	–	–	–	–	–	–	–	–	–
Ver. Staaten von Amerika	–	–	–	–	–	–	–	–	–
Vietnam	0,12	0,04	0,06	250 000	5 800	3 200	11 000	<500	<50
Weißrussland	0,20	0,01	0,13	19 000	<100	<200	1 800	<100	<10
Zentralafrikanische Republik	1,80	0,80	1,51	130 000	9 200	8 700	8 700	<1 000	<1 000
Zypern	–	–	–	–	–	–	–	–	–
Weltregionen									
Afrika südlich der Sahara	1,23	0,87	1,83	25 700 000	1 900 000	1 700 000	1 200 000	140 000	190 000
Östliches und südliches Afrika	1,68	1,01	2,34	19 600 000	1 400 000	1 300 000	800 000	79 000	130 000
West- und Zentralafrika	0,78	0,74	1,25	6 100 000	540 000	450 000	360 000	60 000	62 000
Europa und Zentralasien	0,25	0,02	0,19	2 400 000	–	–	220 000	–	99 000
Osteuropa und Zentralasien	0,47	0,03	0,28	1 600 000	–	–	190 000	–	72 000
Westeuropa	0,06	0,01	0,11	840 000	–	–	29 000	–	27 000
Lateinamerika und Karibik	0,19	0,05	0,36	2 100 000	34 000	77 000	120 000	2 600	19 000
Naher Osten und Nordafrika	0,03	0,01	0,04	150 000	3 000	4 000	11 000	<500	1 100
Nordamerika	–	0,01	0,24	–	–	–	–	–	–
Ostasien und Pazifik	0,07	0,03	0,11	2 800 000	48 000	60 000	160 000	5 100	15 000
Südasien	0,06	0,02	0,03	2 300 000	140 000	130 000	100 000	10 000	18 000
Am wenigsten entwickelte Länder	0,54	0,46	0,70	10 800 000	980 000	800 000	490 000	69 000	68 000
Welt	0,26	0,29	0,55	36 700 000	2 100 000	2 100 000	1 800 000	160 000	260 000

Definitionen der Weltregionen s. Seite 265 ff.
* Werte beziehen sich auf die neuesten verfügbaren Daten aus dem genannten Zeitraum.
x Daten beziehen sich auf andere Jahre oder Zeiträume. Diese Werte werden nicht bei der Berechnung der regionalen und globalen Werte berücksichtigt. Schätzungen aus den Jahren vor 2006 sind nicht aufgeführt.

Tabelle 4: HIV/Aids

				Maßnahmen						
Aids-bedingte Todesfälle			HIV-infizierte Schwangere (Verabreichung von Medikamenten) in % (2016*)	HIV-Infizierte, die eine antiretrovirale Therapie (ART) erhalten in % (2016*)			Verwendung von Kondomen bei wechselnden Sexualpartnern, in % (2011–2016*)		HIV-Tests bei 15–19-Jährigen in % (2011–2016*)	
Alle Altersgruppen	Kinder unter 15 J.	Heranw. und junge Erw. (10–19 J.)		Alle Altersgruppen	Kinder unter 15 J.	Heranw. und junge Erw. (10–19 J.)	männl.	weibl.	männl.	weibl.
28 000	5 800	3 800	>95	67	47	–	52	26	28	39
8 500	<200	<100	84	37	64	–	90	–	10	7
–	–	–	–	–	–	–	–	–	–	–
<500	<100	<100	83	53	>95	–	–	67 p	–	7
–	–	–	–	–	–	–	–	–	–	–
–	–	–	–	–	–	–	–	–	–	–
2 500	<200	<100	48	–	–	–	–	–	–	–
–	–	–	–	–	–	–	–	–	–	–
–	–	–	–	–	–	–	–	–	–	–
8 000	<200	<100	66	47	84	–	–	–	–	4
<200	<100	<100	92	45	>95	–	–	–	15	15
7 300	<1 000	<500	81	24	18	25	50 x	28 x	7 x	15 x
–	–	–	–	–	–	–	–	–	–	–
0 000	100 000	50 000	78	54	42	–	49	32	10	15
0 000	59 000	34 000	88	60	51	–	54	–	16	24
0 000	43 000	16 000	49	34	21	–	43	32	3	6
9 000	–	–	–	46	–	–	–	–	–	–
1 000	–	–	–	29	–	–	–	–	–	–
8 400	–	–	–	77	–	–	–	–	–	–
5 000	2 000	<1 000	75	57	53	–	–	–	–	–
6 300	<200	<100	37	33	62	–	–	–	–	–
–	–	–	–	–	–	–	–	–	–	–
0 000	3 000	<1 000	54	48	62	–	–	–	–	–
1 000	7 600	3 100	38	46	33	–	–	–	–	–
0 000	52 000	27 000	81	56	40	–	–	–	8	13
0 000	120 000	55 000	76	53	43	–	–	–	–	–

Definitionen s. Seite 268 ff., Hauptquellen s. Seite 279 ff.
– keine Daten verfügbar
p Werte beruhen auf einer kleinen Stichprobe (25–49 Fälle).

Tabelle 5: Bildung

	Alphabetisierungsrate (15–24 J.) in % (2011–2016*)		Anzahl pro 100 Einwohner 2016		Vorschule Einschulungsrate in % (2011–2016*) unbereinigt		Einschulung unbereinigt	
	männl.	weibl.	Mobiltel.	Internetzugang	männl.	weibl.	männl.	weibl.
Afghanistan	62	32	66	11	–	–	132	91
Ägypten	94	90	114	39	31	30	104	104
Albanien	99	99	105	66	90	87	116	112
Algerien	96 x	92 x	117	43	79	79	120	113
Andorra	100	100	87	98	–	–	–	–
Angola	85	71	55	13	64	94	157	100
Anguilla (GB)	–	–	178 x	82	–	–	–	–
Antigua und Barbuda	–	–	194	73	97	95	100	94
Äquatorialguinea	98 x	97 x	66	24	58	58	80	78
Argentinien	99	99	151	70	72	73	110	110
Armenien	100	100	115	62	52	53	98	98
Aserbaidschan	100	100	106	78	24	24	107	106
Äthiopien	63 x	47 x	51	15	31	30	107	97
Australien	–	–	110	88	127	123	102	102
Bahamas	–	–	92	80	–	–	–	–
Bahrain	99 x	98 x	217	98	56	55	101	102
Bangladesch	91	94	78	18	31	31	116	125
Barbados	–	–	115	80	83	86	93	94
Belgien	–	–	111	87	117	116	104	104
Belize	–	–	64	45	49	50	116	110
Benin	64	41	80	12	24	24	134	124
Bhutan	90	84	89	42	25	27	97	103
Bolivien	99	99	91	40	71	71	98	96
Bosnien und Herzegowina	100	100	89	69	–	–	–	–
Botsuana	92 x	96 x	159	39	18	18	109	106
Brasilien	98	99	119	60	93	92	117	114
Britische Jungferninseln (GB)	–	–	199 x	38 x	–	–	–	–
Brunei Darussalam	99	100	121	75	71	73	108	108
Bulgarien	98	98	127	60	84	82	98	97
Burkina Faso	57	44	84	14	4	4	90	86
Burundi	85	75	48	5	13	13	123	124
Chile	99	99	127	66	88	86	103	100
China	100 x	100 x	97	53	83	84	104	104
Cookinseln (NZ)	–	–	56 x	54	84	97	106	99
Costa Rica	99	99	159	66	53	52	110	109
Dänemark	–	–	123	97	96	96	102	101
Deutschland	–	–	115	90	112	111	105	105

Tabelle 5: Bildung 157

Grundschule (2011–2016*)								Weiterführende Schule (Sekundarstufe 1) (2011–2016*)			
rate in % bereinigt		Schulbesuchsrate in % (bereinigt)		Kinder im Grundschulalter, die keine Schule besuchen (in %)		Anteil der Schüler in %, die die letzte Klasse erreichen werden		Einschulungsrate in % (bereinigt)		Schulbesuchsrate in % (bereinigt)	
männl.	weibl.	männl.	weibl.	männl.	weibl.	männl.	weibl.	männl.	weibl.	männl.	weibl.
–	–	73	53	–	–	–	–	62	38	48	28
98	98	97	97	1	1	–	–	83	88	84	86
96	95	92	93	3	5	95	96	91	90	90 x	92 x
–	–	98	97	–	–	93	95	–	–	82	85
–	–	–	–	–	–	71	70	–	–	–	–
95	73	76	76	5	27	–	–	–	–	32	31
–	–	–	–	–	–	–	–	–	–	–	–
88	86	–	–	9	10	–	–	78	82	–	–
55	56	61 x	60 x	43	43	72	72	22	24	–	–
100	99	98	99	0	1	96	96	–	–	75	77
96	96	100	99	3	4	100	99	–	–	97	98
95	93	69 y	67 y	5	7	100	95	85	82	–	–
89	82	64 y	67 y	11	17	37	39	35	33	21	26
97	97	–	–	3	3	–	–	–	–	–	–
–	–	–	–	–	–	–	–	–	–	–	–
96	97	86 x	87 x	2	2	99	97	90	88	–	–
–	–	90	93	–	–	–	–	61	75	51	60
90	92	100	99	9	8	–	–	80	87	89	89
99	99	–	–	1	1	92	95	85	87	–	–
97	95	96	97	0	1	96	94	70	73	–	–
100	88	77	72	0	12	59	56	49	41	40	34
85	87	96	95	12	10	78	79	57	67	52	54
89	88	97 x	97 x	9	11	96	97	64	66	–	–
–	–	97	95	–	–	96	98	–	–	94	96
90	92	–	–	9	8	93	95	46	57	–	–
92	93	97	97	6	5	–	–	76	80	–	–
–	–	–	–	–	–	–	–	–	–	–	–
–	–	–	–	–	–	98	95	–	–	–	–
94	93	–	–	5	5	96	96	81	78	–	–
71	67	54	50	29	32	62	71	27	26	19	17
93	95	85	84	6	4	41	48	21	25	12	11
94	94	91 y	92 y	6	6	99	100	75	82	–	–
–	–	97 y	97 y	–	–	–	–	–	–	–	–
97	93	–	–	2	3	79	74	90	91	–	–
97	96	96	96	3	4	93	95	74	76	71	73
98	98	–	–	1	1	100	100	89	94	–	–
–	–	–	–	–	–	97	96	–	–	–	–

Statistik

	Alphabetisierungsrate (15–24 J.) in % (2011–2016*)		Anzahl pro 100 Einwohner 2016		Vorschule Einschulungsrate in % (2011–2016*) unbereinigt		Einschulung unbereinigt	
	männl.	weibl.	Mobiltel.	Internetzugang	männl.	weibl.	männl.	weibl.
Dominica	–	–	107	67	87	88	117	115
Dominikanische Republik	97	98	81	61	43	45	108	99
Dschibuti	–	–	38	13	5	5	69	62
Ecuador	99	99	84	54	70	73	107	114
El Salvador	97	98	141	29	71	73	111	107
Elfenbeinküste	59	47	126	27	7	7	99	88
Eritrea	91 x	83 x	7	1	13	13	53	46
Estland	100	100	149	87	90	87	98	99
Fidschi	–	–	103	47	–	–	106	105
Finnland	–	–	134	88	79	79	102	101
Frankreich	–	–	103	86	109	109	106	105
Gabun	87	89	144	48	36	38	144	140
Gambia	66	56	140	19	37	39	90	94
Georgien	100	100	129	50	–	–	116	118
Ghana	88 x	83 x	139	35	117	119	107	110
Grenada	–	–	111	56	89	83	107	103
Griechenland	99	99	113	69	49	49	98	97
Großbritannien	–	–	122	95	88	88	108	108
Guatemala	95	93	115	35	44	45	104	100
Guinea	57	37	85	10	15	15	99	84
Guinea-Bissau	71	50	70	4	–	–	–	–
Guyana	96	97	66	36	95	93	87	84
Haiti	74 x	70 x	61	12	–	–	–	–
Honduras	95	97	91	30	45	47	111	110
Indien	90	82	87	30	13	12	103	115
Indonesien	100	100	149	25	57	59	107	104
Irak	57	49	82	21	–	–	–	–
Iran	98	98	100	53	51	50	106	112
Irland	–	–	104	82	95	99	101	102
Island	–	–	118	98	97	97	100	99
Israel	–	–	132	80	111	111	104	105
Italien	100	100	140	61	100	97	101	101
Jamaika	–	–	116	45	96	103	–	–
Japan	–	–	130	92	–	–	101	101
Jemen	–	–	67	25	1	1	106	89
Jordanien	99	99	196	62	33	32	97	98
Kambodscha	88 x	86 x	125	26	17	19	117	116
Kamerun	85 x	76 x	68	25	38	38	123	111
Kanada	–	–	84	90	74	73	100	101

Tabelle 5: Bildung

Grundschule (2011–2016*)								Weiterführende Schule (Sekundarstufe 1) (2011–2016*)			
Einschulungsrate in % bereinigt		Schulbesuchsrate in % (bereinigt)		Kinder im Grundschulalter, die keine Schule besuchen (in %)		Anteil der Schüler in %, die die letzte Klasse erreichen werden		Einschulungsrate in % (bereinigt)		Schulbesuchsrate in % (bereinigt)	
männl.	weibl.	männl.	weibl.	männl.	weibl.	männl.	weibl.	männl.	weibl.	männl.	weibl.
–	–	–	–	–	–	81	77	–	–	–	–
88	86	94	96	11	12	77	81	48	58	58	72
61	54	71 y	68 y	39	46	80	71	44	37	–	–
91	93	97 y	97 y	3	1	81	83	74	78	–	–
91	92	95	96	8	7	76	80	67	72	69	73
84	75	79	74	16	25	85	80	39	28	26	20
41	37	83 y	79 y	59	63	72	74	20	19	63 y	55 y
94	95	–	–	6	4	98	98	–	–	–	–
97	98	–	–	2	2	98	96	87	91	–	–
99	100	–	–	1	0	100	100	96	97	–	–
99	99	–	–	1	0	–	–	–	–	–	–
–	–	97	98	–	–	–	–	–	–	51	59
71	78	65	66	28	20	73	77	35	41	32	32
–	–	98	97	–	–	99	99	93	91	99 y	99 y
87	88	70	70	13	11	85	82	50	50	33	35
96	95	–	–	2	2	–	–	79	82	–	–
97	96	–	–	3	4	92	92	95	94	–	–
100	100	–	–	0	0	–	–	96	96	–	–
86	85	94	93	12	12	75	74	47	46	54	50
81	70	63	58	16	28	67	65	35	24	32	26
–	–	62	62	–	–	–	–	–	–	10	9
83	80	97	97	14	16	90	95	77	75	92	95
–	–	83	84	–	–	–	–	–	–	19	26
92	94	95 y	92 y	7	6	74	82	43	50	48	57
92	93	85 x	82 x	3	2	82	81	64	69	–	–
90	89	99	99	9	10	–	–	74	79	85 y	89 y
–	–	93	87	–	–	–	–	–	–	51	47
–	–	96	97	–	–	98	97	90	92	–	–
94	95	–	–	2	0	–	–	–	–	–	–
100	99	–	–	0	1	97	99	96	98	–	–
97	98	–	–	3	2	100	98	–	–	–	–
98	97	–	–	1	1	99	99	–	–	–	–
–	–	97	99	–	–	93	96	68	78	92	92
100	100	–	–	0	0	100	100	–	–	–	–
92	78	80	72	8	22	72	67	47	34	43	34
89	89	98	98	11	11	–	–	82	83	92	94
94	96	92	94	6	4	41	55	44	49	47	54
97	87	87	84	0	9	65	67	44	40	51	49
–	–	–	–	–	–	–	–	–	–	–	–

160 Statistik

	Alphabetisierungsrate (15–24 J.) in % (2011–2016*)		Anzahl pro 100 Einwohner 2016		Vorschule			
					Einschulungsrate in % (2011–2016*) unbereinigt		Einschulungs unbereinigt	
	männl.	weibl.	Mobiltel.	Internetzugang	männl.	weibl.	männl.	weibl.
Kap Verde	98	99	122	48	74	73	113	107
Kasachstan	100 x	100 x	150	77	59	60	109	111
Katar	98	100	147	94	58	60	102	104
Kenia	87	86	81	26	77	76	109	109
Kirgisistan	100 x	100 x	131	35	28	28	108	107
Kiribati	–	–	51	14	–	–	103	106
Kolumbien	98	99	117	58	85	84	115	112
Komoren	74	70	58	8	20	21	107	99
Kongo, Dem. Republik	91	80	39	6	4	4	112	102
Kongo, Republik	86	77	113	8	14	14	107	115
Korea, Dem. Volksrepublik	100 x	100 x	14	0 x	51	51	–	–
Korea, Republik	–	–	123	93	94	94	99	99
Kroatien	100	100	104	73	64	61	98	98
Kuba	100	100	35	39	102	103	100	95
Kuwait	99	99	147	78	82	80	102	103
Laos	77	67	55	22	35	36	114	109
Lesotho	80	94	107	27	33	35	107	104
Lettland	100	100	131	80	89	88	100	99
Libanon	99 x	99 x	96	76	80	75	97	88
Liberia	63 x	37 x	83	7	159	153	99	89
Libyen	–	–	120	20	–	–	–	–
Liechtenstein	–	–	116	98	102	106	106	105
Litauen	100	100	141	74	92	91	103	104
Luxemburg	–	–	148	97	94	93	97	97
Madagaskar	78	75	42	5	17	19	149	149
Malawi	72	73	40	10	81	82	144	147
Malaysia	98 x	98 x	141	79	92	96	102	102
Malediven	99	99	223	59	101	102	97	–
Mali	61	39	120	11	4	4	79	72
Malta	98	99	125	77	109	113	102	105
Marokko	95	88	121	58	63	51	118	112
Marshallinseln	98	99	29 x	30	40	41	93	93
Mauretanien	66 x	48 x	87	18	9	12	100	105
Mauritius	98	99	144	53	103	105	102	104
Mazedonien	–	98 x	101	72	36	36	94	93
Mexiko	99	99	88	60	68	70	104	103
Mikronesien	–	–	22	33	34	32	95	96
Moldau	99	100	111	71	84	83	93	92
Monaco	–	–	86	95	–	–	–	–

Tabelle 5: Bildung

Grundschule (2011–2016*)								Weiterführende Schule (Sekundarstufe 1) (2011–2016*)			
rate in % bereinigt		Schulbesuchsrate in % (bereinigt)		Kinder im Grundschulalter, die keine Schule besuchen (in %)		Anteil der Schüler in %, die die letzte Klasse erreichen werden		Einschulungsrate in % (bereinigt)		Schulbesuchsrate in % (bereinigt)	
männl.	weibl.	männl.	weibl.	männl.	weibl.	männl.	weibl.	männl.	weibl.	männl.	weibl.
97	97	–	–	3	3	88	90	66	75	–	–
88	87	100	100	0	0	99	99	–	–	99	100
92	93	96	97	4	3	99	96	76	83	–	–
83	87	84	87	16	12	–	–	–	–	38	46
90	88	99	99	2	3	96	97	88	87	98	98
–	–	83	87	–	–	–	–	68	88	–	–
91	91	94	95	7	7	86	91	72	78	74	81
81	78	84	84	17	20	65	78	38	42	45	52
–	–	88	85	–	–	56	55	–	–	39	31
88	95	96	97	11	3	–	–	–	–	65	61
–	–	99	99	–	–	–	–	57	57	–	–
98	98	–	–	1	1	99	100	98	97	–	–
89	89	–	–	3	0	99	99	91	92	–	–
92	92	–	–	8	8	94	95	91	95	–	–
93	93	–	–	2	1	95	96	81	88	–	–
93	92	85	85	7	8	77	80	55	57	40	44
79	82	90	94	21	18	57	74	22	39	20	37
96	96	–	–	3	3	95	95	–	–	–	–
85	79	98	98	14	19	87	94	67	67	–	–
39	36	42	43	61	64	–	–	7	6	14	15
–	–	–	–	–	–	–	–	–	–	–	–
91	90	–	–	3	2	–	–	90	84	–	–
98	98	–	–	1	0	98	98	97	96	–	–
93	93	–	–	4	4	82	84	83	87	–	–
–	–	68 y	71 y	–	–	41	44	28	31	22 x	25 x
–	–	93	95	–	–	54	55	29	30	25	31
98	98	–	–	2	2	92	92	85	89	–	–
94	96	94	95	6	4	80	84	70	67	64 x	78 x
59	52	55	51	36	43	64	59	33	28	34	26
97	100	–	–	3	0	95	98	96	96	–	–
99	98	91 x	88 x	1	1	91	87	62	63	–	–
75	79	–	–	24	19	–	–	58	64	–	–
77	81	58	62	22	18	65	63	22	21	21	20
95	97	–	–	5	3	96	96	82	86	–	–
91	91	98	98	9	9	97	96	78	76	86	85
95	95	98	98	3	2	95	96	79	82	86	89
83	85	–	–	17	15	–	–	49	56	–	–
87	86	99	98	10	10	95	95	83	82	96	97
–	–	–	–	–	–	–	–	–	–	–	–

	Alphabetisierungsrate (15–24 J.) in % (2011–2016*)		Anzahl pro 100 Einwohner 2016		Vorschule Einschulungsrate in % (2011–2016*) unbereinigt		Einschulung unbereinigt	
	männl.	weibl.	Mobiltel.	Internetzugang	männl.	weibl.	männl.	weibl.
Mongolei	98 x	99 x	114	22	85	86	102	100
Montenegro	99	99	167	70	57	54	95	93
Montserrat (GB)	–	–	97 x	55 x	–	–	–	–
Mosambik	80 x	57 x	66	18	–	–	110	101
Myanmar	85	84	89	25	23	24	101	98
Namibia	93	95	109	31	21	22	113	110
Nauru	–	–	97	54 x	85	96	110	100
Nepal	90	80	112	20	85	83	131	141
Neuseeland	–	–	125	88	93	93	100	99
Nicaragua	85 x	89 x	122	25	–	–	–	–
Niederlande	–	–	130	90	95	97	105	104
Niger	35	15	49	4	7	8	78	67
Nigeria	76 x	58 x	82	26	–	–	94	93
Niue (NZ)	–	–	38 x	80 x	113	125	147	120
Norwegen	–	–	110	97	97	98	101	100
Oman	99	99	159	70	55	56	107	111
Österreich	–	–	166	84	103	104	104	102
Pakistan	80	66	71	16	77	67	100	85
Palästina	99	99	77	61	53	52	94	94
Palau	98	99	91 x	–	71	77	100	112
Panama	98 x	97 x	172	54	48	49	104	101
Papua-Neuguinea	69 x	64 x	49	10	–	–	120	109
Paraguay	98	99	105	51	38	38	108	104
Peru	99	99	117	45	88	89	102	102
Philippinen	97	99	109	56	–	–	117	117
Polen	–	–	146	73	79	79	100	101
Portugal	99	99	109	70	94	93	109	105
Ruanda	81	83	70	20	18	18	132	133
Rumänien	99	99	106	60	91	91	91	89
Russische Föderation	100 x	100 x	163	76	88	86	100	101
Salomonen	–	–	70	11	100	100	115	114
Sambia	91 x	87 x	75	26	–	–	103	104
Samoa	99	99	69	29	39	42	107	107
San Marino	–	–	114	50 x	106	108	94	93
São Tomé und Príncipe	97	96	85	28	52	56	118	111
Saudi-Arabien	99	99	158	74	17	18	108	111
Schweden	–	–	127	92	94	94	121	126
Schweiz	–	–	136	89	105	104	104	104
Senegal	61	51	99	26	14	16	78	87

Tabelle 5: Bildung

Grundschule (2011–2016*)										Weiterführende Schule (Sekundarstufe 1) (2011–2016*)	
rate in % bereinigt		Schulbesuchsrate in % (bereinigt)		Kinder im Grundschulalter, die keine Schule besuchen (in %)		Anteil der Schüler in %, die die letzte Klasse erreichen werden		Einschulungsrate in % (bereinigt)		Schulbesuchsrate in % (bereinigt)	
männl.	weibl.	männl.	weibl.	männl.	weibl.	männl.	weibl.	männl.	weibl.	männl.	weibl.
97	96	98	99	2	3	–	–	–	–	91	95
93	92	98	98	6	7	80	81	93	93	93	96
–	–	–	–	–	–	–	–	–	–	–	–
91	87	71	72	9	13	34	32	17	19	15	17
–	–	93	92	–	–	–	–	53	52	67	71
88	91	92	93	11	8	89	92	41	55	54	67
88	84	97 y	98 y	11	16	–	–	66	71	–	–
97	97	76	76	3	3	75	78	55	53	42	46
99	99	–	–	1	1	–	–	97	98	–	–
–	–	71 x,y	70 x,y	–	–	–	–	–	–	–	–
98	99	–	–	2	1	–	–	–	–	–	–
67	57	55	46	32	42	63	66	23	16	21	17
–	–	70	66	–	–	–	–	–	–	50	49
–	–	100	100	–	–	–	–	–	–	–	–
100	100	–	–	0	0	99	100	99	99	–	–
95	94	97	98	2	2	98	99	81	86	–	–
–	–	–	–	–	–	99	100	–	–	–	–
79	68	67	60	21	32	64	64	58	48	36	34
90	91	99	99	8	7	94	99	83	87	92	97
74	87	–	–	26	13	–	–	33	38	–	–
94	93	97	97	6	7	85	87	71	74	78	86
89	83	–	–	10	16	–	–	17	14	–	–
89	88	90 y	91 y	11	11	83	86	58	63	–	–
94	94	92 y	91 y	2	2	89	92	71	72	85	87
94	98	88 x	89 x	5	1	–	–	58	70	–	–
96	96	–	–	3	3	98	98	93	94	–	–
98	98	–	–	2	2	–	–	–	–	–	–
94	96	93	96	6	4	41	48	19	24	25	34
87	87	92 y	91 y	10	10	94	94	84	83	90 y	90 y
96	97	–	–	3	2	99	100	97	98	–	–
70	71	65	68	30	29	68	78	23	25	–	–
86	88	86	88	12	10	57	54	31	30	46	51
96	96	88 y	89 y	3	2	92	89	66	68	–	–
93	92	–	–	7	7	95	98	91	94	–	–
96	94	94	94	3	5	–	–	50	60	46	57
97	98	–	–	3	2	–	–	76	70	–	–
99	99	–	–	0	0	99	100	–	–	–	–
93	93	–	–	1	0	–	–	87	87	–	–
68	75	53	55	30	24	56	60	39	42	27	30

	Alphabetisierungsrate (15–24 J.) in % (2011–2016*)		Anzahl pro 100 Einwohner 2016		Vorschule Einschulungsrate in % (2011–2016*) unbereinigt		Einschulung unbereinigt	
	männl.	weibl.	Mobiltel.	Internetzugang	männl.	weibl.	männl.	weibl.
Serbien	100	100	121	67	59	58	101	101
Seychellen	99 x	99 x	161	57	88	93	101	104
Sierra Leone	65	51	98	12	10	11	127	128
Simbabwe	88	93	83	23	42	43	101	99
Singapur	100	100	147	81	–	–	–	–
Slowakei	–	–	128	80	95	93	100	99
Slowenien	–	–	115	75	95	92	99	99
Somalia	–	–	58	2	–	–	–	–
Spanien	100	100	110	81	97	96	104	106
Sri Lanka	98 x	99 x	118	32	93	93	103	101
St. Kitts und Nevis	–	–	137	77	91	81	82	83
St. Lucia	–	–	95	47	56	59	–	–
St. Vincent u. d. Grenadinen	–	–	103	56	93	93	106	103
Südafrika	99	99	142	54	77	78	102	97
Sudan	69 x	63 x	69	28	36	48	74	67
Südsudan	44 x	30 x	25 x	16 x	10	10	75	53
Suriname	98	97	146	45	90	97	124	121
Swasiland	92 x	95 x	76	29	25	26	118	108
Syrien	95 x	90 x	54	32	6	6	81	79
Tadschikistan	100 x	100 x	107	20	12	10	100	98
Tansania	87	85	74	13	31	32	80	83
Thailand	98	98	173	48	74	64	106	99
Timor-Leste	80 x	79 x	125	25	18	20	137	136
Togo	90	78	75	11	17	18	125	118
Tokelau (NZ)	–	–	0 x	1 x	175	160	121	–
Tonga	99	100	75	40	39	38	109	107
Trinidad und Tobago	–	–	161	73	–	–	–	–
Tschad	41	22	44	5	1	1	115	88
Tschechische Republik	–	–	115	76	107	104	100	100
Tunesien	97	96	126	51	44	44	116	113
Türkei	100	99	97	58	30	28	103	102
Turkmenistan	–	–	158	18	64	62	90	89
Turks- und Caicosinseln (GB)	–	–	100 x	0	–	–	–	–
Tuvalu	–	–	76	46	96	93	103	104
Uganda	86	82	55	22	11	12	109	111
Ukraine	100	100	133	52	86	84	103	105
Ungarn	–	–	119	79	80	78	102	101
Uruguay	99	99	149	66	88	89	110	107
Usbekistan	100	100	77	47	26	26	106	101

Tabelle 5: Bildung

Grundschule (2011–2016*)								Weiterführende Schule (Sekundarstufe 1) (2011–2016*)			
rate in % bereinigt		Schulbesuchsrate in % (bereinigt)		Kinder im Grundschulalter, die keine Schule besuchen (in %)		Anteil der Schüler in %, die die letzte Klasse erreichen werden		Einschulungsrate in % (bereinigt)		Schulbesuchsrate in % (bereinigt)	
männl.	weibl.	männl.	weibl.	männl.	weibl.	männl.	weibl.	männl.	weibl.	männl.	weibl.
96	96	99	99	1	1	100	97	97	97	97	96
94	96	–	–	5	4	–	–	–	–	–	–
99	99	74	78	1	1	48	48	31	29	36	36
85	86	94	96	14	13	75	78	33	41	48	63
–	–	–	–	–	–	–	–	–	–	–	–
–	–	–	–	–	–	99	99	–	–	–	–
97	98	–	–	3	2	99	99	95	97	–	–
–	–	24 x	19 x	–	–	–	–	–	–	–	–
99	100	–	–	1	0	97	98	–	–	–	–
98	96	–	–	2	4	99	99	96	96	–	–
77	80	–	–	21	18	96	95	80	82	–	–
–	–	100	99	–	–	90	90	74	75	95	90
94	94	–	–	1	1	–	–	88	89	–	–
–	–	97	97	–	–	–	–	–	–	–	–
52	55	69	67	47	44	80	79	–	–	31	32
35	27	26	21	65	73	–	–	1	1	6	3
93	94	95	96	6	5	85	98	50	61	46	61
80	79	97	98	20	20	72	77	20	31	33	48
67	66	97 x	96 x	28	30	93	93	53	52	–	–
97	98	85	86	2	0	99	99	98	95	86	84
79	81	78	83	21	19	62	71	–	–	25	31
94	87	95	95	6	13	–	–	79	79	83	86
94	97	71	73	5	1	81	84	39	48	30	34
94	88	90	87	4	10	55	53	–	–	45	40
–	–	–	–	–	–	–	–	–	–	–	–
92	94	93 y	93 y	5	3	–	–	78	84	–	–
–	–	98 x	98 x	–	–	–	–	–	–	–	–
89	69	53	47	11	31	54	46	–	–	16	11
–	–	–	–	–	–	99	100	–	–	–	–
–	–	98	98	–	–	93	95	80	85	76	85
95	94	94	97	5	6	88	88	88	86	–	–
–	–	98	98	–	–	–	–	–	–	98	98
–	–	–	–	–	–	–	–	–	–	–	–
84	85	97 x,y	99 x,y	5	2	–	–	73	77	–	–
92	95	86	87	8	5	21	22	–	–	15	20
95	97	100	100	4	2	68	68	91	91	98	98
91	90	–	–	4	4	98	98	90	89	–	–
94	94	97	98	5	6	99	100	68	73	75	77
96	93	–	–	2	4	99	100	94	92	–	–

	Alphabetisierungsrate (15–24 J.) in % (2011–2016*)		Anzahl pro 100 Einwohner 2016		Vorschule Einschulungsrate in % (2011–2016*) unbereinigt		Einschulung unbereinigt	
	männl.	weibl.	Mobiltel.	Internetzugang	männl.	weibl.	männl.	weibl.
Vanuatu	–	–	71	24	103	100	121	119
Vatikanstadt	–	–	–	–	–	–	–	–
Venezuela	98	99	87	60	75	76	101	99
Ver. Arabische Emirate	94 x	97 x	204	91	83	84	117	116
Ver. Staaten von Amerika	–	–	127	76	72	70	100	100
Vietnam	97 x	97 x	128	47	84	82	109	108
Weißrussland	100 x	100 x	124	71	106	101	101	101
Zentralafrikanische Republik	49 x	27 x	25	4	6	6	107	80
Zypern	100	100	134	76	81	80	99	99
Weltregionen								
Afrika südlich der Sahara	79	72	75	20	31	32	104	98
Östliches und südliches Afrika	87	85	71	21	39	40	106	100
West- und Zentralafrika	69	55	80	19	20	21	101	95
Europa und Zentralasien	–	–	125	74	76	75	103	103
Osteuropa und Zentralasien	100	99	129	64	60	59	102	102
Westeuropa	–	–	122	83	97	97	105	104
Lateinamerika und Karibik	98	99	109	56	76	76	109	107
Naher Osten und Nordafrika	91	88	112	48	35	34	106	104
Nordamerika	–	–	123	78	72	70	100	100
Ostasien und Pazifik	99	97	109	52	77	77	106	105
Südasien	88	80	85	26	22	21	105	112
Am wenigsten entwickelte Länder	80	73	68	16	23	24	108	101
Welt	92	85	101	46	49	48	105	105

Definitionen der Weltregionen s. Seite 265 ff.
* Werte beziehen sich auf die neuesten verfügbaren Daten aus dem genannten Zeitraum.
** Angaben ohne China
x Daten beziehen sich auf andere Jahre oder Zeiträume. Diese Werte werden nicht bei der Berechnu der regionalen und globalen Werte berücksichtigt (ausgenommen Daten aus Indien von 2005–200 Schätzungen aus den Jahren vor 2000 sind nicht aufgeführt.

Tabelle 5: Bildung

Grundschule (2011–2016*)								Weiterführende Schule (Sekundarstufe 1) (2011–2016*)			
rate in % bereinigt		Schulbesuchsrate in % (bereinigt)		Kinder im Grundschulalter, die keine Schule besuchen (in %)		Anteil der Schüler in %, die die letzte Klasse erreichen werden		Einschulungsrate in % (bereinigt)		Schulbesuchsrate in % (bereinigt)	
männl.	weibl.	männl.	weibl.	männl.	weibl.	männl.	weibl.	männl.	weibl.	männl.	weibl.
85	87	76 y	78 y	14	12	–	–	42	48	–	–
–	–	–	–	–	–	–	–	–	–	–	–
90	90	91 x	93 x	8	8	90	90	69	74	–	–
94	93	–	–	4	4	91	93	76	83	–	–
93	94	–	–	6	5	–	–	87	90	–	–
–	–	98	98	–	–	94	98	93	95	89	92
95	96	93	90	5	4	98	99	–	–	94	97
79	62	78	68	21	38	47	45	16	9	17	13
97	98	–	–	2	2	98	97	94	95	–	–
82	78	75	74	17	21	55	56	32	31	32	32
83	81	78	79	17	19	48	51	29	30	24	29
–	–	72	68	–	–	63	63	–	–	39	36
96	96	–	–	3	2	95	95	93	92	–	–
95	94	94	95	4	4	93	93	93	92	–	–
98	98	–	–	1	1	97	98	–	–	–	–
93	93	96	96	5	4	90	92	74	77	76	79
93	91	94	93	6	8	91	90	74	74	72	72
93	94	–	–	6	–	–	–	87	–	–	–
93 **	93 **	97	97	6 **	6 **	–	–	71 **	76 **	81 **	84 **
90	89	–	–	5	6	80	79	63	66	43	44
82	78	76	75	17	22	52	54	41	41	33	35
90 **	89 **	87	85	8 **	9 **	76	77	66 **	68 **	53 **	54 **

Definitionen s. Seite 268 ff., Hauptquellen s. Seite 279 ff.

y Daten weichen von der Standarddefinition ab oder beziehen sich nur auf einen Teil des Landes. Diese Werte werden bei der Berechnung der regionalen und globalen Werte berücksichtigt, sofern sie in den angegebenen Referenzzeitraum fallen.

– keine Daten verfügbar

Tabelle 6: Demografische Indikatoren

	Bevölkerung 2016 in Tsd.			Durchschnittliche jährliche Wachstumsrate der Bevölkerung in %	
	gesamt	unter 18 J.	unter 5 J.	1990–2016	2016–2030[a]
Afghanistan	34 656	17 744	5 233	4,0	2,1
Ägypten	95 689	36 997	12 876	2,0	1,6
Albanien	2 926	659	177	−0,4	0,0
Algerien	40 606	13 495	4 699	1,7	1,3
Andorra	77	13	3	1,3	0,1
Angola	28 813	15 416	5 277	3,3	3,1
Anguilla (GB)	15	4	1	2,2	0,5
Antigua und Barbuda	101	30	8	1,6	0,9
Äquatorialguinea	1 221	521	182	4,0	3,0
Argentinien	43 847	13 076	3 736	1,1	0,8
Armenien	2 925	685	202	−0,7	0,0
Aserbaidschan	9 725	2 653	891	1,1	0,7
Äthiopien	102 403	49 500	15 177	2,9	2,2
Australien	24 126	5 433	1 551	1,3	1,1
Bahamas	391	97	28	1,6	0,8
Bahrain	1 425	334	107	4,1	2,5
Bangladesch	162 952	56 869	15 236	1,6	0,9
Barbados	285	66	17	0,3	0,1
Belgien	11 358	2 309	643	0,5	0,4
Belize	367	141	40	2,6	1,8
Benin	10 872	5 379	1 775	3,0	2,6
Bhutan	798	259	70	1,5	1,0
Bolivien	10 888	4 150	1 189	1,8	1,4
Bosnien und Herzegowina	3 517	628	157	−0,9	−0,2
Botsuana	2 250	840	259	1,9	1,6
Brasilien	207 653	56 235	14 919	1,3	0,6
Britische Jungferninseln (GB)	31	9	3	2,4	1,0
Brunei Darussalam	423	120	34	1,9	1,0
Bulgarien	7 131	1 183	324	−0,8	−0,7
Burkina Faso	18 646	9 724	3 221	2,9	2,7
Burundi	10 524	5 372	1 901	2,6	2,9
Chile	17 910	4 462	1 184	1,2	0,7
China	1 403 500	295 112	85 866	0,7	0,2
Cookinseln (NZ)	17	6	2	−0,2	0,2
Costa Rica	4 857	1 296	346	1,7	0,8
Dänemark	5 712	1 157	285	0,4	0,4
Deutschland	81 915	13 103	3 557	0,1	0,0
Dominica	74	22	6	0,1	0,4
Dominikanische Republik	10 649	3 750	1 060	1,5	0,9
Dschibuti	942	356	102	1,8	1,3
Ecuador	16 385	5 606	1 611	1,8	1,3
El Salvador	6 345	2 153	577	0,7	0,5
Elfenbeinküste	23 696	11 689	3 861	2,5	2,4

Tabelle 6: Demografische Indikatoren

Sterberate in ‰ (unbereinigt)			Geburtenrate in ‰ (unbereinigt)			Lebenserwartung			Frucht-barkeits-rate	Städtische Bevölke-rung in %	Durchschnittliche jährliche Wachstums-rate der städtischen Bevölkerung in %	
1970	1990	2016	1970	1990	2016	1970	1990	2016	2016	2016	1990–2016	2016–2030[a]
28	16	7	52	49	33	37	50	64	4,6	27	5,5	3,6
16	8	6	42	34	26	52	65	71	3,3	43	1,6	1,8
8	6	7	32	25	12	67	72	78	1,7	58	1,5	1,4
17	6	5	47	32	23	50	67	76	2,8	71	3,0	1,7
–	–	–	–	–	–	–	–	–	–	85	1,1	0,2
27	23	9	53	53	42	37	42	62	5,7	45	5,3	4,2
–	–	–	–	–	–	–	–	–	–	100	2,2	0,5
7	7	6	31	19	16	66	71	76	2,1	23	0,0	0,3
26	18	10	42	42	34	40	48	58	4,7	40	3,6	3,0
9	8	8	23	22	17	66	72	77	2,3	92	1,2	0,8
6	8	10	23	22	13	70	68	75	1,6	63	–0,9	0,1
9	9	7	32	29	18	63	65	72	2,1	55	1,2	1,2
21	18	7	48	48	32	43	47	65	4,2	20	4,6	4,3
9	7	7	20	15	13	71	77	83	1,8	90	1,5	1,2
6	5	6	26	24	14	66	71	76	1,8	83	1,8	1,1
7	3	2	38	29	15	63	72	77	2,0	89	4,0	1,3
19	10	5	48	35	19	48	58	72	2,1	35	3,8	2,7
10	10	11	22	16	12	66	71	76	1,8	31	0,3	0,7
12	11	10	14	12	11	71	76	81	1,8	98	0,5	0,3
8	5	5	42	36	23	66	71	70	2,5	44	2,2	2,0
24	15	9	47	46	37	42	54	61	5,0	44	4,1	3,4
24	13	6	49	39	18	40	53	70	2,1	39	4,8	2,3
20	13	7	42	35	23	46	55	69	2,9	69	2,8	1,9
7	8	11	24	15	9	66	71	77	1,4	40	–0,6	0,6
13	8	7	46	34	24	55	62	67	2,7	58	2,8	1,4
10	7	6	35	25	14	59	65	76	1,7	86	1,8	0,8
–	–	–	–	–	–	–	–	–	–	47	3,0	1,4
6	4	4	37	29	16	67	73	77	1,9	78	2,6	1,3
9	12	15	16	12	9	71	71	75	1,6	74	–0,4	–0,5
25	17	9	47	47	39	39	49	60	5,4	31	5,9	4,7
21	18	11	47	50	42	44	48	57	5,7	12	5,3	5,1
10	6	6	30	22	13	62	74	80	1,8	90	1,5	0,8
11	7	7	36	22	12	59	69	76	1,6	57	3,7	1,6
–	–	–	–	–	–	–	–	–	–	75	1,7	0,7
7	4	5	33	27	14	66	76	80	1,8	78	3,6	1,6
10	12	9	15	12	10	73	75	81	1,7	88	0,5	0,6
12	12	11	14	10	9	71	75	81	1,5	76	0,2	0,0
–	–	–	–	–	–	–	–	–	–	70	0,5	0,7
11	6	6	42	30	20	58	68	74	2,4	80	2,9	1,5
15	11	8	45	40	23	49	57	62	2,8	77	1,8	1,3
12	6	5	41	30	20	58	69	76	2,5	64	2,4	1,7
13	8	7	43	31	19	55	64	74	2,1	67	1,9	1,0
21	14	12	52	43	37	44	52	54	4,9	55	3,5	3,1

Statistik

	Bevölkerung 2016 in Tsd.			Durchschnittliche jährliche Wachstumsrate der Bevölkerung in %	
	gesamt	unter 18 J.	unter 5 J.	1990–2016	2016–2030[a]
Eritrea	4955	2397	744	1,8	2,2
Estland	1312	247	68	−0,7	−0,3
Fidschi	899	303	87	0,8	0,5
Finnland	5503	1078	297	0,4	0,3
Frankreich	64721	14080	3842	0,5	0,3
Gabun	1980	822	274	2,8	1,9
Gambia	2039	1065	360	3,1	2,8
Georgien	3925	875	271	−1,2	−0,3
Ghana	28207	12689	4085	2,5	2,0
Grenada	107	34	10	0,4	0,3
Griechenland	11184	1937	474	0,3	−0,3
Großbritannien	65789	13785	4000	0,5	0,5
Guatemala	16582	7047	2023	2,2	1,8
Guinea	12396	6082	1983	2,8	2,5
Guinea-Bissau	1816	872	291	2,2	2,3
Guyana	773	277	76	0,2	0,5
Haiti	10847	4296	1233	1,6	1,0
Honduras	9113	3541	951	2,3	1,4
Indien	1324171	448314	119998	1,6	1,0
Indonesien	261115	85965	24822	1,4	0,9
Irak	37203	17460	5738	2,9	2,6
Iran	80277	22149	6823	1,4	0,7
Irland	4726	1197	344	1,1	0,7
Island	332	80	22	1,0	0,7
Israel	8192	2672	841	2,3	1,4
Italien	59430	9761	2482	0,2	−0,2
Jamaika	2881	820	205	0,7	0,1
Japan	127749	20051	5343	0,1	−0,4
Jemen	27584	12957	4075	3,2	2,1
Jordanien	9456	3959	1227	3,8	1,2
Kambodscha	15762	5854	1761	2,2	1,3
Kamerun	23439	11578	3804	2,7	2,4
Kanada	36290	6999	1929	1,0	0,8
Kap Verde	540	200	55	1,8	1,2
Kasachstan	17988	5566	1997	0,3	0,9
Katar	2570	417	130	6,5	1,6
Kenia	48462	23094	7023	2,8	2,3
Kirgisistan	5956	2167	760	1,2	1,2
Kiribati	114	47	14	1,8	1,5
Kolumbien	48653	14055	3712	1,3	0,6
Komoren	796	369	119	2,5	2,1
Kongo, Dem. Republik	78736	41553	14494	3,2	3,0
Kongo, Republik	5126	2489	824	2,9	2,5
Korea, Dem. Volksrepublik	25369	6452	1726	0,9	0,4
Korea, Republik	50792	8678	2226	0,6	0,3

Tabelle 6: Demografische Indikatoren

Sterberate in ‰ (unbereinigt)			Geburtenrate in ‰ (unbereinigt)			Lebenserwartung			Fruchtbarkeitsrate	Städtische Bevölkerung in %	Durchschnittliche jährliche Wachstumsrate der städtischen Bevölkerung in %	
1970	1990	2016	1970	1990	2016	1970	1990	2016	2016	2016	1990–2016	2016–2030[a]
21	16	7	47	42	32	43	50	65	4,1	23	4,3	4,4
11	13	12	15	14	11	70	69	78	1,6	67	-1,0	-0,3
8	6	7	34	29	19	60	66	70	2,5	54	1,8	0,9
10	10	10	14	13	11	70	75	81	1,8	84	0,6	0,4
11	9	9	17	13	12	72	77	83	2,0	80	0,8	0,7
20	11	8	37	37	30	47	61	66	3,8	87	3,4	2,2
26	14	8	50	47	39	38	52	61	5,4	60	4,8	3,6
9	9	13	20	17	13	67	70	73	2,0	54	-1,0	-0,1
16	11	8	47	39	31	49	57	63	4,0	55	4,0	2,7
9	9	7	28	28	19	64	69	74	2,1	36	0,7	0,4
10	9	11	18	11	8	71	77	81	1,3	78	0,7	0,2
12	11	9	15	14	12	72	76	82	1,9	83	0,7	0,7
14	9	5	45	39	25	53	62	73	3,0	52	3,3	3,0
27	17	9	45	47	36	37	50	60	4,9	38	4,0	3,5
22	17	11	43	46	37	42	49	57	4,6	50	4,5	3,2
9	8	8	36	28	21	62	63	67	2,5	29	0,3	1,1
18	13	9	39	37	24	47	55	63	2,9	60	4,4	2,2
15	7	5	48	39	22	53	67	74	2,5	55	3,4	2,5
17	11	7	39	32	19	48	58	69	2,3	33	2,5	2,2
13	8	7	40	26	19	55	63	69	2,4	54	3,6	1,9
12	7	5	46	38	33	58	66	70	4,4	70	2,8	2,6
16	7	5	42	33	17	51	64	76	1,7	74	2,4	1,4
11	9	6	22	14	14	71	75	81	2,0	64	1,6	1,3
7	7	6	21	17	13	74	78	83	1,9	94	1,3	0,9
7	6	5	26	22	20	72	77	83	3,0	92	2,3	1,4
10	10	10	17	10	8	72	77	83	1,5	69	0,4	0,3
8	7	7	35	25	17	68	72	76	2,0	55	1,1	0,9
7	7	11	19	10	8	72	79	84	1,5	94	0,9	-0,1
25	11	6	53	52	32	41	58	65	4,0	35	5,1	3,4
10	5	4	51	35	26	60	70	74	3,4	84	3,8	1,5
20	13	6	43	42	23	42	54	69	2,6	21	3,3	2,7
19	15	10	45	45	36	46	52	58	4,7	55	3,9	3,2
7	7	7	17	14	11	73	77	82	1,6	82	1,3	1,0
14	8	6	42	40	21	54	65	73	2,3	66	3,0	1,5
9	9	9	26	23	21	63	67	70	2,6	53	0,0	1,0
5	2	2	36	22	10	68	75	78	1,9	99	6,5	1,0
15	10	6	51	42	31	52	58	67	3,9	26	4,5	4,0
11	8	6	32	32	25	60	66	71	3,0	36	0,9	2,0
13	10	7	35	37	28	54	60	66	3,7	44	2,5	1,9
9	6	6	38	26	15	61	68	74	1,9	77	2,0	1,3
19	12	7	46	43	33	46	57	64	4,3	28	2,6	2,8
20	17	10	47	46	42	44	49	60	6,1	43	4,2	3,6
14	12	7	43	38	35	53	56	65	4,7	66	3,4	3,0
10	6	9	37	21	14	60	70	72	1,9	61	1,0	0,8
9	6	6	30	15	9	61	72	82	1,3	83	1,0	0,5

172 Statistik

	Bevölkerung 2016 in Tsd.			Durchschnittliche jährliche Wachstumsrate der Bevölkerung in %	
	gesamt	unter 18 J.	unter 5 J.	1990–2016	2016–2030[a]
Kroatien	4213	756	196	−0,5	−0,6
Kuba	11476	2260	636	0,3	0,0
Kuwait	4053	989	316	2,5	1,3
Laos	6758	2674	766	1,8	1,2
Lesotho	2204	932	286	1,2	1,2
Lettland	1971	350	97	−1,2	−0,9
Libanon	6007	1743	483	3,1	−0,8
Liberia	4614	2249	715	3,0	2,4
Libyen	6293	2111	627	1,3	1,1
Liechtenstein	38	7	2	1,0	0,6
Litauen	2908	519	152	−0,9	−0,5
Luxemburg	576	115	32	1,6	1,1
Madagaskar	24895	11988	3769	2,9	2,6
Malawi	18092	9265	2908	2,5	2,7
Malaysia	31187	9350	2612	2,1	1,2
Malediven	428	117	39	2,5	1,3
Mali	17995	9806	3332	2,9	2,9
Malta	429	75	21	0,6	0,2
Marokko	35277	11491	3508	1,3	1,1
Marshallinseln	53	19	5	0,4	0,3
Mauretanien	4301	1996	655	2,9	2,5
Mauritius	1262	295	68	0,7	0,1
Mazedonien	2081	425	118	0,2	0,0
Mexiko	127540	41600	11581	1,5	1,0
Mikronesien	105	43	12	0,3	0,8
Moldau	4060	768	218	−0,3	−0,4
Monaco	38	7	2	1,0	0,5
Mongolei	3027	1017	368	1,3	1,2
Montenegro	629	139	36	0,1	0,0
Montserrat (GB)	5	2	0	−2,8	0,3
Mosambik	28829	14929	4950	3,0	2,8
Myanmar	52885	17485	4538	1,0	0,8
Namibia	2480	1076	344	2,2	1,9
Nauru	11	4	1	0,8	0,1
Nepal	28983	11190	2756	1,7	1,0
Neuseeland	4661	1109	304	1,2	0,8
Nicaragua	6150	2174	597	1,5	1,0
Niederlande	16987	3425	894	0,5	0,3
Niger	20673	11752	4218	3,6	3,8
Nigeria	185990	93965	31802	2,6	2,5
Niue (NZ)	2	1	0	−1,4	0,2
Norwegen	5255	1130	306	0,8	0,9
Oman	4425	1118	401	3,4	2,1
Österreich	8712	1489	412	0,5	0,2
Pakistan	193203	79005	24963	2,2	1,7

Tabelle 6: Demografische Indikatoren

Sterberate in ‰ (unbereinigt)			Geburtenrate in ‰ (unbereinigt)			Lebenserwartung			Frucht- barkeits- rate	Städtische Bevölke- rung in %	Durchschnittliche jährliche Wachstums- rate der städtischen Bevölkerung in %	
1970	1990	2016	1970	1990	2016	1970	1990	2016	2016	2016	1990–2016	2016–2030[a]
11	11	13	15	11	9	68	72	78	1,5	59	−0,1	0,2
7	7	8	29	17	11	70	75	80	1,7	77	0,4	−0,1
6	3	3	48	23	16	66	72	75	2,0	98	2,2	2,0
18	14	7	43	43	24	46	54	67	2,7	40	5,6	3,3
17	10	13	43	35	28	49	59	54	3,1	28	3,8	2,6
11	13	15	14	14	10	70	69	75	1,5	67	−1,2	−0,5
8	7	5	32	25	15	66	70	80	1,7	88	2,6	0,3
24	18	8	49	45	34	39	47	63	4,6	50	2,6	3,2
13	5	5	51	29	20	56	69	72	2,3	79	1,7	1,4
–	–	–	–	–	–	–	–	–	–	14	0,4	1,1
9	11	14	17	15	11	71	71	75	1,7	67	−0,9	−0,2
12	10	7	13	12	11	70	75	82	1,6	90	1,8	1,2
21	15	6	48	44	33	45	51	66	4,2	36	4,6	4,2
25	19	7	54	49	37	41	47	63	4,6	16	3,8	4,2
7	5	5	34	28	17	64	71	75	2,0	75	3,7	1,8
21	9	3	50	41	18	44	61	77	2,1	47	4,3	2,6
32	20	10	50	49	43	32	46	58	6,1	41	5,0	4,7
9	8	9	16	15	10	71	76	81	1,5	96	0,8	0,2
14	7	5	43	29	20	53	65	76	2,5	61	2,1	1,6
–	–	–	–	–	–	–	–	–	–	73	0,9	0,9
16	11	8	46	41	34	49	58	63	4,7	60	4,2	2,9
7	6	8	29	21	11	63	69	75	1,4	40	0,3	0,3
7	8	10	25	18	11	66	71	76	1,5	57	0,1	0,3
10	5	5	44	29	18	61	71	77	2,2	80	1,9	1,2
9	7	6	41	34	24	62	66	69	3,1	22	−0,2	1,6
10	10	11	20	19	10	65	68	72	1,2	45	−1,1	−0,2
–	–	–	–	–	–	–	–	–	–	100	1,0	0,9
15	10	6	44	32	24	55	60	69	2,8	73	2,1	1,7
7	7	10	22	16	11	70	75	77	1,7	64	1,2	0,2
–	–	–	–	–	–	–	–	–	–	9	−4,0	1,0
25	21	10	48	46	39	39	43	58	5,2	33	3,8	3,5
15	10	8	39	27	18	51	59	67	2,2	35	2,3	2,0
15	9	7	43	38	29	52	62	64	3,4	48	4,2	3,1
–	–	–	–	–	–	–	–	–	–	100	0,4	0,5
23	13	6	43	39	20	41	54	70	2,1	19	4,7	2,9
8	8	7	22	17	13	71	75	82	2,0	86	1,3	0,9
13	7	5	46	36	20	54	64	75	2,2	59	2,1	1,7
8	9	9	18	13	11	74	77	82	1,7	91	1,6	0,5
28	23	10	57	56	48	36	44	60	7,2	19	4,5	5,7
23	19	12	46	44	39	41	46	53	5,5	49	4,5	3,9
–	–	–	–	–	–	–	–	–	–	43	−1,1	0,2
10	11	8	17	14	12	74	77	82	1,8	81	1,2	1,1
16	5	3	48	38	19	50	67	77	2,7	78	4,0	1,4
13	11	10	16	11	10	70	76	82	1,5	66	0,5	0,6
15	11	7	43	40	28	53	60	66	3,5	39	3,0	2,6

	Bevölkerung 2016 in Tsd.			Durchschnittliche jährliche Wachstumsrate der Bevölkerung in %	
	gesamt	unter 18 J.	unter 5 J.	1990–2016	2016–2030[a]
Palästina	4791	2231	712	3,2	2,4
Palau	22	8	2	1,4	1,0
Panama	4034	1324	388	1,9	1,4
Papua-Neuguinea	8085	3449	1033	2,4	1,9
Paraguay	6725	2404	672	1,8	1,1
Peru	31774	10454	3033	1,4	1,1
Philippinen	103320	39204	11530	2,0	1,4
Polen	38224	6785	1819	0,0	−0,3
Portugal	10372	1764	431	0,2	−0,3
Ruanda	11918	5593	1740	1,9	2,1
Rumänien	19778	3667	944	−0,7	−0,5
Russische Föderation	143965	28642	9561	−0,1	−0,2
Salomonen	599	275	83	2,5	1,8
Sambia	16591	8647	2820	2,8	2,9
Samoa	195	85	23	0,7	0,6
San Marino	33	6	1	1,2	0,3
São Tomé und Príncipe	200	100	31	2,2	2,1
Saudi-Arabien	32276	9641	2966	2,6	1,4
Schweden	9838	2006	584	0,5	0,6
Schweiz	8402	1499	434	0,9	0,7
Senegal	15412	7616	2544	2,7	2,6
Serbien	8820	1780	469	−0,3	−0,4
Seychellen	94	24	8	1,1	0,3
Sierra Leone	7396	3638	1141	2,1	2,0
Simbabwe	16150	7726	2539	1,8	2,1
Singapur	5622	1062	265	2,4	0,9
Slowakei	5444	996	281	0,1	−0,1
Slowenien	2078	363	107	0,1	−0,1
Somalia	14318	7642	2617	2,5	2,9
Spanien	46348	8135	2065	0,6	0,0
Sri Lanka	20798	6020	1602	0,7	0,2
St. Kitts und Nevis	55	16	5	1,1	0,7
St. Lucia	178	43	11	1,0	0,3
St. Vincent u. d. Grenadinen	110	32	8	0,1	0,2
Südafrika	56015	19428	5705	1,5	1,0
Sudan	39579	18971	5940	2,6	2,3
Südsudan	12231	5944	1925	2,9	2,5
Suriname	558	179	50	1,2	0,7
Swasiland	1343	592	180	1,7	1,5
Syrien	18430	8231	2100	1,5	2,6
Tadschikistan	8735	3581	1183	1,9	1,8
Tansania	55572	28698	9655	3,0	2,9
Thailand	68864	14961	3768	0,8	0,1
Timor-Leste	1269	650	206	2,0	2,1
Togo	7606	3668	1176	2,7	2,3

Tabelle 6: Demografische Indikatoren

Sterberate in ‰ (unbereinigt)			Geburtenrate in ‰ (unbereinigt)			Lebenserwartung			Frucht-barkeits-rate	Städtische Bevölke-rung in %	Durchschnittliche jährliche Wachstums-rate der städtischen Bevölkerung in %	
1970	1990	2016	1970	1990	2016	1970	1990	2016	2016	2016	1990–2016	2016–2030[a]
13	5	3	50	46	32	56	68	73	4,0	75	3,5	2,6
–	–	–	–	–	–	–	–	–	–	88	2,2	1,3
8	5	5	38	26	20	66	73	78	2,5	67	2,7	1,8
16	9	7	41	35	28	49	59	66	3,7	13	1,9	2,8
7	6	6	37	34	21	65	68	73	2,5	60	2,8	1,9
14	7	6	42	30	19	53	66	75	2,4	79	1,9	1,4
9	7	7	39	33	23	61	65	69	2,9	44	1,6	1,8
8	10	10	17	15	9	70	71	78	1,3	61	0,0	0,1
11	10	11	21	11	8	67	74	81	1,2	64	1,4	0,6
20	32	6	50	47	31	44	34	67	3,9	30	8,7	4,7
10	11	13	21	14	10	68	70	75	1,5	55	−0,2	0,1
9	12	13	15	14	13	69	68	71	1,8	74	−0,1	−0,2
13	11	5	45	40	29	54	57	71	3,9	23	4,5	3,4
17	18	8	50	45	38	49	45	62	5,0	41	2,9	4,3
11	7	5	41	33	25	55	65	75	4,0	19	0,3	0,5
–	–	–	–	–	–	–	–	–	–	94	1,2	0,3
13	10	7	41	40	34	56	62	67	4,5	66	3,8	2,6
15	5	4	47	36	20	53	69	75	2,5	83	2,7	1,3
10	11	9	14	14	12	74	78	82	1,9	86	0,6	0,8
9	9	8	16	12	10	73	78	83	1,5	74	0,9	1,1
25	11	6	50	43	36	39	57	67	4,8	44	3,2	3,5
9	10	13	19	15	11	68	71	75	1,6	56	0,2	−0,2
9	7	8	35	23	16	66	71	74	2,3	54	1,5	0,9
30	26	13	49	47	35	35	37	52	4,5	40	2,5	2,7
13	10	8	47	37	33	55	58	61	3,8	32	1,9	2,3
5	4	5	23	18	9	68	76	83	1,2	100	2,5	1,0
9	10	10	18	15	10	70	71	77	1,4	53	−0,1	0,1
10	10	10	17	11	10	69	73	81	1,6	50	0,1	0,3
23	20	11	47	48	43	41	45	56	6,3	40	3,4	4,0
9	8	9	20	10	9	72	77	83	1,4	80	1,0	0,4
8	6	7	31	21	15	64	70	75	2,0	18	0,8	1,4
–	–	–	–	–	–	–	–	–	–	32	0,9	1,5
9	6	8	39	28	12	63	71	75	1,5	19	−0,6	1,1
9	7	7	40	25	16	65	70	73	1,9	51	0,9	0,7
12	8	10	38	29	21	56	62	63	2,5	65	2,3	1,2
15	12	7	47	42	33	52	56	64	4,5	34	3,4	3,1
28	21	11	51	47	36	36	44	57	4,9	19	4,4	3,8
9	7	7	37	28	18	63	67	71	2,4	66	1,2	0,7
18	9	10	49	43	29	48	60	58	3,1	21	1,3	1,6
11	5	6	46	36	21	59	71	70	2,9	58	3,0	2,6
12	10	5	42	41	29	60	63	71	3,4	27	1,3	2,7
18	15	7	48	44	38	47	50	66	5,0	32	4,9	4,6
10	6	8	38	19	10	59	70	75	1,5	52	2,8	1,5
23	16	6	43	43	35	40	48	69	5,5	33	3,6	3,4
19	12	9	48	42	34	47	56	60	4,5	40	3,9	3,4

176 Statistik

	Bevölkerung 2016 in Tsd.			Durchschnittliche jährliche Wachstumsrate der Bevölkerung in %	
	gesamt	unter 18 J.	unter 5 J.	1990–2016	2016–2030[a]
Tokelau (NZ)	1	0	0	−0,9	0,8
Tonga	107	46	13	0,5	0,9
Trinidad und Tobago	1 365	335	95	0,4	0,0
Tschad	14 453	7 854	2 666	3,4	2,8
Tschechische Republik	10 611	1 881	534	0,1	−0,1
Tunesien	11 403	3 205	1 052	1,3	0,8
Türkei	79 512	24 162	6 775	1,5	0,8
Turkmenistan	5 663	2 021	709	1,7	1,3
Turks- und Caicosinseln (GB)	35	10	3	4,3	1,2
Tuvalu	11	4	1	0,8	1,0
Uganda	41 488	22 807	7 699	3,3	3,1
Ukraine	44 439	7 948	2 334	−0,6	−0,5
Ungarn	9 753	1 694	436	−0,2	−0,4
Uruguay	3 444	884	240	0,4	0,3
Usbekistan	31 447	10 386	3 184	1,7	1,1
Vanuatu	270	114	34	2,4	1,9
Vatikanstadt	1	0	0	0,2	0,0
Venezuela	31 568	10 493	2 974	1,8	1,1
Ver. Arabische Emirate	9 270	1 498	464	6,2	1,3
Ver. Staaten von Amerika	322 180	73 928	19 607	0,9	0,7
Vietnam	94 569	25 780	7 761	1,3	0,8
Weißrussland	9 480	1 821	579	−0,3	−0,2
Zentralafrikanische Republik	4 595	2 326	730	1,7	2,1
Zypern	1 170	241	66	1,6	0,7
Weltregionen					
Afrika südlich der Sahara	1 034 153	511 533	167 977	2,7	2,5
Östliches und südliches Afrika	542 206	261 901	83 757	2,6	2,4
West- und Zentralafrika	491 947	249 631	84 220	2,8	2,6
Europa und Zentralasien	908 161	191 748	55 778	0,3	0,2
Osteuropa und Zentralasien	416 914	100 514	31 087	0,2	0,2
Westeuropa	491 247	91 234	24 691	0,3	0,1
Lateinamerika und Karibik	633 773	193 378	53 227	1,4	0,8
Naher Osten und Nordafrika	435 225	152 698	49 143	2,1	1,5
Nordamerika	358 469	80 927	21 535	0,9	0,7
Ostasien und Pazifik	2 291 492	545 358	156 758	0,9	0,4
Südasien	1 765 989	619 518	169 895	1,7	1,0
Am wenigsten entwickelte Länder	979 388	454 924	142 971	2,5	2,2
Welt	7 427 263	2 295 160	674 314	1,3	1,0

Definitionen der Weltregionen s. Seite 265 ff.
a mittlere Projektion

Tabelle 6: Demografische Indikatoren

Sterberate in ‰ (unbereinigt)			Geburtenrate in ‰ (unbereinigt)			Lebenserwartung			Fruchtbarkeitsrate	Städtische Bevölkerung in %	Durchschnittliche jährliche Wachstumsrate der städtischen Bevölkerung in %	
1970	1990	2016	1970	1990	2016	1970	1990	2016	2016	2016	1990–2016	2016–2030[a]
–	–	–	–	–	–	–	–	–	–	0	0,0	0,0
7	6	6	36	31	24	65	70	73	3,6	24	0,6	1,5
7	8	10	27	21	14	65	68	71	1,8	8	0,3	−0,4
23	19	13	47	51	43	41	47	53	5,9	23	3,6	4,0
12	12	11	16	12	10	70	72	79	1,5	73	0,1	0,3
16	6	6	41	26	18	51	69	76	2,2	67	1,8	1,1
15	8	6	40	26	16	52	64	76	2,1	74	2,2	1,3
12	9	7	38	35	25	58	63	68	2,9	50	1,9	1,7
–	–	–	–	–	–	–	–	–	–	93	5,1	1,3
–	–	–	–	–	–	–	–	–	–	61	1,9	1,5
17	18	9	49	50	42	49	46	60	5,6	16	4,8	5,1
9	13	15	15	13	11	71	70	72	1,5	70	−0,4	−0,4
11	14	13	15	12	9	69	69	76	1,4	72	0,1	0,2
10	10	9	21	18	14	69	73	77	2,0	95	0,7	0,4
10	8	6	37	35	21	62	66	71	2,3	36	1,1	1,7
14	8	5	42	36	26	52	63	72	3,3	26	3,7	3,0
–	–	–	–	–	–	–	–	–	–	100	0,2	0,0
7	5	6	37	29	19	65	70	75	2,3	89	2,0	1,2
7	3	2	37	26	10	62	72	77	1,7	86	6,8	1,9
10	9	8	16	16	13	71	75	79	1,9	82	1,3	0,9
12	6	6	36	29	17	60	71	76	2,0	34	3,2	2,2
9	11	13	16	14	12	71	71	73	1,7	77	0,2	−0,2
23	17	14	43	41	36	42	49	52	4,9	40	2,3	2,8
7	7	7	19	19	11	73	77	81	1,3	67	1,6	0,8
21	16	9	47	44	36	45	50	60	4,8	37	4,0	3,6
19	16	8	47	43	34	47	51	63	4,4	31	3,7	3,5
23	17	11	47	45	39	42	49	57	5,4	45	4,2	3,7
10	11	10	18	15	12	69	72	77	1,8	71	0,5	0,4
10	11	11	21	18	15	66	68	73	1,9	64	0,3	0,4
11	10	10	16	12	10	71	75	81	1,6	76	0,6	0,4
10	7	6	37	27	17	60	68	76	2,1	80	1,9	1,1
15	7	5	44	34	23	53	66	74	2,8	63	2,6	1,8
9	9	8	16	16	12	71	75	80	1,8	83	1,3	0,9
11	7	7	35	22	14	60	69	75	1,8	57	3,0	1,5
17	11	7	40	33	20	48	58	69	2,5	33	2,7	2,3
21	15	8	47	42	32	44	52	64	4,1	31	4,0	3,6
13	9	8	33	26	19	59	65	72	2,4	54	2,2	1,6

Definitionen s. Seite 268 ff., Hauptquellen s. Seite 279 ff.
– keine Daten verfügbar

Tabelle 7: Frauen

	Lebens-erwartung von Frauen in % der männl. Lebens-erwartung 2016	Alphabeti-sierung von Frauen in % der männl. Alphabe-tisierung (2011–2016*)	Einschulungs-rate von Mädchen in % der männl. Rate (unbereinigt) (2011–2016*)		Anteil der Mädchen in % der männl. Rate, die die letzte Klasse der Grundschule erreichen (2011–2016*)	Familien-planung mit modernen Methoden in % (2011–2016*)
			Grund-schule	weiter-führende Schule		
Afghanistan	104	39	69	56	–	42
Ägypten	106	81	100	99	–	80
Albanien	105	98	97	94	101	13 x
Algerien	103	82 x	94	104	102	77
Andorra	–	100	–	–	99	–
Angola	110	67	64	65	–	24
Anguilla (GB)	–	–	–	–	–	–
Antigua und Barbuda	107	101 x	94	102	–	–
Äquatorialguinea	105	86 x	98	–	100	21
Argentinien	110	100	100	107	100	–
Armenien	109	100	100	101	99	40
Aserbaidschan	109	100	98	–	95	22 x
Äthiopien	106	59 x	91	96	105	59
Australien	105	–	100	95	–	–
Bahamas	108	–	–	–	–	–
Bahrain	103	95 x	101	100	97	–
Bangladesch	105	92	108	113	–	73
Barbados	107	–	101	103	–	70
Belgien	106	–	100	114	102	–
Belize	108	–	95	102	98	66
Benin	105	49	92	70	95	25
Bhutan	101	73	107	107	101	85 x
Bolivien	108	92	97	98	101	43 x
Bosnien und Herzegowina	107	96	–	–	101	22
Botsuana	109	102 x	97	–	103	82 x
Brasilien	110	101	97	105	–	90
Britische Jungferninseln (GB)	–	–	–	–	–	–
Brunei Darussalam	104	97	100	100	97	–
Bulgarien	110	99	99	97	100	–
Burkina Faso	102	59	96	92	114	44
Burundi	107	78	101	91	118	33
Chile	107	100	97	101	101	–
China	104	95 x	100	103	–	97 x
Cookinseln (NZ)	–	–	94	108	94	–
Costa Rica	106	100	99	104	101	89
Dänemark	105	–	98	104	100	–

Tabelle 7: Frauen

Schwangerschafts-vorsorge in % (2011–2016*)		Anteil der Geburten in %			Gesundheitscheck nach der Geburt in % (2011–2016*)		Mütter-sterblichkeitsrate		
mind. einmal	mind. viermal	mit ausgebildeten Geburtshelfern/-innen 2013–2016*	in Geburtskliniken oder -häusern 2011–2016*	mit Kaiserschnitt 2011–2016*	Neugeborene	Mütter (15-49 J.)	offizielle Angaben 2011–2016*	bereinigt	Todesfallrisiko: 1 von … 2015
59	18	51	48	3	9	40	1 300	396	52
90	83	92	87	52	14	82	49	33	810
97 x	67 x	99 x	97 x	19 x	1 x	83 x	6	29	1 900
93	67	97	97	16	–	–	–	140	240
–	–	–	–	–	–	–	–	–	–
82	61	50	46	4	21	23	–	477	32
–	–	–	–	–	–	–	–	–	–
100 x	100	100	–	–	–	–	0 x	–	–
91	67	68 x	67	7	–	–	310	342	61
98	90	100	99	29	–	–	39	52	790
100	96	100	99	18	98	97	17	25	2 300
92	66	100	93	20	3 x	83	14	25	1 600
62	32	28	26	2	0	17	410	353	64
98 x	92 x	–	99	31 x	–	–	–	6	8 700
98 x	85	98	–	–	–	–	37	80	660
100 x	100	100	98 x	–	–	–	17 x	15	3 000
64	31	42	37	23	32	36	180	176	240
93	88	99	100	21	98	97	52	27	2 100
–	–	–	–	18 x	–	–	–	7	8 000
97	93	97	96	34	96	96	45	28	1 300
83	59	77	87	5	80	78	350	405	51
98	85	86 x	74	12 x	30 x	41 x	86	148	310
90	75	85 x	71	27	76 x	77 x	310 x	206	160
87	84	100	100	14	–	–	0	11	6 800
94 x	73 x	99 x	100	–	–	–	130	129	270
97	91	99	99	56	–	–	55	44	1 200
–	–	–	–	–	–	–	–	–	–
99 x	93	100	100 x	–	–	–	–	23	2 300
–	–	100	94	36	–	–	6	11	6 200
93	47	80	82	4	33	74	330	371	48
99	49	85	84	4 x	8 x	49	500 x	712	23
–	–	100	100	50	–	–	14	22	2 600
97	69	100	100	41	–	–	20	27	2 400
100 x	–	100 x	100 x	–	–	–	0	–	–
98	90	99	99	22	–	–	28	25	2 100
–	–	–	–	21 x	–	–	–	6	9 500

Statistik

	Lebens- erwartung von Frauen in % der männl. Lebens- erwartung 2016	Alphabeti- sierung von Frauen in % der männl. Alphabe- tisierung (2011–2016*)	Einschulungs- rate von Mädchen in % der männl. Rate (unbereinigt) (2011–2016*)		Anteil der Mädchen in % der männl. Rate, die die letzte Klasse der Grundschule erreichen (2011–2016*)	Familien- planung mit modernen Methoden in % (2011–2016*)
			Grund- schule	weiter- führende Schule		
Deutschland	106	–	99	94	100	–
Dominica	–	–	98	99	95	–
Dominikanische Republik	109	101	91	110	105	84
Dschibuti	105	–	91	82	88	–
Ecuador	107	98	106	104	102	81
El Salvador	113	96	96	101	105	82
Elfenbeinküste	106	73	89	72	95	31
Eritrea	107	73 x	86	85	103	20 x
Estland	113	100	100	99	101	–
Fidschi	109	–	99	111	98	–
Finnland	107	–	100	109	100	–
Frankreich	108	–	99	101	–	96 x
Gabun	105	94	97	–	–	34
Gambia	104	65	105	–	106	24
Georgien	112	100	102	100	100	53 x
Ghana	103	83 x	102	97	97	41
Grenada	107	–	96	100	–	–
Griechenland	107	98	99	94	100	–
Großbritannien	105	–	100	104	–	–
Guatemala	109	88	96	93	99	66
Guinea	102	50	85	66	97	16
Guinea-Bissau	106	50	–	–	–	38
Guyana	107	99	97	99	105	53
Haiti	107	84 x	–	–	–	45
Honduras	107	100	99	119	110	76
Indien	105	75	112	101	99	72
Indonesien	106	96	97	100	–	79
Irak	107	72	–	–	–	59
Iran	103	89	105	99	99	69
Irland	105	–	101	103	–	–
Island	104	–	99	104	102	–
Israel	104	–	101	101	98	–
Italien	106	99	99	98	100	–
Jamaika	107	116 x	–	107	103	83 x
Japan	108	–	100	100	100	–
Jemen	105	–	84	69	93	47
Jordanien	105	99	101	106	–	58
Kambodscha	106	80 x	99	–	134	56

Tabelle 7: Frauen

Schwangerschaftsvorsorge in % (2011–2016*)		Anteil der Geburten in %			Gesundheitscheck nach der Geburt in % (2011–2016*)		Müttersterblichkeitsrate		
mind. einmal	mind. viermal	mit ausgebildeten Geburtshelfern/-innen 2013–2016*	in Geburtskliniken oder -häusern 2011–2016*	mit Kaiserschnitt 2011–2016*	Neugeborene	Mütter (15-49 J.)	offizielle Angaben 2011–2016*	bereinigt	Todesfallrisiko: 1 von … 2015
100 x	99	–	99	29 x	–	–	–	6	11 700
100 x	–	100	–	–	–	–	110	–	–
98	93	98	98	58	95	95	110	92	400
88	23	87 x	87	11	–	–	380	229	140
84 x	58 x	96	93	46	–	–	46	64	580
96	90	98	98	32	97	94	42	54	890
91	44	59 x	57	3	34	70	610	645	32
89 x	57 x	34 x	34 x	3 x	–	5 x	490 x	501	43
–	97	100 x	99	–	–	–	7	9	6 300
100 x	94	100	99	–	–	–	59	30	1 200
100 x	–	–	100	16 x	–	–	–	3	21 700
100 x	99 x	–	98	21 x	–	–	–	8	6 100
95	78	89 x	90	10	25	60	320	291	85
86	78	57	63	2	6	76	430	706	24
98 x	88	100	100	41	–	–	32	36	1 500
91	87	71	73	13	23	81	450 x	319	74
100 x	–	99	–	–	–	–	23	27	1 500
–	–	–	–	–	–	–	–	3	23 700
–	–	–	–	26 x	–	–	–	9	5 800
91	86	66	65	26	8	78	140	88	330
85	57	45 x	40	2	25	37	720	679	29
92	65	45	44	4	55	48	900	549	38
91	87	86	93	17	95	93	86 x	229	170
90	67	49	36	6	19	32	380	359	90
97	89	83 x	83	19	81	85	73 x	129	300
74 x	51	81	79	17	24	62	170	174	220
95	84	93	80	12	48	80	360	126	320
78	50	91 x	77	22	–	–	35	50	420
97 x	94 x	96 x	95 x	46 x	–	–	25 x	25	2 000
100 x	–	100 x	100	25 x	–	–	–	8	6 100
–	–	–	–	17 x	–	–	–	3	14 600
–	–	–	–	–	–	–	–	5	6 200
99 x	68 x	–	100	40 x	–	–	–	4	19 700
98	86	99 x	99	21	–	–	80	89	520
–	–	–	100	–	–	–	–	5	13 400
60	25	45	30	5	11	20	150	385	60
99	95	100 x	99	28	75	82	19 x	58	490
95	76	89	83	6	79	90	170	161	210

	Lebens-erwartung von Frauen in % der männl. Lebens-erwartung 2016	Alphabeti-sierung von Frauen in % der männl. Alphabe-tisierung (2011–2016*)	Einschulungs-rate von Mädchen in % der männl. Rate (unbereinigt) (2011–2016*)		Anteil der Mädchen in % der männl. Rate, die die letzte Klasse der Grundschule erreichen (2011–2016*)	Familien-planung mit modernen Methoden in % (2011–2016*)
			Grund-schule	weiter-führende Schule		
Kamerun	104	83 x	90	86	104	40
Kanada	105	–	101	100	–	–
Kap Verde	106	89	95	112	101	73 x
Kasachstan	115	100 x	102	103	101	80
Katar	103	100	101	126	97	69
Kenia	108	88	99	–	–	75
Kirgisistan	112	99 x	99	102	100	62
Kiribati	110	–	103	–	–	36 x
Kolumbien	110	100	97	107	106	84 x
Komoren	105	75	93	107	121	28
Kongo, Dem. Republik	105	75	91	62	99	16
Kongo, Republik	105	84	107	87	–	39
Korea, Dem. Volksrepublik	110	–	–	101	–	90
Korea, Republik	108	–	99	99	100	–
Kroatien	109	99	100	105	99	–
Kuba	105	100	95	105	100	88
Kuwait	103	98	101	116	101	–
Laos	105	74	96	93	104	61
Lesotho	109	125	97	136	129	76
Lettland	114	100	99	99	100	–
Libanon	105	93 x	91	99	108	–
Liberia	103	44 x	90	78	–	37
Libyen	108	–	–	–	–	30 x
Liechtenstein	–	–	98	78	–	–
Litauen	115	100	100	96	100	–
Luxemburg	106	–	100	102	103	–
Madagaskar	105	91	100	98	105	50 x
Malawi	109	79	102	90	102	75
Malaysia	106	95 x	100	108	101	–
Malediven	103	100	–	–	106	43 x
Mali	102	49	91	81	94	48
Malta	104	103	102	107	104	–
Marokko	103	74	95	85	96	75
Marshallinseln	–	100	100	110	–	81 x
Mauretanien	105	62 x	105	93	98	30
Mauritius	110	96	102	105	99	41
Mazedonien	105	96 x	99	97	99	22
Mexiko	107	98	100	107	102	81

Tabelle 7: Frauen

Schwangerschafts-vorsorge in % (2011–2016*)		Anteil der Geburten in %			Gesundheitscheck nach der Geburt in % (2011–2016*)		Mütter-sterblichkeitsrate		
mind. einmal	mind. viermal	mit ausgebildeten Geburtshelfern/-innen 2013–2016*	in Geburtskliniken oder -häusern 2011–2016*	mit Kaiserschnitt 2011–2016*	Neugeborene	Mütter (15-49 J.)	offizielle Angaben 2011–2016*	bereinigt	Todesfallrisiko: 1 von ... 2015
83	59	65	61	2	69	65	780	596	35
100 x	99 x	100 x	98	26 x	–	–	11	7	8800
98 x	72 x	92	76 x	11 x	–	–	10	42	900
99	95	99	99	15	99	98	13	12	3000
91	85	100	99	20	–	–	11	13	3500
94	58	62	61	9	36	53	360	510	42
98	95	98	98	7	99	98	36	76	390
88 x	71 x	98 x	66 x	10 x	–	–	33	90	300
97	90	99	99	46	7 x	1	54	64	800
92	49	82 x	76	10	14	49	170	335	66
88	48	80	80	5	8	44	850	693	24
93	79	94	92	5	86	80	440	442	45
100 x	94 x	100 x	95 x	13 x	–	–	77 x	82	660
–	97	–	100	32 x	–	–	–	11	7200
–	92	100	–	21	–	–	3	8	7900
99	98	99	100	40	98	99	42	39	1800
100 x	–	99 x	99	–	–	–	2	4	10300
54	37	40 x	38	4	41	40	210	197	150
95	74	78	77	10	18	62	1000	487	61
92 x	–	100 x	98	–	–	–	24	18	3500
96 x	–	98 x	100 x	–	–	–	–	15	3700
96	78	61	56	4	35	71	1100	725	28
93 x	–	–	100	–	–	–	–	9	4200
–	–	–	–	–	–	–	–	–	–
100 x	–	100 x	–	–	–	–	7	10	6300
–	97	100 x	100 x	29 x	–	–	–	10	6500
82	51	44	38	2	13 x	46 x	480	353	60
95	51	90	91	6	60	42	440	634	29
97	–	99	99	–	–	–	24	40	1200
99 x	85 x	96 x	95 x	32 x	1 x	70 x	110	68	600
48	38	44	65	2	63	58	460 x	587	27
100 x	–	–	100	–	–	–	–	9	8300
77	55	74 x	73	16	–	1 x	110 x	121	320
81 x	77 x	90 x	85 x	9 x	–	–	110	–	–
85	63	64	69	5	58	57	630	602	36
–	–	100	98 x	–	–	–	22 x	53	1300
99	94	100	100	25	–	–	4	8	8500
99	94	98	97	41	95	95	35	38	1100

184 Statistik

	Lebens-erwartung von Frauen in % der männl. Lebens-erwartung 2016	Alphabeti-sierung von Frauen in % der männl. Alphabe-tisierung (2011–2016*)	Einschulungs-rate von Mädchen in % der männl. Rate (unbereinigt) (2011–2016*)		Anteil der Mädchen in % der männl. Rate, die die letzte Klasse der Grundschule erreichen (2011–2016*)	Familien-planung mit modernen Methoden in % (2011–2016*)
			Grund-schule	weiter-führende Schule		
Mikronesien	103	–	100	–	–	–
Moldau	113	100	99	101	100	60
Monaco	–	–	–	–	–	–
Mongolei	113	100 x	98	102	–	68
Montenegro	106	98	98	100	102	34
Montserrat (GB)	–	–	–	–	–	–
Mosambik	108	54 x	92	92	94	28
Myanmar	107	90	97	103	–	75
Namibia	109	99	97	–	104	75
Nauru	–	–	92	102	–	43 x
Nepal	105	68	108	107	104	56
Neuseeland	104	–	100	106	–	–
Nicaragua	108	100 x	–	–	–	90
Niederlande	105	–	99	101	–	–
Niger	103	38	86	71	104	35
Nigeria	103	68 x	98	93	–	33
Niue (NZ)	–	–	82	110	–	–
Norwegen	105	–	100	97	100	–
Oman	106	89	103	107	101	19 x
Österreich	106	–	99	95	101	–
Pakistan	103	64	85	79	99	47
Palästina	105	97	100	110	105	65
Palau	–	100	111	99	–	–
Panama	108	99 x	97	107	102	76
Papua-Neuguinea	108	80 x	91	76	–	41 x
Paraguay	106	98	97	107	104	84 x
Peru	107	94	100	100	103	63
Philippinen	110	101	100	110	–	52
Polen	111	–	100	96	100	–
Portugal	108	96	96	97	–	–
Ruanda	107	89	101	109	118	66
Rumänien	110	99	98	99	100	47 x
Russische Föderation	117	100 x	101	98	101	72
Salomonen	104	–	99	94	114	60 x
Sambia	108	88 x	101	–	94	64
Samoa	109	100	100	111	97	39
San Marino	–	–	99	103	103	–
São Tomé und Príncipe	107	90	94	113	–	50

Tabelle 7: Frauen

Schwangerschafts- vorsorge in % (2011–2016*)		Anteil der Geburten in %			Gesundheitscheck nach der Geburt in % (2011–2016*)		Mütter- sterblichkeitsrate		
mind. einmal	mind. viermal	mit ausge- bildeten Geburts- helfern/ -innen 2013–2016*	in Geburts- kliniken oder -häusern 2011–2016*	mit Kaiser- schnitt 2011–2016*	Neu- geborene	Mütter (15-49 J.)	offizielle Angaben 2011–2016*	berei- nigt	Todes- fall- risiko: 1 von … 2015
80 x	–	100 x	87 x	11 x	–	–	160	100	310
99	95	100	99	16	–	87 x	30	23	3 200
–	–	–	–	–	–	–	–	–	–
99	90	98	98	23	99	95	26	44	800
92	87	99	99	20	99	95	0 x	7	8 300
–	–	–	–	–	–	–	–	–	–
91	51	54 x	55	4	–	5 x	410	489	40
81	59	60	37	17	36	71	230	178	260
97	63	88	87	14	20	69	390	265	100
95 x	40 x	97 x	99 x	8 x	–	–	0	–	–
84	69	58	57	9	58	57	280 x	258	150
–	–	–	97	23 x	–	–	–	11	4 500
95	88	88 x	71	30	–	3 x	51	150	270
–	–	–	–	14 x	–	–	–	7	8 700
83	38	40	59	1	13	37	520	553	23
61	51	35	36	2	14	40	550	814	22
100 x	–	100 x	–	–	–	–	0	–	–
–	–	–	99	16 x	–	–	–	5	11 500
99	94	99	99	19	98	95	18	17	1 900
–	–	99	99	24 x	–	–	–	4	18 200
73	37	55	48	14	43	60	280 x	178	140
99	96	100	99	20	94	91	–	45	490
90 x	81 x	100	100 x	–	–	–	0 x	–	–
93	88	94	91	28	93	92	81	94	420
79 x	55 x	53 x	43	–	–	–	730 x	215	120
96 x	83	96 x	97	49	–	–	82	132	270
97	96	92	91	32	96	93	93 x	68	570
95	84	73	61	9	53	72	220	114	280
–	–	100 x	100	21 x	–	–	2	3	22 100
100 x	–	100 x	99	31 x	–	–	–	10	8 200
99	44	91	91	13	19	43	210	290	85
76	76 x	95	95	34	–	–	14	31	2 300
–	–	100 x	99	13	–	–	11	25	2 300
89	69	86	85	6	16	69	150 x	114	220
96	56	63	67	4	16	63	400	224	79
93	73	83	82	5	–	63	29 x	51	500
–	–	–	–	–	–	–	–	–	–
98	84	93	91	6	91	87	160 x	156	140

Statistik

	Lebens-erwartung von Frauen in % der männl. Lebens-erwartung 2016	Alphabeti-sierung von Frauen in % der männl. Alphabe-tisierung (2011–2016*)	Einschulungsrate von Mädchen in % der männl. Rate (unbereinigt) (2011–2016*)		Anteil der Mädchen in % der männl. Rate, die die letzte Klasse der Grundschule erreichen (2011–2016*)	Familien-planung mit modernen Methoden in % (2011–2016*)
			Grund-schule	weiter-führende Schule		
Saudi-Arabien	104	95	103	76	–	–
Schweden	104	–	104	114	100	–
Schweiz	105	–	100	97	–	–
Senegal	106	64	112	98	108	44
Serbien	108	99	100	101	97	25
Seychellen	113	101 x	103	107	–	–
Sierra Leone	102	60	101	86	101	38
Simbabwe	106	99	98	98	104	85
Singapur	105	97	–	–	–	–
Slowakei	110	–	99	101	101	–
Slowenien	107	–	100	100	100	–
Somalia	106	–	–	–	–	–
Spanien	107	99	101	100	100	–
Sri Lanka	109	97 x	98	105	100	69 x
St. Kitts und Nevis	–	–	102	105	98	–
St. Lucia	107	–	–	99	100	72
St. Vincent u. d. Grenadinen	106	–	98	97	–	–
Südafrika	112	98	95	127	–	81 x
Sudan	105	–	90	95	99	30
Südsudan	104	55 x	71	54	–	6 x
Suriname	109	96	98	127	115	73 x
Swasiland	112	98 x	92	99	107	81
Syrien	120	84 x	97	100	101	53 x
Tadschikistan	109	100 x	99	90	101	51
Tansania	106	88	103	91	115	53
Thailand	111	96	94	94	–	89
Timor-Leste	105	83 x	99	107	103	38 x
Togo	103	66	95	–	96	32
Tokelau (NZ)	–	–	–	93	–	–
Tonga	109	100	99	109	–	48
Trinidad und Tobago	110	–	–	–	–	55 x
Tschad	105	45	77	46	85	18
Tschechische Republik	108	–	100	101	100	86 x
Tunesien	106	84	97	105	103	73
Türkei	109	94	99	97	99	60
Turkmenistan	111	–	98	96	–	76
Turks- und Caicosinseln (GB)	–	–	–	–	–	–
Tuvalu	–	–	101	128	–	41 x

Tabelle 7: Frauen

Schwangerschaftsvorsorge in % (2011–2016*)		Anteil der Geburten in %			Gesundheitscheck nach der Geburt in % (2011–2016*)		Müttersterblichkeitsrate		
		mit ausgebildeten Geburtshelfern/ -innen	in Geburtskliniken oder -häusern	mit Kaiserschnitt			offizielle Angaben	bereinigt	Todesfallrisiko: 1 von …
mind. einmal	mind. viermal	2013–2016*	2011–2016*	2011–2016*	Neugeborene	Mütter (15-49 J.)	2011–2016*	2015	
97 x	–	98	–	–	–	–	14	12	3100
100 x	–	–	–	–	–	–	–	4	12900
–	–	–	–	30 x	–	–	–	5	12400
95	47	53	75	5	50	74	430	315	61
98	94	98	98	29	–	–	12	17	3900
–	–	99 x	–	–	–	–	57 x	–	–
97	76	60	54	3	39	73	1200	1360	17
93	76	78	77	6	73	57	650	443	52
–	–	–	100	–	–	–	–	10	8200
97 x	–	99 x	–	24 x	–	–	0	6	12100
100 x	–	100 x	100	–	–	–	0	9	7000
26 x	6 x	9 x	9 x	–	–	–	1000 x	732	22
–	–	–	–	26 x	–	–	–	5	14700
99 x	93 x	99 x	100	32	–	–	32	30	1600
100 x	–	100	–	–	–	–	310	–	–
97	90	99 x	100	19	100	90	34	48	1100
100 x	100 x	99	–	–	–	–	45	45	1100
94	76	97	96	26	–	84	580	138	300
79	51	78	28	9	28	27	220 x	311	72
62	17 x	19 x	12 x	1 x	–	–	2100 x	789	26
91 x	67 x	90 x	92 x	19 x	–	–	130	155	270
99	76	88	88	12	90	88	590 x	389	76
88 x	64 x	96 x	78 x	26 x	–	–	65 x	68	440
79	53	98	77	4	54	81	29	32	790
91	51	64	63	6	42	34	560	398	45
98	91	99	99	33	–	–	12 x	20	3600
84 x	55 x	29 x	21 x	2 x	2 x	24 x	570 x	215	82
73	57	45	73	7	35	71	400	368	58
–	–	–	–	–	–	–	–	–	–
99	70	96 x	98	17	–	–	36 x	124	230
96 x	100	100	97 x	–	–	–	84	63	860
55	31	20	22	1	5	16	860	856	18
–	–	100 x	100	20 x	–	–	1	4	14800
98	85	74 x	99	27	98	92	–	62	710
97	89	97	97	48	72	88	29 x	16	3000
100	96	100	100	6	100	100	7 x	42	940
–	–	–	–	–	–	–	–	–	–
97 x	67 x	93 x	93 x	7 x	–	–	0 x	–	–

Statistik

	Lebenserwartung von Frauen in % der männl. Lebenserwartung 2016	Alphabetisierung von Frauen in % der männl. Alphabetisierung (2011–2016*)	Einschulungsrate von Mädchen in % der männl. Rate (unbereinigt) (2011–2016*) Grundschule	weiterführende Schule	Anteil der Mädchen in % der männl. Rate, die die letzte Klasse der Grundschule erreichen (2011–2016*)	Familienplanung mit modernen Methoden in % (2011–2016*)
Uganda	108	78	102	91	103	48
Ukraine	115	100	102	98	100	68
Ungarn	110	–	99	100	100	–
Uruguay	110	101	98	111	101	–
Usbekistan	108	100	96	98	101	–
Vanuatu	106	–	98	106	–	51
Vatikanstadt	–	–	–	–	–	–
Venezuela	112	100	97	108	100	–
Ver. Arabische Emirate	103	102 x	99	–	103	–
Ver. Staaten von Amerika	106	–	100	102	–	83 x
Vietnam	113	95 x	99	–	104	70
Weißrussland	116	100 x	100	99	100	74
Zentralafrikanische Republik	107	48 x	74	51	96	29
Zypern	106	99	100	99	99	–
Weltregionen						
Afrika südlich der Sahara	106	78	95	87	102	50
Östliches und südliches Afrika	107	88	94	94	105	61
West- und Zentralafrika	104	–	95	81	99	35
Europa und Zentralasien	109	–	100	99	100	75
Osteuropa und Zentralasien	113	98	100	98	100	68
Westeuropa	107	–	100	100	100	82
Lateinamerika und Karibik	109	99	98	105	102	83
Naher Osten und Nordafrika	105	84	98	95	99	71
Nordamerika	106	–	100	102	–	86
Ostasien und Pazifik	106	–	99	102	–	89
Südasien	104	75	107	99	99	71
Am wenigsten entwickelte Länder	105	77	94	89	103	58
Welt	106	85	100	98	100	78

Definitionen der Weltregionen s. Seite 265 ff.
* Werte beziehen sich auf die neuesten verfügbaren Daten aus dem genannten Zeitraum.
** Angaben ohne China
‡ Angaben ohne Indien

Tabelle 7: Frauen

Schwangerschaftsvorsorge in % (2011–2016*)		Anteil der Geburten in %			Gesundheitscheck nach der Geburt in % (2011–2016*)		Müttersterblichkeitsrate		
mind. einmal	mind. viermal	mit ausgebildeten Geburtshelfern/ -innen 2013–2016*	in Geburtskliniken oder -häusern 2011–2016*	mit Kaiserschnitt 2011–2016*	Neugeborene	Mütter (15-49 J.)	offizielle Angaben 2011–2016*	bereinigt	Todesfallrisiko: 1 von … 2015
97	60	57 x	73	5	11	54	340	343	47
99	87	99 x	99	12	99	96	14	24	2600
–	–	99 x	–	31 x	–	–	15	17	4400
97	77	100	100	30	–	–	17	15	3300
99	–	100	100	14	–	–	19	36	1000
76	52	89	89	12	–	–	86 x	78	360
–	–	–	–	–	–	–	–	–	–
98	84	100	99	52	–	–	69	95	420
100 x	–	100 x	100	–	–	–	0 x	6	7900
–	97	99	–	31 x	–	–	28	14	3800
96	74	94	94	28	89	90	67	54	870
100	100	100	100	25	100	100	0	4	13800
68 x	38 x	40 x	53 x	5 x	–	–	540 x	882	27
99 x	–	–	97	–	–	–	–	7	9400
80	52	56	56	5	24	46	–	546	36
85	52	60	57	7	24	40	–	409	52
75	52	52	56	3	24	50	–	679	27
–	–	–	–	98	22	–	–	16	3400
96	87	99	97	22	–	–	–	25	2000
–	–	–	99	–	–	–	–	7	9600
97	90	96	94	43	–	–	–	68	670
84	66	86	80	30	–	–	–	81	400
–	97	99	–	–	–	–	–	13	4100
96	74	95	90	31	56 **	79 **	–	59	930
69 ‡	46	73	70	17	28	59	–	182	200
79	46	56	54	7	25	42	–	436	52
86 ‡	62	78	75	20	34 **	59 **	–	216	180

efinitionen s. Seite 268 ff., Hauptquellen s. Seite 279 ff.
Daten beziehen sich auf andere Jahre oder Zeiträume. Diese Werte werden nicht bei der
Berechnung der regionalen und globalen Werte berücksichtigt. Schätzungen aus den Jahren vor
2000 sind nicht aufgeführt.
keine Daten verfügbar

190 Statistik

Tabelle 8: Kinderschutz

	Kinderarbeit (2010–2016*) in % aller Kinder (5–17 Jahre)			Kinderehen (2010–2016*) in % der 20–24-jähr. Frauen		Geburtenregistrierung (2010–2016*) in % ʷ
	gesamt	männl.	weibl.	verheiratet m. 15 J.	verheiratet m. 18 J.	gesamt
Afghanistan	29	34	24	9	35	42
Ägypten	7	8	6	2	17	99
Albanien	5 y	6 y	4 y	0 x	10 x	99 x
Algerien	5 y	6 y	5 y	0	3	100
Andorra	–	–	–	–	–	100 v
Angola	23	22	25	8	30	25
Anguilla (GB)	–	–	–	–	–	–
Antigua und Barbuda	–	–	–	–	–	–
Äquatorialguinea	28 x,y	28 x,y	28 x,y	9	30	54
Argentinien	4 y	5 y	4 y	–	–	100 y
Armenien	9 y	11 y	6 y	0	5	99
Aserbaidschan	7 x,y	8 x,y	5 x,y	2	11	94 x
Äthiopien	27 y	31 y	24 y	14	40	3
Australien	–	–	–	–	–	100 v
Bahamas	–	–	–	–	–	–
Bahrain	5 x,y	6 x,y	3 x,y	–	–	–
Bangladesch	4 y	5 y	4 y	22	59	20
Barbados	2 y	3 y	1 y	1	11	99
Belgien	–	–	–	–	–	100 v
Belize	3 y	5 y	1 y	3	26	96
Benin	53	54	51	7	26	85
Bhutan	3 y	3 y	3 y	6	26	100
Bolivien	26 x,y	28 x,y	24 x,y	3 x	22 x	76 x,y
Bosnien und Herzegowina	5 x,y	7 x,y	4 x,y	0	4	100 x
Botsuana	9 x,y	11 x,y	7 x,y	–	–	83 y
Brasilien	7 y	9 y	5 y	11 x	36 x	96
Britische Jungferninseln (GB)	–	–	–	–	–	–
Brunei Darussalam	–	–	–	–	–	–
Bulgarien	–	–	–	–	–	100 y
Burkina Faso	39 y	42 y	36 y	10	52	77
Burundi	26 y	26 y	27 y	3	20	75
Chile	7 y	–	–	–	–	99 y
China	–	–	–	–	–	–
Cookinseln (NZ)	–	–	–	–	–	–
Costa Rica	4 y	4 y	5 y	7	21	100 y
Dänemark	–	–	–	–	–	100 v
Deutschland	–	–	–	–	–	100 v
Dominica	–	–	–	–	–	–
Dominikanische Republik	13	17	9	12	36	88
Dschibuti	8 x,y	8 x,y	8 x,y	2 x	5 x	92 x

Tabelle 8: Kinderschutz

Weibliche Genitalverstümmelung/-beschneidung in % (2004–2016*)			Akzeptanz häuslicher Gewalt in % (2010–2016*)		Kinder (1–14 J.), die 2010–2016* psychisch oder physisch gewaltsam bestraft wurden, in %		
Verbreitung		Einstellung					
Frauen (15–49 J.)	Mädchen (0–14 J.)	befürwortend (Frauen 15–49 J.)	männl.	weibl.	gesamt	männl.	weibl.
–	–	–	72 y	80 y	74 y	75 y	74 y
87	14 y	54	–	36 y	93	93	93
–	–	–	36 x	30 x	77 x,y	81 x,y	73 x,y
–	–	–	–	59 y	86 y	88 y	85 y
–	–	–	–	–	–	–	–
–	–	–	20	25	–	–	–
–	–	–	–	–	–	–	–
–	–	–	–	–	–	–	–
–	–	–	52	53	–	–	–
–	–	–	–	2	72 y	74 y	71 y
–	–	–	23	10	69	71	67
–	–	–	–	28	77 x,y	80 x,y	74 x,y
65	16	18	28	63	–	–	–
–	–	–	–	–	–	–	–
–	–	–	–	–	–	–	–
–	–	–	–	28 y	82	83	82
–	–	–	–	3	75 y	78 y	72 y
–	–	–	–	–	–	–	–
–	–	–	5	5	65	67	63
9	0	3	17	36	91	92	90
–	–	–	–	68	–	–	–
–	–	–	–	16 x	–	–	–
–	–	–	6	5	55 y	60 y	50 y
–	–	–	–	–	–	–	–
–	–	–	–	–	–	–	–
76	13	9	34	44	83 x,y	84 x,y	82 x,y
–	–	–	44	73	–	–	–
–	–	–	–	–	–	–	–
–	–	–	–	–	–	–	–
–	–	–	–	4	46 y	52 y	39 y
–	–	–	–	–	–	–	–
–	–	–	–	–	–	–	–
–	–	–	–	2	63	64	61
93	49 y	37	–	–	72 x,y	73 x,y	71 x,y

192 Statistik

	Kinderarbeit (2010–2016*) in % aller Kinder (5–17 Jahre)			Kinderehen (2010–2016*) in % der 20–24-jähr. Frauen		Geburtenregistrierung (2010–2016*) in %
	gesamt	männl.	weibl.	verheiratet m. 15 J.	verheiratet m. 18 J.	gesamt
Ecuador	5 y	5 y	5 y	4 x	22 x	94
El Salvador	9 y	13 y	5 y	6	26	99
Elfenbeinküste	26 y	25 y	28 y	10	33	65
Eritrea	–	–	–	13	41	–
Estland	–	–	–	–	–	100 v
Fidschi	–	–	–	–	–	–
Finnland	–	–	–	–	–	100 v
Frankreich	–	–	–	–	–	100 v
Gabun	13 y	15 y	12 y	6	22	90
Gambia	19 y	21 y	18 y	9	30	72
Georgien	4 y	6 y	2 y	1	14	100
Ghana	22 y	23 y	21 y	5	21	71
Grenada	–	–	–	–	–	–
Griechenland	–	–	–	–	–	100 v
Großbritannien	–	–	–	–	–	100 v
Guatemala	26 y	35 y	16 y	6	30	96 y
Guinea	28 y	29 y	27 y	21	52	58
Guinea-Bissau	51	50	53	6	24	24
Guyana	18	20	17	4	30	89
Haiti	24 y	25 y	24 y	3	18	80
Honduras	14 y	21 y	8 y	8	34	94
Indien	12 x,y	12 x,y	12 x,y	18 x	47 x	72
Indonesien	7 x,y	8 x,y	6 x,y	1	14	73 y
Irak	5 y	5 y	4 y	5	24	99
Iran	11 y	13 y	10 y	3	17	99 y
Irland	–	–	–	–	–	100 v
Island	–	–	–	–	–	100 v
Israel	–	–	–	–	–	100 v
Italien	–	–	–	–	–	100 v
Jamaika	3 y	4 y	3 y	1	8	100
Japan	–	–	–	–	–	100 v
Jemen	23 x,y	21 x,y	24 x,y	9	32	31
Jordanien	2 y	3 y	0 y	0	8	99
Kambodscha	19 y	20 y	19 y	2	19	73
Kamerun	47	50	44	10	31	66
Kanada	–	–	–	–	–	100 v
Kap Verde	6 y	–	–	3 x	18 x	91
Kasachstan	2 x,y	2 x,y	2 x,y	0	7	100
Katar	–	–	–	0	4	100 y
Kenia	26 x,y	27 x,y	25 x,y	4	23	67
Kirgisistan	26	30	22	1	12	98
Kiribati	–	–	–	3 x	20 x	94 x

Tabelle 8: Kinderschutz

Weibliche Genitalverstümmelung/-beschneidung in % (2004–2016*)			Akzeptanz häuslicher Gewalt in % (2010–2016*)		Kinder (1–14 J.), die 2010–2016* psychisch oder physisch gewaltsam bestraft wurden, in %		
Verbreitung		Einstellung					
Frauen (15–49 J.)	Mädchen (0–14 J.)	befürwortend (Frauen 15–49 J.)	männl.	weibl.	gesamt	männl.	weibl.
–	–	–	–	–	–	–	–
–	–	–	–	8	52	55	50
38	10	14	42	48	91 x,y	91 x,y	91 x,y
83	33	12	45	51	–	–	–
–	–	–	–	–	–	–	–
–	–	–	–	–	72 x,y	–	–
–	–	–	–	–	–	–	–
–	–	–	–	–	–	–	–
–	–	–	40	50	–	–	–
75	56	65	33	58	90 y	90 y	91 y
–	–	–	–	7 x	67 x,y	70 x,y	63 x,y
4	1	2	13	28	94 y	94 y	94 y
–	–	–	–	–	–	–	–
–	–	–	–	–	–	–	–
–	–	–	–	–	–	–	–
–	–	–	7	11	–	–	–
97	46	76	66	92	–	–	–
45	30	13	29	42	82	83	82
–	–	–	10	10	70	74	65
–	–	–	15	17	85 y	85 y	84 y
–	–	–	10	12	–	–	–
–	–	–	42 x	47 x	–	–	–
–	49 y	–	18 y	35	–	–	–
8	3 y	5	–	51	79 y	81 y	77 y
–	–	–	–	–	–	–	–
–	–	–	–	–	–	–	–
–	–	–	–	–	–	–	–
–	–	–	–	5	85 y	87 y	82 y
–	–	–	–	–	–	–	–
19	16 y	19	–	49	79 y	81 y	77 y
–	–	–	–	70 y	90 y	91 y	89 y
–	–	–	27 y	50 y	–	–	–
1	1 y	7	39	36	85	85	85
–	–	–	–	–	–	–	–
–	–	–	17 x,y	17 x,y	–	–	–
–	–	–	–	14	53	55	50
–	–	–	16	7	50 y	53 y	46 y
21	3	6	36	42	–	–	–
–	–	–	–	33	57	60	54
–	–	–	60 x	76 x	81 x,y	–	–

194 Statistik

	Kinderarbeit (2010–2016*) in % aller Kinder (5–17 Jahre)			Kinderehen (2010–2016*) in % der 20–24-jähr. Frauen		Geburtenregistrierung (2010–2016*) in % w
	gesamt	männl.	weibl.	verheiratet m. 15 J.	verheiratet m. 18 J.	gesamt
Kolumbien	8 y	10 y	5 y	5	23	99
Komoren	22 y	20 y	24 y	10	32	87
Kongo, Dem. Republik	38	36	41	10	37	25
Kongo, Republik	23	–	–	6	33	96
Korea, Dem. Volksrepublik	–	–	–	–	–	100 x
Korea, Republik	–	–	–	–	–	–
Kroatien	–	–	–	–	–	–
Kuba	–	–	–	5	26	100
Kuwait	–	–	–	–	–	–
Laos	10 y	9 y	11 y	9	35	75
Lesotho	23 x,y	25 x,y	21 x,y	1	17	43
Lettland	–	–	–	–	–	100 v
Libanon	2 x,y	3 x,y	1 x,y	1 x	6 x	100 x
Liberia	21 x,y	21 x,y	21 x,y	9	36	25 y
Libyen	–	–	–	–	–	–
Liechtenstein	–	–	–	–	–	100 v
Litauen	–	–	–	–	–	100 v
Luxemburg	–	–	–	–	–	100 v
Madagaskar	23 y	23 y	23 y	12	41	83
Malawi	39	42	37	9	42	67
Malaysia	–	–	–	–	–	–
Malediven	–	–	–	0 x	4 x	93 x
Mali	56	59	52	17	52	87
Malta	–	–	–	–	–	100 v
Marokko	8 x,y	9 x,y	8 x,y	3 x	16 x	94 y
Marshallinseln	–	–	–	6 x	26 x	96 x
Mauretanien	38	–	–	14	34	66
Mauritius	–	–	–	–	–	–
Mazedonien	13 y	12 y	13 y	1	7	100
Mexiko	12	16	9	4	26	95
Mikronesien	–	–	–	–	–	–
Moldau	16 x,y	20 x,y	12 x,y	0	12	100
Monaco	–	–	–	–	–	100 v
Mongolei	17	19	15	0	5	99
Montenegro	13	15	10	1	5	99
Montserrat (GB)	–	–	–	–	–	–
Mosambik	22 x,y	21 x,y	24 x,y	14	48	48
Myanmar	9 y	10 y	9 y	2	16	81
Namibia	–	–	–	2	7	87 y
Nauru	–	–	–	2 x	27 x	83 x
Nepal	37	37	38	10	37	58
Neuseeland	–	–	–	–	–	100 v

Tabelle 8: Kinderschutz

Weibliche Genitalverstümmelung/-beschneidung in % (2004–2016*)			Akzeptanz häuslicher Gewalt in % (2010–2016*)		Kinder (1–14 J.), die 2010–2016* psychisch oder physisch gewaltsam bestraft wurden, in %		
Verbreitung		Einstellung					
Frauen (15–49 J.)	Mädchen (0–14 J.)	befürwortend (Frauen 15–49 J.)	männl.	weibl.	gesamt	männl.	weibl.
–	–	–	–	–	–	–	–
–	–	–	17	39	–	–	–
–	–	–	61	75	82	82	81
–	–	–	40	54	83	–	–
–	–	–	–	–	–	–	–
–	–	–	–	–	–	–	–
–	–	–	–	–	–	–	–
–	–	–	7 y	4 y	36	37	35
–	–	–	–	–	–	–	–
–	–	–	49	58	76 y	77 y	74 y
–	–	–	40	33	–	–	–
–	–	–	–	–	–	–	–
–	–	–	–	10 x,y	82 x,y	82 x,y	82 x,y
50	–	39	24	43	90 x,y	90 x,y	90 x,y
–	–	–	–	–	–	–	–
–	–	–	–	–	–	–	–
–	–	–	–	–	–	–	–
–	–	–	46 y	45	–	–	–
–	–	–	13	16	72	73	72
–	–	–	–	–	71 y	74 y	67 y
–	–	–	14 x,y	31 x,y	–	–	–
83	76	75	51	73	73	73	73
–	–	–	–	–	–	–	–
–	–	–	–	64 x	91 x, y	92 x, y	90 x, y
–	–	–	58 x	56 x	–	–	–
67	53	36	21 y	27 y	80	–	–
–	–	–	–	–	–	–	–
–	–	–	–	15	69 y	71 y	67 y
–	–	–	–	5	63	63	63
–	–	–	–	–	–	–	–
–	–	–	13	11	76 y	77 y	74 y
–	–	–	–	–	–	–	–
–	–	–	9 y	10	49	52	46
–	–	–	5	3	69	73	66
–	–	–	–	–	–	–	–
–	–	–	20	23	–	–	–
–	–	–	49	51	77 y	80 y	75 y
–	–	–	22	28	–	–	–
–	–	–	–	–	–	–	–
–	–	–	–	43	82	83	81
–	–	–	–	–	–	–	–

196 Statistik

	Kinderarbeit (2010–2016*) in % aller Kinder (5–17 Jahre)			Kinderehen (2010–2016*) in % der 20–24-jähr. Frauen		Geburtenregistrierung (2010–2016* in % ʷ
	gesamt	männl.	weibl.	verheiratet m. 15 J.	verheiratet m. 18 J.	gesamt
Nicaragua	15 x,y	18 x,y	11 x,y	10 x	41 x	85
Niederlande	–	–	–	–	–	100 v
Niger	31 y	31 y	30 y	28	76	64
Nigeria	25 y	24 y	25 y	17	43	30 y
Niue (NZ)	–	–	–	–	–	–
Norwegen	–	–	–	–	–	100 v
Oman	–	–	–	–	–	–
Österreich	–	–	–	–	–	100 v
Pakistan	–	–	–	3	21	34
Palästina	6 y	7 y	4 y	1	15	99
Palau	–	–	–	–	–	–
Panama	3 y	4 y	1 y	7	26	96
Papua-Neuguinea	–	–	–	2 x	21 x	–
Paraguay	28 y	32 y	24 y	2 x	18 x	85 y
Peru	22 y	24 y	19 y	3	22	98 y
Philippinen	11 y	14 y	8 y	2	15	90
Polen	–	–	–	–	–	100 v
Portugal	3 x,y	4 x,y	3 x,y	–	–	100 v
Ruanda	29 y	27 y	30 y	0	7	56
Rumänien	1 x,y	1 x,y	1 x,y	–	–	–
Russische Föderation	–	–	–	–	–	100 v
Salomonen	48 y	47 y	49 y	6	21	88
Sambia	41 x,y	42 x,y	40 x,y	6	31	11
Samoa	–	–	–	1	11	59
San Marino	–	–	–	–	–	100 v
São Tomé und Príncipe	26	25	28	8	35	95
Saudi-Arabien	–	–	–	–	–	–
Schweden	–	–	–	–	–	100 v
Schweiz	–	–	–	–	–	100 v
Senegal	23	29	17	9	31	68
Serbien	10	12	7	0	3	99
Seychellen	–	–	–	–	–	–
Sierra Leone	37 y	38 y	37 y	13	39	77
Simbabwe	–	–	–	4	32	44
Singapur	–	–	–	–	–	–
Slowakei	–	–	–	–	–	100 v
Slowenien	–	–	–	–	–	100 v
Somalia	49 x,y	45 x,y	54 x,y	8 x	45 x	3 x
Spanien	–	–	–	–	–	100 v
Sri Lanka	1 y	1 y	1 y	2 x	12 x	97 y
St. Kitts und Nevis	–	–	–	–	–	–
St. Lucia	4 y	5 y	3 y	1	8	92

Tabelle 8: Kinderschutz

Weibliche Genitalverstümmelung/-beschneidung in % (2004–2016*)			Akzeptanz häuslicher Gewalt in % (2010–2016*)		Kinder (1–14 J.), die 2010–2016* psychisch oder physisch gewaltsam bestraft wurden, in %		
Verbreitung		Einstellung					
Frauen (15–49 J.)	Mädchen (0–14 J.)	befürwortend (Frauen 15–49 J.)	männl.	weibl.	gesamt	männl.	weibl.
–	–	–	–	14 x,y	–	–	–
–	–	–	–	–	–	–	–
2	2 y	6	27	60	82 y	82 y	81 y
25	17	23	25	35	91 y	91 y	90 y
–	–	–	–	–	–	–	–
–	–	–	–	–	–	–	–
–	–	–	–	8	–	–	–
–	–	–	–	–	–	–	–
–	–	–	32 y	42 y	–	–	–
–	–	–	–	–	92	93	92
–	–	–	–	–	–	–	–
–	–	–	–	6	45	47	43
–	–	–	–	–	–	–	–
–	–	–	–	–	–	–	–
–	–	–	–	13	–	–	–
–	–	–	–	–	–	–	–
–	–	–	18	41	–	–	–
–	–	–	–	–	–	–	–
–	–	–	57	77	86 y	86 y	85 y
–	–	–	32	47	–	–	–
–	–	–	30	37	–	–	–
–	–	–	–	–	–	–	–
–	–	–	14	19	80	80	79
–	–	–	–	–	–	–	–
–	–	–	–	–	–	–	–
24	15	19	25	57	–	–	–
–	–	–	–	4	43	44	42
–	–	–	–	–	–	–	–
90	31 y	69	34	63	82 y	81 y	82 y
–	–	–	33	39	63	63	62
–	–	–	–	–	–	–	–
–	–	–	–	–	–	–	–
98	46 y	65	–	76 x,y	–	–	–
–	–	–	–	–	–	–	–
–	–	–	–	53 x,y	–	–	–
–	–	–	–	–	–	–	–
–	–	–	–	7	68 y	71 y	64 y

Statistik

	Kinderarbeit (2010–2016*) in % aller Kinder (5–17 Jahre)			Kinderehen (2010–2016*) in % der 20–24-jähr. Frauen		Geburtenregistrierung (2010–2016*) in % w
	gesamt	männl.	weibl.	verheiratet m. 15 J.	verheiratet m. 18 J.	gesamt
St. Vincent u. d. Grenadinen	–	–	–	–	–	–
Südafrika	–	–	–	1 x	6 x	85 y
Sudan	25	28	22	12	34	67
Südsudan	–	–	–	9	52	35
Suriname	4 y	4 y	4 y	5	19	99
Swasiland	7 y	8 y	7 y	1	5	54
Syrien	4 x,y	5 x,y	3 x,y	3 x	13 x	96 x
Tadschikistan	10 x,y	9 x,y	11 x,y	0	12	88
Tansania	29 y	29 y	28 y	5	31	26
Thailand	8 x,y	8 x,y	8 x,y	4	23	100 y
Timor-Leste	4 x,y	4 x,y	4 x,y	3	19	55
Togo	28	29	27	6	22	78
Tokelau (NZ)	–	–	–	–	–	–
Tonga	–	–	–	0	6	93
Trinidad und Tobago	1 x,y	1 x,y	1 x,y	2 x	8 x	97 x
Tschad	52	51	52	30	67	12
Tschechische Republik	–	–	–	–	–	100 v
Tunesien	2 y	3 y	2 y	0	2	99
Türkei	6 y	8 y	4 y	1	15	99 y
Turkmenistan	0	1	0	0	6	100
Turks- und Caicosinseln (GB)	–	–	–	–	–	–
Tuvalu	–	–	–	0 x	10 x	50 x
Uganda	16 y	17 y	16 y	10	40	30
Ukraine	2 y	3 y	2 y	0	9	100
Ungarn	–	–	–	–	–	100 v
Uruguay	8 x,y	8 x,y	8 x,y	1	25	100
Usbekistan	–	–	–	0 x	7 x	100 x
Vanuatu	15 y	15 y	16 y	3	21	43 y
Vatikanstadt	–	–	–	–	–	–
Venezuela	8 x,y	9 x,y	6 x,y	–	–	81 y
Ver. Arabische Emirate	–	–	–	–	–	100 y
Ver. Staaten von Amerika	–	–	–	–	–	100 v
Vietnam	16	17	16	1	11	96
Weißrussland	1 y	1 y	2 y	0	3	100 y
Zentralafrikanische Republik	29 y	27 y	30 y	29	68	61
Zypern	–	–	–	–	–	100 v

Tabelle 8: Kinderschutz

Weibliche Genitalverstümmelung/-beschneidung in % (2004–2016*)			Akzeptanz häuslicher Gewalt in % (2010–2016*)		Kinder (1–14 J.), die 2010–2016* psychisch oder physisch gewaltsam bestraft wurden, in %		
Verbreitung		Einstellung					
Frauen (15–49 J.)	Mädchen (0–14 J.)	befürwortend (Frauen 15–49 J.)	männl.	weibl.	gesamt	männl.	weibl.
–	–	–	–	–	–	–	–
–	–	–	–	–	–	–	–
87	32	41	–	34	64	65	63
–	–	–	–	79	–	–	–
–	–	–	–	13	86 y	87 y	85 y
–	–	–	17	20	88	89	88
–	–	–	–	–	89 x,y	90 x,y	88 x,y
–	–	–	–	60	78 x,y	80 x,y	75 x,y
10	0	3	40	58	–	–	–
–	–	–	9	9	75	77	73
–	–	–	81	86	–	–	–
5	0	1	18	29	81	81	80
–	–	–	–	–	–	–	–
–	–	–	21	29	–	–	–
–	–	–	–	8 x	77 x,y	78 x,y	77 x,y
38	10	29	51	74	71	72	71
–	–	–	–	–	–	–	–
–	–	–	–	30	93 y	94 y	92 y
–	–	–	–	13	–	–	–
–	–	–	–	26	37 y	39 y	34 y
–	–	–	–	–	–	–	–
–	–	–	73 x	70 x	–	–	–
1	1	9	44	58	–	–	–
–	–	–	9	3	61 y	68 y	55 y
–	–	–	–	2	55 y	58 y	51 y
–	–	–	61 x	70 x	–	–	–
–	–	–	60	60	84 y	83 y	84 y
–	–	–	–	–	–	–	–
–	–	–	–	–	–	–	–
–	–	–	–	–	–	–	–
–	–	–	–	28	68	72	65
–	–	–	4	4	65 y	67 y	62 y
24	1	11	75	80	92 y	92 y	92 y
–	–	–	–	–	–	–	–

	Kinderarbeit (2010–2016*) in % aller Kinder (5–17 Jahre)			Kinderehen (2010–2016*) in % der 20–24-jähr. Frauen		Geburtenregistrierung (2010–2016*) in % ʷ
	gesamt	männl.	weibl.	verheiratet m. 15 J.	verheiratet m. 18 J.	gesamt
Weltregionen						
Afrika südlich der Sahara	29	30	29	12	38	43
Östliches und südliches Afrika	26	27	24	9	35	41
West- und Zentralafrika	32	32	32	14	41	45
Europa und Zentralasien	–	–	–	–	–	99
Osteuropa und Zentralasien	–	–	–	1	11	99
Westeuropa	–	–	–	–	–	100
Lateinamerika und Karibik	11	13	8	–	–	95
Naher Osten und Nordafrika	7	8	6	3	17	92
Nordamerika	–	–	–	–	–	100
Ostasien und Pazifik	–	–	–	2 **	15 **	84 **
Südasien	–	–	–	–	–	60
Am wenigsten entwickelte Länder	26	26	24	12	40	40
Welt	–	–	–	6 **	25 **	71 **

Definitionen der Weltregionen s. Seite 265 ff.

v Die Aussage 100% basiert auf der Annahme, dass die Einwohnermeldeämter in den jeweiligen Ländern über umfassende und alle relevanten Daten verfügen (Quelle: Vereinte Nationen, Abteilung für wirtschaftliche und soziale Angelegenheiten, Abteilung für Statistik, »Population and Vital Statistics Report, Series A Vol. 65«, New York, 2013)

w Die Definition des Indikators »Geburtenregistrierung« wurde nach der zweiten und dritten Runde der MICS (MICS2 und MICS3) für die vierte Runde (MICS4) geändert, um eine Vergleichbarkeit mit späteren Runden zu gewährleisten. Die statistischen Daten aus MICS2 und MICS3 zu »Geburtenregistrierung« wurden entsprechend der Indikatordefinition der MICS4 neu berechnet, daher können die hier vorgestellten Daten von den nationalen Erhebungen der MICS2 und MICS3 abweichen.

Tabelle 8: Kinderschutz

Weibliche Genitalverstümmelung/-beschneidung in % (2004–2016*)			Akzeptanz häuslicher Gewalt in % (2010–2016*)		Kinder (1–14 J.), die 2010–2016* psychisch oder physisch gewaltsam bestraft wurden, in %		
Verbreitung		Einstellung					
Frauen (15–49 J.)	Mädchen (0–14 J.)	befürwortend (Frauen 15–49 J.)	männl.	weibl.	gesamt	männl.	weibl.
37	15	20	34	48	–	–	–
45	12	17	32	48	–	–	–
31	17	23	35	48	86	87	86
–	–	–	–	–	–	–	–
–	–	–	–	14	–	–	–
–	–	–	–	–	–	–	–
–	–	–	–	–	–	–	–
–	–	–	–	45	87	88	86
–	–	–	–	–	–	–	–
–	–	–	–	29 **	–	–	–
–	–	–	–	–	–	–	–
–	–	–	39	49	79	79	78
–	–	–	–	–	–	–	–

Definitionen s. Seite 268 ff., Hauptquellen s. Seite 279 ff.

x Daten beziehen sich auf andere Jahre oder Zeiträume. Diese Werte werden nicht bei der Berechnung der regionalen und globalen Werte berücksichtigt.

y Daten weichen von der Standarddefinition ab oder beziehen sich nur auf einen Teil des Landes. Diese Werte werden bei der Berechnung der regionalen und globalen Werte berücksichtigt, sofern sie in den angegebenen Referenzzeitraum fallen.

* Werte beziehen sich auf die neuesten verfügbaren Daten aus dem genannten Zeitraum.

** Angaben ohne China

– keine Daten verfügbar

Tabelle 9: Heranwachsende und junge Erwachsene

	Heranwachsende (10–19 J.)		Familienstand		Alter bei erster Ge
	Insgesamt in Tsd. 2016	Anteil an der Gesamt- bevölkerung in % 2016	Anteil der Heranw. (15–19 J.), die verheiratet sind bzw. mit einem Partner zusammen- leben, in % (2010–2016*)		Anteil der Fraue (20–24 J.), die v ihrem 18. Geburtsta Kind geboren hat in % (2011–201(
			männl.	weibl.	
Afghanistan	8 587	25	3	17	20
Ägypten	17 041	18	–	14	7
Albanien	446	15	1 x	8 x	3 x
Algerien	5 942	15	–	3	1
Andorra	–	–	–	–	–
Angola	6 486	23	2	18	38
Anguilla (GB)	–	–	–	–	–
Antigua und Barbuda	17	17	–	–	–
Äquatorialguinea	217	18	5	22	42
Argentinien	7 020	16	–	–	12
Armenien	356	12	0	5	1
Aserbaidschan	1 358	14	–	9	4
Äthiopien	24 772	24	1	17	22
Australien	2 897	12	–	–	–
Bahamas	55	14	–	–	–
Bahrain	158	11	–	–	–
Bangladesch	32 575	20	–	44	36
Barbados	37	13	–	1	7
Belgien	1 253	11	–	–	–
Belize	78	21	11	21	17
Benin	2 440	22	1	16	19
Bhutan	148	19	–	15	15 x
Bolivien	2 216	20	4 x	13 x	20 x
Bosnien und Herzegowina	410	12	0	1	–
Botsuana	431	19	–	–	–
Brasilien	33 760	16	1	4	–
Britische Jungferninseln (GB)	–	–	–	–	–
Brunei Darussalam	70	16	–	–	–
Bulgarien	620	9	–	2 y	5
Burkina Faso	4 306	23	2	32	28 x
Burundi	2 243	21	1	9	11 x
Chile	2 591	14	–	–	–
China	159 642	11	1	2	–
Cookinseln (NZ)	–	–	–	–	–
Costa Rica	759	16	2	10	13
Dänemark	690	12	–	–	–
Deutschland	7 795	10	–	–	–
Dominica	–	–	–	–	–

Tabelle 9: Heranwachsende und junge Erwachsene

Geburtenrate pro 1000 Mädchen (15–19 J.) (2009–2014*)	Akzeptanz häuslicher Gewalt in % (2010–2016*) männl.	weibl.	Anteil der Heranw. (15–19 J.), die Massenmedien nutzen, in % (2010–2016*) männl.	weibl.	Weiterführende Schule (2011–2016*) Einschulungsrate (unbereinigt) Untere Altersstufe	Obere Altersstufe	Anteil der umfassend über HIV informierten Heranwachsenden (15–19 J.) in % (2011–2016*) männl.	weibl.
90 x	71 y	78 y	70 y	52 y	67	43	4	1
56	–	46 y	100	100	99	73	5	3
18	37 x	24 x	97 x	99 x	101	89	21 x	36 x
12	–	55 y	–	–	132	63	–	7
5	–	–	–	–	–	–	–	–
191	24	25	84	77	36	21	29	31
46 x	–	–	–	–	–	–	–	–
67 x	–	–	–	–	117	82	55 x	40 x
177 x	56	57	91	91	39	–	12	17
70	–	2	–	–	128	85	–	36
23	25	9	88	92	88	90	9	15
47	–	24	–	98	91	–	2 x	3 x
71	33	60	38	31	43	18	32	24
14	–	–	–	–	112	186	–	–
40 x	–	–	–	–	–	–	–	–
15	–	–	–	–	101	103	–	–
83	–	29 y	–	54 y	83	48	–	12
49 x	–	5	–	98	107	113	–	66
8	–	–	–	–	185	158	–	–
64	8	6	92	92	91	60	–	39
98	19	31	68	57	70	38	29	22
28	–	70	–	–	96	69	–	22 x,p
89 x	–	17 x	100 x	97 x	96	81	24 x	20 x
11	5	1	100	100	–	–	41	42
39	–	–	–	–	91	–	–	–
65	–	–	–	–	106	91	–	–
27 x	–	–	–	–	111	80	–	–
17 x	–	–	–	–	105	93	–	–
43	–	–	–	–	90	108	–	–
136 x	40	39	61	55	47	13	31 x	29 x
65 x	56	74	83	69	54	25	50	46
50	–	–	–	–	103	100	–	–
6	–	–	–	–	99	90	–	–
56	–	–	–	–	96	73	–	–
67	–	3	–	–	133	109	–	29
2	–	–	–	–	117	144	–	–
8	–	–	–	–	101	105	–	–
47 x	–	–	–	–	115	81	39 x	49 x

Statistik

	Heranwachsende (10–19 J.)		Familienstand		Alter bei erster Ge
	Insgesamt in Tsd. 2016	Anteil an der Gesamt- bevölkerung in % 2016	Anteil der Heranw. (15–19 J.), die verheiratet sind bzw. mit einem Partner zusammen- leben, in % (2010–2016*)		Anteil der Frau (20–24 J.), die v ihrem 18. Geburtst Kind geboren ha in % (2011–201(
			männl.	weibl.	
Dominikanische Republik	2 007	19	–	28	21
Dschibuti	196	21	1	3	–
Ecuador	3 005	18	–	16 x	–
El Salvador	1 289	20	–	16	18
Elfenbeinküste	5 409	23	1	21	31
Eritrea	1 085	22	1	17	19 x
Estland	122	9	–	–	–
Fidschi	157	17	–	–	–
Finnland	594	11	–	–	–
Frankreich	7 723	12	–	–	–
Gabun	379	19	1	14	28
Gambia	467	23	0	24	19
Georgien	450	11	–	11	6 x
Ghana	6 009	21	1	6	17
Grenada	19	17	–	–	–
Griechenland	1 108	10	–	–	–
Großbritannien	7 309	11	–	–	–
Guatemala	3 787	23	6	20	20
Guinea	2 786	22	1	33	40
Guinea-Bissau	395	22	0	11	28
Guyana	165	21	13	13	16
Haiti	2 285	21	2	12	13
Honduras	1 990	22	5	23	22
Indien	250 086	19	5 x	30 x	22 x
Indonesien	46 188	18	–	9 y	7
Irak	8 019	22	–	21	12
Iran	10 928	14	–	16 x	5 x
Irland	583	12	–	–	–
Island	43	13	–	–	–
Israel	1 296	16	–	–	–
Italien	5 592	9	–	–	–
Jamaika	520	18	–	3	15
Japan	11 650	9	–	–	–
Jemen	6 297	23	–	17	17
Jordanien	1 918	20	–	6	4
Kambodscha	3 052	19	3	16	7
Kamerun	5 206	22	1	20	28
Kanada	3 968	11	–	–	–
Kap Verde	114	21	2 x	8 x	22 x
Kasachstan	2 269	13	–	6	2
Katar	200	8	1	4	–

Tabelle 9: Heranwachsende und junge Erwachsene

Geburtenrate der Geburten 1000 Mädchen (15–19 J.) 2009–2014*	Akzeptanz häuslicher Gewalt in % (2010–2016*)		Anteil der Heranw. (15–19 J.), die Massenmedien nutzen, in % (2010–2016*)		Weiterführende Schule (2011–2016*) Einschulungsrate (unbereinigt)		Anteil der umfassend über HIV informierten Heranwachsenden (15–19 J.) in % (2011–2016*)	
	männl.	weibl.	männl.	weibl.	Untere Altersstufe	Obere Altersstufe	männl.	weibl.
90	–	3	–	98	86	74	39	–
21	–	–	–	–	53	41	–	16 x
100 x	–	–	–	–	116	96	–	–
63	–	10	–	98	99	61	25	28
125	51	51	73	62	55	28	21	15
–	60	51	70	54	39	23	32 x	22 x
16	–	–	–	–	112	118	–	–
28 x	–	–	–	–	103	76	–	–
7	–	–	–	–	102	194	–	–
9	–	–	–	–	108	115	–	–
115	47	58	95	94	–	–	35	29
88	42	58	82	70	64	–	27	22
40	–	5 x	–	–	114	95	–	–
65	20	35	81	67	89	39	25	18
53 x	–	–	–	–	100	98	67 x	59 x
9	–	–	–	–	101	111	–	–
21	–	–	–	–	113	138	–	–
92	12	14	95	90	72	55	18	20
154	63	89	55	53	44	31	29	20
137	37	40	96	89	–	–	19	20
97 x	14	10	95	96	93	83	33	48
65	22	24	85	80	–	–	25	32
99	18	15	98	94	74	66	33	29
39	47 x	45 x	88 x	72 x	88	64	35 x	19 x
47	48 y	45	88 y,p	91	95	76	4 p	9
68 x	–	50	–	–	–	–	–	3
35	–	–	–	–	99	85	–	–
9	–	–	–	–	111	154	–	–
7	–	–	–	–	97	133	–	–
10	–	–	–	–	104	101	–	–
6	–	–	–	–	106	101	–	–
72 x	–	8	–	–	86	76	34	39
4	–	–	–	–	102	101	–	–
67	–	49	–	85	58	39	–	2 x
27	–	84 y	–	100 y	87	74	–	6
57	26 y	46 y	77	74	63	–	42	33
128 x	45	37	80	64	68	43	30	26
13	–	–	–	–	100	119	–	–
92 x	24 x	23 x	88 x	88 x	115	73	–	–
31 x	–	8	–	96	114	103	30	–
16	22	6 y	98	98	100	82	23	10

Statistik

	Heranwachsende (10–19 J.)		Familienstand		Alter bei erster G
			Anteil der Heranw. (15–19 J.), die verheiratet sind bzw. mit einem Partner zusammenleben, in % (2010–2016*)		Anteil der Frau (20–24 J.), die v ihrem 18. Geburts Kind geboren ha in % (2011–201
	Insgesamt in Tsd. 2016	Anteil an der Gesamtbevölkerung in % 2016	männl.	weibl.	
Kenia	11 065	23	1	12	23
Kirgisistan	991	17	–	14	4
Kiribati	23	20	5 x	16 x	9 x
Kolumbien	8 139	17	–	13	20
Komoren	173	22	8	16	17
Kongo, Dem. Republik	17 401	22	1	21	27
Kongo, Republik	1 083	21	2	16	26
Korea, Dem. Volksrepublik	3 839	15	–	–	–
Korea, Republik	5 686	11	–	–	–
Kroatien	447	11	–	–	–
Kuba	1 336	12	7	16	6
Kuwait	450	11	–	–	–
Laos	1 432	21	9	25	18
Lesotho	495	22	1	18	14
Lettland	181	9	–	–	–
Libanon	1 061	18	–	3 x	–
Liberia	1 041	23	2	14	37
Libyen	1 093	17	–	–	–
Liechtenstein	–	–	–	–	–
Litauen	307	11	–	–	–
Luxemburg	65	11	–	–	–
Madagaskar	5 740	23	7	28	36
Malawi	4 262	24	3	24	31
Malaysia	5 513	18	5	6	–
Malediven	59	14	–	5 x	1 x
Mali	4 135	23	2	40	37
Malta	44	10	–	–	–
Marokko	5 982	17	1	11	8 x
Marshallinseln	–	–	5 x	21 x	21 x
Mauretanien	917	21	1	28	22
Mauritius	189	15	–	–	–
Mazedonien	253	12	–	4	2
Mexiko	23 416	18	6	15	21
Mikronesien	25	24	–	–	–
Moldau	444	11	1	10	4
Monaco	–	–	–	–	–
Mongolei	448	15	1	5	3
Montenegro	81	13	0	2	3
Montserrat (GB)	–	–	–	–	–
Mosambik	6 649	23	8	37	40
Myanmar	10 042	19	5	13	5

Tabelle 9: Heranwachsende und junge Erwachsene

Geburtenrate der Geburten 1000 Mädchen (15–19 J.) 2009–2014*)	Akzeptanz häuslicher Gewalt in % (2010–2016*)		Anteil der Heranw. (15–19 J.), die Massenmedien nutzen, in % (2010–2016*)		Weiterführende Schule (2011–2016*) Einschulungsrate (unbereinigt)		Anteil der umfassend über HIV informierten Heranwachsenden (15–19 J.) in % (2011–2016*)	
	männl.	weibl.	männl.	weibl.	Untere Altersstufe	Obere Altersstufe	männl.	weibl.
101	37	45	84	75	97	–	58	52
42	–	22	–	100	97	81	18	–
49	65 x	77 x	58 x	57 x	105	–	46 x	41 x
85 x	–	–	–	–	106	82	–	21 x
71	29	43	79	67	66	52	21	18
135	69	75	49	38	56	37	20	17
147	76 y	73 y	56	68	65	38	25 p	16
1 x	–	–	–	–	92	95	–	7 x
2	–	–	–	–	103	95	–	–
12	–	–	–	–	104	93	–	–
50	5 y	4 y	–	–	101	100	48	59
8	–	–	–	–	99	85	–	–
94	50	56	92	93	76	43	25	23
94	49	48	60	66	63	40	30	35
15	–	–	–	–	116	123	–	–
18 x	–	22 x,y	–	–	68	55	–	–
147	29	45	59	47	44	29	19	35
4 x	–	–	–	–	–	–	–	–
2	–	–	–	–	98	139	–	–
14	–	–	–	–	106	114	–	–
6	–	–	–	–	114	94	–	–
147 x	44	47	62	59	50	22	24	21
143	24	21	50	35	53	22	43	39
13	–	–	–	–	89	69	–	–
14	–	41 x,y	–	100 x	97	–	–	22 x
178	54	68	83	75	52	29	27	21
16	–	–	–	–	102	90	–	–
32 x	–	64 x	–	90 x	97	55	–	–
85	71 x	47 x	86 x	85 x	81	67	35 x	27 x
71	–	36	55 x	44 x	37	21	10	–
31	–	–	–	–	111	84	–	–
19	–	14	–	–	83	76	–	23 x
84	–	6	–	96	116	65	–	28
33	–	–	–	–	81	–	–	–
25	14	13	96	96	87	85	26	35
–	–	–	–	–	–	–	–	–
40	9	14	98	98	93	90	17	18
12	5	2	–	–	95	86	35	42
36	–	–	–	–	–	–	–	–
166	20	24	73	57	39	21	28	28
17 x	57	53	75	76	59	34	14	13

	Heranwachsende (10–19 J.)		Familienstand		Alter bei erster G
	Insgesamt in Tsd. 2016	Anteil an der Gesamtbevölkerung in % 2016	Anteil der Heranw. (15–19 J.), die verheiratet sind bzw. mit einem Partner zusammenleben, in % (2010–2016*) männl.	weibl.	Anteil der Frau (20–24 J.), die v ihrem 18. Geburts Kind geboren ha in % (2011–201
Namibia	539	22	1	5	15
Nauru	–	–	9 x	18 x	22 x
Nepal	6625	23	–	25	16
Neuseeland	616	13	–	–	–
Nicaragua	1207	20	–	24 x	28 x
Niederlande	2021	12	–	–	–
Niger	4704	23	3	61	48
Nigeria	41050	22	1	29	29
Niue (NZ)	–	–	–	–	–
Norwegen	633	12	–	–	–
Oman	480	11	–	3	2
Österreich	873	10	–	–	–
Pakistan	38907	20	2	14	8
Palästina	1083	23	–	9	22
Palau	–	–	–	–	–
Panama	696	17	–	14	–
Papua-Neuguinea	1728	21	3 x	15 x	14 x
Paraguay	1342	20	–	11 x	–
Peru	5606	18	–	11	16
Philippinen	20667	20	–	10	8
Polen	3814	10	–	–	–
Portugal	1080	10	–	–	–
Ruanda	2607	22	0	3	6
Rumänien	2132	11	–	–	–
Russische Föderation	13260	9	–	–	–
Salomonen	134	22	2	11	15
Sambia	3956	24	1	17	31
Samoa	43	22	1	8	6
San Marino	–	–	–	–	–
São Tomé und Príncipe	46	23	1	15	27
Saudi-Arabien	4818	15	–	–	–
Schweden	1025	10	–	–	–
Schweiz	833	10	–	–	–
Senegal	3380	22	0	21	18
Serbien	1063	12	–	4	1
Seychellen	12	12	–	–	–
Sierra Leone	1704	23	1	19	36
Simbabwe	3557	22	1	20	22
Singapur	665	12	–	–	–
Slowakei	553	10	–	–	–
Slowenien	186	9	–	–	–

Tabelle 9: Heranwachsende und junge Erwachsene

Zahl der Geburten pro 1000 Mädchen (15-19 J.) (2009-2014*)	Akzeptanz häuslicher Gewalt in % (2010-2016*)		Anteil der Heranw. (15-19 J.), die Massenmedien nutzen, in % (2010-2016*)		Weiterführende Schule (2011-2016*) Einschulungsrate (unbereinigt)		Anteil der umfassend über HIV informierten Heranwachsenden (15-19 J.) in % (2011-2016*)	
	männl.	weibl.	männl.	weibl.	Untere Altersstufe	Obere Altersstufe	männl.	weibl.
78	30	28	65 y	69	92	–	51	56
106	–	–	89 x	86 x	77	94	8 x	8 x
87 x	–	35	–	77	93	50	24	18
22	–	–	–	–	103	134	–	–
92	–	19 x,y	–	95 x	–	–	–	–
5	–	–	–	–	136	134	–	–
210	41	54	35	44	27	10	21	12
123	27	33	54	50	52	60	29	22
16	–	–	–	–	119	95	–	–
6	–	–	–	–	100	125	–	–
12	–	10	–	–	113	96	–	–
8	–	–	–	–	100	100	–	–
48	33 y,p	53 y	59 y,p	49 y	57	35	5 p	1
67	–	–	–	–	88	66	–	5
27	–	–	–	–	78	119	–	–
89	–	9	–	96	94	57	–	–
65 x	–	–	–	–	73	22	–	–
63 x	–	–	–	–	84	69	–	–
68	–	–	–	90	100	90	–	21 x
59	–	14	–	90	92	77	–	19 x
14	–	–	–	–	101	115	–	–
12	–	–	–	–	119	119	–	–
41 x	24	45	78	71	42	31	60	62
36	–	–	–	–	93	92	–	–
27	–	–	–	–	101	114	–	–
62 x	60	78	37	28	78	29	26 x	29 x
145	41	49	75	69	63	–	42	39
39	28	34	99	97	102	78	5 x	2 x
1	–	–	–	–	94	95	–	–
110 x	19	24	97	97	110	61	42	41
7 x	–	–	–	–	108	108	–	–
3	–	–	–	–	115	164	–	–
3	–	–	–	–	106	98	–	–
80	36	57	69	76	59	36	28	26
22	–	2	99	100	102	91	43 x	53 x
62	–	–	–	–	112	59	–	–
131	32	55	55	49	61	28	29	28
120	49	54	57	53	68	37	41	41
3	–	–	–	–	–	–	–	–
21	–	–	–	–	98	86	–	–
5	–	–	–	–	100	118	–	–

	Heranwachsende (10–19 J.)		Familienstand		Alter bei erster Ge
	Insgesamt in Tsd. 2016	Anteil an der Gesamt-bevölkerung in % 2016	Anteil der Heranw. (15–19 J.), die verheiratet sind bzw. mit einem Partner zusammen-leben, in % (2010–2016*)		Anteil der Fraue (20–24 J.), die ve ihrem 18. Geburtsta Kind geboren hab in % (2011–2016
			männl.	weibl.	
Somalia	3333	23	–	25 x	–
Spanien	4386	9	–	–	–
Sri Lanka	3284	16	–	9 x	4 x
St. Kitts und Nevis	–	–	–	–	–
St. Lucia	29	16	–	4	–
St. Vincent u. d. Grenadinen	19	17	–	–	–
Südafrika	10319	18	2 x	4 x	15 x
Sudan	9060	23	–	21	22
Südsudan	2767	23	–	40	28 x
Suriname	99	18	–	12	–
Swasiland	302	23	0	4	17
Syrien	4586	25	–	10 x	9 x
Tadschikistan	1710	20	–	13	2
Tansania	12505	23	2	23	22
Thailand	9207	13	7	14	9
Timor-Leste	314	25	0	8	9 x
Togo	1665	22	1	13	15
Tokelau (NZ)	–	–	–	–	–
Tonga	24	23	4	5	2
Trinidad und Tobago	177	13	–	6 x	–
Tschad	3433	24	3	38	51
Tschechische Republik	936	9	–	–	–
Tunesien	1618	14	–	1	1
Türkei	13335	17	–	7	6
Turkmenistan	954	17	–	6	1
Turks- und Caicosinseln (GB)	–	–	–	–	–
Tuvalu	–	–	2 x	8 x	3 x
Uganda	9920	24	2	20	33
Ukraine	4059	9	0	7	4
Ungarn	996	10	–	–	–
Uruguay	508	15	–	7	–
Usbekistan	5360	17	–	5 x	2 x
Vanuatu	54	20	4	11	13
Vatikanstadt	–	–	–	–	–
Venezuela	5655	18	–	16	24
Ver. Arabische Emirate	682	7	–	–	–
Ver. Staaten von Amerika	42010	13	–	–	–
Vietnam	13605	14	–	10	5
Weißrussland	904	10	1	7	3 x
Zentralafrikanische Republik	1117	24	11	55	45 x
Zypern	143	12	–	–	–

Tabelle 9: Heranwachsende und junge Erwachsene

Zahl der Geburten pro 1000 Mädchen (15–19 J.) (2009–2014*)	Akzeptanz häuslicher Gewalt in % (2010–2016*)		Anteil der Heranw. (15–19 J.), die Massenmedien nutzen, in % (2010–2016*)		Weiterführende Schule (2011–2016*) Einschulungsrate (unbereinigt)		Anteil der umfassend über HIV informierten Heranwachsenden (15–19 J.) in % (2011–2016*)	
Geburtenrate	männl.	weibl.	männl.	weibl.	Untere Altersstufe	Obere Altersstufe	männl.	weibl.
123 x	–	75 x,y	–	–	–	–	–	3 x
9	–	–	–	–	124	136	–	–
24 x	–	54 x,y	–	88 x,y	99	99	–	–
75 x	–	–	–	–	93	86	55 x	54 x
50 x	–	15	–	99	87	82	–	58
70	–	–	–	–	120	86	–	–
54 x	–	–	–	–	97	88	–	–
102	–	36	–	–	54	35	10	–
158 x	–	72	–	–	18	5	–	8 x
66 x	–	19	–	99	101	54	–	40 x
89	29	32	89	86	75	52	44	45
75 x	–	–	–	–	61	32	–	6 x
47	–	47	–	89	98	68	9	–
128 x	50	59	61	57	43	9	42	37
60	9	9	–	–	128	130	45	47
54 x	72	81	61	62	87	65	15 x	11 x
77	19	26	67	63	68	36	28	23
30	–	–	–	–	206	–	–	–
30	29	27	92	95	103	56	13	10
36 x	–	10 x	–	–	–	–	–	49 x
203	54	69	30	23	26	18	12	10
11	–	–	–	–	101	110	–	–
7	–	27	–	98	103	78	–	15
29	–	10	–	–	99	106	–	–
21 x	–	17	–	100	73	120	–	19
29 x	–	–	–	–	–	–	–	–
42 x	83 x	69 x	89 x	95 x	99	56	57 x	31 x
140	52	62	88	82	–	–	40	41
27	2	2	97	96	102	93	37	43
20	–	–	–	–	100	110	–	–
60	–	3	–	–	110	81	–	36
26 x	63 x	63 x	–	–	97	95	–	27 x
78	63	56	58	58	70	34	–	14 x
–	–	–	–	–	–	–	–	–
101	–	–	–	–	97	79	–	–
34	–	–	–	–	92	–	–	–
27	–	–	–	–	102	93	–	–
36	–	28	–	97	97	–	–	51
22	3	3	–	–	102	119	53	51
229	83	79	–	–	23	9	26 x	17 x
4	–	–	–	–	100	100	–	–

Statistik

	Heranwachsende (10–19 J.)		Familienstand		Alter bei erster Ge
	Insgesamt in Tsd. 2016	Anteil an der Gesamtbevölkerung in % 2016	Anteil der Heranw. (15–19 J.), die verheiratet sind bzw. mit einem Partner zusammenleben, in % (2010–2016*)		Anteil der Frauen (20–24 J.), die vor ihrem 18. Geburtstag Kind geboren haben in % (2011–2016)
			männl.	weibl.	
Weltregionen					
Afrika südlich der Sahara	232 069	22	2	23	28
Östliches und südliches Afrika	122 663	23	2	20	26
West- und Zentralafrika	109 406	22	1	27	29
Europa und Zentralasien	101 795	11	–	–	–
Osteuropa und Zentralasien	50 903	12	–	7	4
Westeuropa	50 892	10	–	–	–
Lateinamerika und Karibik	109 829	17	3	11	19
Naher Osten und Nordafrika	73 653	17	–	13	8
Nordamerika	45 978	13	–	–	–
Ostasien und Pazifik	297 721	13	2	6	7 **
Südasien	340 270	19	–	–	20 ‡
Am wenigsten entwickelte Länder	217 756	22	2	26	27
Welt	1 201 315	16	–	16	18 ‡**

Definitionen der Weltregionen s. Seite 265 ff.
* Werte beziehen sich auf die neuesten verfügbaren Daten aus dem genannten Zeitraum.
** Angaben ohne China
‡ Angaben ohne Indien
x Daten beziehen sich auf andere Jahre oder Zeiträume. Diese Werte werden nicht bei der Berech der regionalen und globalen Werte berücksichtigt. Schätzungen aus den Jahren vor 2000 sind nicht geführt.

Tabelle 9: Heranwachsende und junge Erwachsene 213

Geburtenrate								
	Akzeptanz häuslicher Gewalt in % (2010–2016*)		Anteil der Heranw. (15–19 J.), die Massenmedien nutzen, in % (2010–2016*)		Weiterführende Schule (2011–2016*) Einschulungsrate (unbereinigt)		Anteil der umfassend über HIV informierten Heranwachsenden (15–19 J.) in % (2011–2016*)	
Anzahl der Geburten pro 1000 Mädchen (15–19 J.) (2009–2014*)	männl.	weibl.	männl.	weibl.	Untere Altersstufe	Obere Altersstufe	männl.	weibl.
122	39	49	61	54	53	37	31	27
113	38	49	64	56	52	31	36	35
130	41	48	58	52	54	42	26	20
19	–	–	–	–	104	112	–	–
29	–	12	–	–	100	102	–	–
11	–	–	–	–	109	119	–	–
74	–	–	–	–	107	81	–	–
41	–	49	–	–	96	70	–	–
25	–	–	–	–	102	96	–	–
21	43 **	34 **	–	89 **	96	87	13 **	22 **
44	–	–	–	–	83	59	8 ‡	6 ‡
112	45	50	62	57	55	33	27	23
50	–	35 **	–	–	86	70	–	21 ‡**

Definitionen s. Seite 268 ff., Hauptquellen s. Seite 279 ff.

p Werte beruhen auf einer kleinen Stichprobe (25–49 Fälle).

y Daten weichen von der Standarddefinition ab oder beziehen sich nur auf einen Teil des Landes. Diese Werte werden bei der Berechnung der regionalen und globalen Werte berücksichtigt, sofern sie in den angegebenen Referenzzeitraum fallen.

– keine Daten verfügbar

Tabelle 10: Unterschiede nach Wohnort – Stadt/Land

	Geburtenregistrierung in % (2010–2016*)[w]			Geburten mit ausgebildeten Geburtshelfern/-innen in % (2011–2016*)			Anteil der Kinder Verbreitung von Unterentwicklung (2011–2016*)[l]		Verhältnis zu
	Stadt	Land	Verhältnis Stadt zu Land	Stadt	Land	Verhältnis Stadt zu Land	Stadt	Land	
Afghanistan	64	36	1,8	79	42	1,9	–	–	
Ägypten	100	99	1,0	97	89	1,1	23	21	0,
Albanien	99 x	98 x	1,0 x	100 x	99 x	1,0 x	23 x	23 x	1,
Algerien	100	100	1,0	98	95	1,0	11	12	1,
Andorra	–	–	–	–	–	–	–	–	
Angola	33	14	2,4	68	21	3,2	32	46	1,
Anguilla (GB)	–	–	–	–	–	–	–	–	
Antigua und Barbuda	–	–	–	–	–	–	–	–	
Äquatorialguinea	60	47	1,3	86	53	1,6	20	32	1,
Argentinien	–	–	–	–	–	–	–	–	
Armenien	99	98	1,0	100	100	1,0	6	13	2,
Aserbaidschan	96 x	92 x	1,0 x	99	95	1,0	15	21	1,
Äthiopien	12	2	7,2	80	21	3,8	25	40	1,
Australien	–	–	–	–	–	–	–	–	
Bahamas	–	–	–	–	–	–	–	–	
Bahrain	–	–	–	–	–	–	–	–	
Bangladesch	23	19	1,2	61	36	1,7	31	38	1,
Barbados	98	100	1,0	98	100	1,0	8	7	0,
Belgien	–	–	–	–	–	–	–	–	
Belize	97	95	1,0	98	96	1,0	11	18	1,
Benin	88	82	1,1	83	73	1,2	29	38	1
Bhutan	100	100	1,0	96	67	1,4	28 x	36 x	1,
Bolivien	79 x,y	72 x,y	1,1 x,y	94	68	1,4	14	25	1,
Bosnien und Herzegowina	99 x	100 x	1,0 x	100	100	1,0	11	8	0
Botsuana	78 x	67 x	1,2 x	99 x	90 x	1,1 x	–	–	
Brasilien	–	–	–	98 x	94 x	1,0 x	7 x	8 x	1
Britische Jungferninseln (GB)	–	–	–	–	–	–	–	–	
Brunei Darussalam	–	–	–	–	–	–	–	–	
Bulgarien	–	–	–	–	–	–	–	–	
Burkina Faso	93	74	1,3	95	77	1,2	21 x	37 x	1,
Burundi	87	74	1,2	96	84	1,1	28	59	2
Chile	–	–	–	100 x	99 x	1,0 x	–	–	
China	–	–	–	100	100	1,0	4	11	2
Cookinseln (NZ)	–	–	–	–	–	–	–	–	
Costa Rica	100	99	1,0	99	97	1,0	–	–	
Dänemark	–	–	–	–	–	–	–	–	
Deutschland	–	–	–	–	–	–	–	–	
Dominica	–	–	–	–	–	–	–	–	
Dominikanische Republik	90	82	1,1	98	97	1,0	7	6	0

Tabelle 10: Unterschiede nach Wohnort – Stadt/Land

	unter 5 J. in %					Anteil der umfassend über HIV/Aids informierten Frauen (15–24 J.) in % (2011–2016*)			Nutzung verbesserter Sanitäranlagen in % (2015)		
	:hfallerkrankungen RT-Behandlung) (2011–2016*)		Schulbesuchsrate Grundschule (bereinigt) (2011–2016*)								
	Land	Verhältnis Stadt zu Land	Stadt	Land	Verhältnis Stadt zu Land	Stadt	Land	Verhältnis Stadt zu Land	Stadt	Land	Verhältnis Stadt zu Land
	47	0,9	80	59	1,4	2	1	2,1	56	33	1,7
	29	0,9	97	97	1,0	5	4	1,5	97	90	1,1
	–	–	93	92	1,0	51 x	26 x	2,0 x	98	97	1,0
	26	1,0	98	97	1,0	11	7	1,7	90	82	1,1
	–	–	–	–	–	–	–	–	100	100	1,0
	32	1,5	84	61	1,4	42	9	4,4	62	21	2,9
	–	–	–	–	–	–	–	–	97	–	–
	–	–	–	–	–	–	–	–	–	–	–
	27	2,0	–	–	–	27	9	2,9	80	71	1,1
	–	–	–	–	–	–	–	–	95	94	1,0
	–	–	100	99	1,0	25	14	1,7	96	83	1,2
	11	1,0	68 y	67 y	1,0 y	7 x	2 x	3,3 x	92	87	1,1
	28	1,4	80 y	63 y	1,3 y	38	19	2,0	18	4	4,3
	–	–	–	–	–	–	–	–	–	–	–
	–	–	–	–	–	–	–	–	–	–	–
	75	1,1	91	92	1,0	14	8	1,8	54	43	1,2
	–	–	100	99	1,0	67	69	1,0	–	–	–
	–	–	–	–	–	–	–	–	99	99	1,0
	56	1,0	99	94	1,0	55	33	1,7	91	84	1,1
	25	1,1	83	69	1,2	25	18	1,3	25	5	4,6
	60 x	1,1 x	98	94	1,0	32 x	15 x	2,1 x	72	57	1,3
	20	1,2	98 x	96 x	1,0 x	32 x	9 x	3,5 x	64	27	2,4
	–	–	95	97	1,0	50	47	1,1	99	92	1,1
	–	–	–	–	–	–	–	–	75	39	1,9
	–	–	–	–	–	–	–	–	91	58	1,6
	–	–	–	–	–	–	–	–	–	–	–
	–	–	–	–	–	–	–	–	96	97	1,0
	–	–	–	–	–	–	–	–	87	84	1,0
	38	1,2	83	45	1,8	46 x	24 x	1,9 x	48	12	4,0
	36	0,8	91	84	1,1	61	51	1,2	46	51	0,9
	–	–	–	–	–	–	–	–	100	99	1,0
	–	–	97 y	96 y	1,0 y	–	–	–	86	61	1,4
	–	–	–	–	–	–	–	–	–	–	–
	35	1,2	97	95	1,0	37	27	1,4	98	94	1,0
	–	–	–	–	–	–	–	–	100	100	1,0
	–	–	–	–	–	–	–	–	99	99	1,0
	–	–	–	–	–	–	–	–	–	–	–
	42	1,2	–	–	–	49	38	1,3	85	74	1,2

	Geburtenregistrierung in % (2010–2016*)[w]			Geburten mit ausgebildeten Geburtshelfern/-innen in % (2011–2016*)			Anteil der Kinde... Verbreitung von Unterentwicklun... (2011–2016*)[1]		
	Stadt	Land	Verhältnis Stadt zu Land	Stadt	Land	Verhältnis Stadt zu Land	Stadt	Land	Ve... nis... zu...
Dschibuti	92 x	84 x	1,1 x	98	55	1,8	30	42	1
Ecuador	95	91	1,0	98 x	99 x	1,0 x	–	–	
El Salvador	98	99	1,0	99	96	1,0	11	17	1
Elfenbeinküste	85	54	1,6	84	45	1,9	22	34	1
Eritrea	–	–	–	74 x	17 x	4,4 x	38 x	56 x	1
Estland	–	–	–	–	–	–	–	–	
Fidschi	–	–	–	–	–	–	–	–	
Finnland	–	–	–	–	–	–	–	–	
Frankreich	–	–	–	–	–	–	–	–	
Gabun	89	91	1,0	93	69	1,3	15	30	2
Gambia	72	72	1,0	75	41	1,9	19	29	1
Georgien	100	100	1,0	99 x	98 x	1,0 x	10 x	12 x	1
Ghana	79	63	1,3	87	57	1,5	15	22	1
Grenada	–	–	–	–	–	–	–	–	
Griechenland	–	–	–	–	–	–	–	–	
Großbritannien	–	–	–	–	–	–	–	–	
Guatemala	97 y	96 y	1,0 y	84	55	1,5	35	53	1
Guinea	83	49	1,7	84	32	2,7	18	36	2
Guinea-Bissau	34	18	2,0	72	29	2,5	21	32	1
Guyana	91	88	1,0	99	82	1,2	10	13	1
Haiti	85	77	1,1	59	25	2,4	16	25	1
Honduras	95	93	1,0	94	73	1,3	15	29	2
Indien	83	67	1,2	90	78	1,2	31	41	1
Indonesien	79 y	65 y	1,2 y	97	88	1,1	32	41	1
Irak	99	99	1,0	94	85	1,1	22	24	1
Iran	99 y	98 y	1,0 y	98 x	93 x	1,1 x	5	9	1
Irland	–	–	–	–	–	–	–	–	
Island	–	–	–	–	–	–	–	–	
Israel	–	–	–	–	–	–	–	–	
Italien	–	–	–	–	–	–	–	–	
Jamaika	100	99	1,0	100	98	1,0	–	3	
Japan	–	–	–	–	–	–	–	–	
Jemen	48	24	2,0	73	34	2,1	34	51	1
Jordanien	99	100	1,0	100	100	1,0	8	9	1
Kambodscha	84	72	1,2	98	88	1,1	24	34	1
Kamerun	84	53	1,6	88	49	1,8	23	38	1
Kanada	–	–	–	–	–	–	–	–	
Kap Verde	–	–	–	91 x	64 x	1,4 x	–	–	
Kasachstan	100	100	1,0	99	99	1,0	7	9	1
Katar	–	–	–	–	–	–	–	–	
Kenia	79	61	1,3	82	50	1,6	20	29	1

Tabelle 10: Unterschiede nach Wohnort – Stadt/Land

unter 5 J. in %

...chfallerkrankungen ORT-Behandlung) (2011–2016*)		Schulbesuchsrate Grundschule (bereinigt) (2011–2016*)			Anteil der umfassend über HIV/Aids informierten Frauen (15–24 J.) in % (2011–2016*)			Nutzung verbesserter Sanitäranlagen in % (2015)		
Land	Verhältnis Stadt zu Land	Stadt	Land	Verhältnis Stadt zu Land	Stadt	Land	Verhältnis Stadt zu Land	Stadt	Land	Verhältnis Stadt zu Land
–	–	–	–	–	18 x	9 x	2,0 x	63	13	4,8
35	1,5	97 y	97 y	1,0 y	–	–	–	89	80	1,1
68	1,1	97	95	1,0	37	22	1,7	93	87	1,1
14	1,5	85	71	1,2	22	8	2,7	45	13	3,5
41 x	1,2 x	91 y	77 y	1,2 y	32 x	20 x	1,7 x	29	6	4,7
–	–	–	–	–	–	–	–	100	100	1,0
–	–	–	–	–	–	–	–	96	95	1,0
–	–	–	–	–	–	–	–	99	99	1,0
–	–	–	–	–	–	–	–	99	99	1,0
21	1,3	98	98	1,0	32	15	2,2	42	32	1,3
57	1,1	74 y	58 y	1,3 y	32	18	1,8	46	35	1,3
36 x	1,2 x	98	97	1,0	–	–	–	95	73	1,3
49	1,0	75	66	1,1	23	17	1,4	19	9	2,1
–	–	–	–	–	–	–	–	–	–	–
–	–	–	–	–	–	–	–	99	98	1,0
–	–	–	–	–	–	–	–	99	99	1,0
48	1,1	96	92	1,0	30	16	1,9	81	53	1,5
30	1,5	82	49	1,7	32	16	2,0	34	15	2,3
30	1,4	74	53	1,4	26	18	1,4	35	8	4,1
–	–	96	97	1,0	64	47	1,4	89	85	1,0
51	1,1	90	81	1,1	41	29	1,4	37	22	1,7
61	1,0	92	92	1,0	42	23	1,9	84	75	1,1
48	1,2	88 x	82 x	1,1 x	33 x	14 x	2,4 x	65	34	1,9
37	1,1	100	99	1,0	14	9	1,6	77	57	1,4
19	1,3	94	84	1,1	4	1	3,7	86	86	1,0
58 x	1,1 x	97	95	1,0	–	–	–	92	79	1,2
–	–	–	–	–	–	–	–	91	95	1,0
–	–	–	–	–	–	–	–	99	100	1,0
–	–	–	–	–	–	–	–	100	100	1,0
–	–	–	–	–	–	–	–	99	99	1,0
–	–	98	98	1,0	–	–	–	84	87	1,0
–	–	–	–	–	–	–	–	–	–	–
26	0,9	85	73	1,2	4 x	1 x	6,7 x	90	44	2,1
23	0,9	98	98	1,0	8	11	0,7	97	96	1,0
36	0,8	97	92	1,1	55	33	1,7	88	39	2,3
12	2,1	94	79	1,2	37	18	2,1	56	19	2,9
–	–	–	–	–	–	–	–	–	–	–
–	–	–	–	–	–	–	–	73	51	1,4
–	–	99	100	1,0	31	21	1,5	97	99	1,0
–	–	–	–	–	–	–	–	–	–	–
52	1,1	89	84	1,1	63	52	1,2	35	28	1,3

218   Statistik

	Geburtenregistrierung in % (2010–2016*)[w]			Geburten mit ausgebildeten Geburtshelfern/-innen in % (2011–2016*)			Anteil der Kinder Verbreitung von Unterentwicklung (2011–2016*)[1]		
	Stadt	Land	Verhältnis Stadt zu Land	Stadt	Land	Verhältnis Stadt zu Land	Stadt	Land	Verhältnis Stadt zu Land
Kirgisistan	99	97	1,0	99	98	1,0	12	13	1,
Kiribati	95 x	93 x	1,0 x	84 x	77 x	1,1 x	–	–	–
Kolumbien	99	98	1,0	99	88	1,1	11 x	17 x	1,
Komoren	90	87	1,0	92	79	1,2	26	35	1,
Kongo, Dem. Republik	30	22	1,3	94	74	1,3	33	47	1,
Kongo, Republik	95	85	1,1	98	84	1,2	20	30	1,
Korea, Dem. Volksrepublik	100 x	100 x	1,0 x	100 x	100 x	1,0 x	23 x	45 x	1,
Korea, Republik	–	–	–	–	–	–	–	–	–
Kroatien	–	–	–	–	–	–	–	–	–
Kuba	100	100	1,0	99	100	1,0	–	–	–
Kuwait	–	–	–	–	–	–	–	–	–
Laos	88	71	1,2	79	29	2,7	27	49	1,
Lesotho	54	40	1,3	90	73	1,2	27	35	1,
Lettland	–	–	–	–	–	–	–	–	–
Libanon	–	–	–	–	–	–	–	–	–
Liberia	29 y	20 y	1,5 y	73	50	1,5	31	34	1,
Libyen	–	–	–	–	–	–	–	–	–
Liechtenstein	–	–	–	–	–	–	–	–	–
Litauen	–	–	–	–	–	–	–	–	–
Luxemburg	–	–	–	–	–	–	–	–	–
Madagaskar	97	81	1,2	78	39	2,0	43 x	50 x	1,
Malawi	75	66	1,1	95	89	1,1	25	39	1,
Malaysia	–	–	–	–	–	–	–	–	–
Malediven	93 x	92 x	1,0 x	99 x	93 x	1,1 x	16 x	22 x	1,
Mali	97	85	1,1	73 x	14 x	5,2 x	17	34	2,
Malta	–	–	–	–	–	–	–	–	–
Marokko	97 y	91 y	1,1 y	92	55	1,7	9	21	2,
Marshallinseln	96 x	96 x	1,0 x	97 x	68 x	1,4 x	–	–	–
Mauretanien	75	49	1,5	88	49	1,8	25	33	1,
Mauritius	–	–	–	–	–	–	–	–	–
Mazedonien	100	100	1,0	94	88	1,1	4	6	1,
Mexiko	96	94	1,0	99	94	1,1	10	19	1,
Mikronesien	–	–	–	–	–	–	–	–	–
Moldau	100	100	1,0	100	99	1,0	4	8	2,
Monaco	–	–	–	–	–	–	–	–	–
Mongolei	99	99	1,0	99	98	1,0	8	15	1
Montenegro	99	100	1,0	99	100	1,0	10	9	1,
Montserrat (GB)	–	–	–	–	–	–	–	–	–
Mosambik	51	47	1,1	80	44	1,8	36	46	1,
Myanmar	94	78	1,2	88	52	1,7	20	32	1
Namibia	89 y	86 y	1,0 y	95	82	1,2	16	27	1

Tabelle 10: Unterschiede nach Wohnort – Stadt/Land

Durchfallerkrankungen ORT-Behandlung (2011–2016*) unter 5 J. in %		Schulbesuchsrate Grundschule (bereinigt) (2011–2016*)			Anteil der umfassend über HIV/Aids informierten Frauen (15–24 J.) in % (2011–2016*)			Nutzung verbesserter Sanitäranlagen in % (2015)		
Land	Verhältnis Stadt zu Land	Stadt	Land	Verhältnis Stadt zu Land	Stadt	Land	Verhältnis Stadt zu Land	Stadt	Land	Verhältnis Stadt zu Land
33	1,0	99	100	1,0	18	21	0,9	93	99	0,9
–	–	–	–	–	45 x	43 x	1,1 x	49	32	1,5
49 x	1,2 x	94	94	1,0	26 x	17 x	1,5 x	88	72	1,2
37	1,1	90	82	1,1	24	17	1,4	47	29	1,6
37	1,2	93	84	1,1	24	15	1,6	23	18	1,3
22	1,4	–	–	–	16	10	1,5	20	6	3,6
73 x	1,0 x	100	99	1,0	11 x	4 x	2,8 x	83	68	1,2
–	–	–	–	–	–	–	–	–	–	–
–	–	–	–	–	–	–	–	98	96	1,0
59	1,0	–	–	–	61	63	1,0	92	88	1,0
–	–	–	–	–	–	–	–	–	–	–
40	1,6	95	83	1,1	39	18	2,2	93	60	1,6
54	1,0	94	91	1,0	44	35	1,3	46	43	1,1
–	–	–	–	–	–	–	–	97	84	1,2
–	–	–	–	–	–	–	–	–	–	–
63	0,9	52	31	1,7	40	27	1,5	28	6	4,7
–	–	–	–	–	–	–	–	–	–	–
–	–	–	–	–	–	–	–	97	86	1,1
–	–	–	–	–	–	–	–	97	99	1,0
14	1,1	86 y	66 y	1,3 y	44	18	2,5	16	6	2,6
66	0,9	97	93	1,0	47	40	1,2	49	43	1,1
–	–	–	–	–	–	–	–	100	99	1,0
–	–	94	94	1,0	43 x	32 x	1,4 x	93	98	0,9
20 x	1,5 x	83	46	1,8	32	16	2,0	46	22	2,1
–	–	–	–	–	–	–	–	100	100	1,0
21	1,1	96 x	83 x	1,2 x	–	–	–	89	75	1,2
37 x	1,1 x	–	–	–	33 x	12 x	2,7 x	95	66	1,4
14	2,0	–	–	–	9	4	2,7	63	17	3,7
–	–	–	–	–	–	–	–	94	93	1,0
30 x	0,6 x	98	98	1,0	33 x	18 x	1,8 x	97	83	1,2
63	1,0	98	98	1,0	33	25	1,3	91	81	1,1
–	–	–	–	–	–	–	–	–	–	–
–	–	98	99	1,0	41	32	1,3	89	70	1,3
–	–	–	–	–	–	–	–	100	–	–
38	1,2	99	98	1,0	36 x	21 x	1,7 x	66	41	1,6
–	–	97	99	1,0	47	49	1,0	98	92	1,1
–	–	–	–	–	–	–	–	–	–	–
50	1,3	83	67	1,2	39	25	1,6	47	12	3,8
61	1,1	96	92	1,1	28	11	2,5	76	59	1,3
69	1,1	95	91	1,0	67	55	1,2	55	15	3,6

Statistik

	Geburtenregistrierung in % (2010–2016*)[w]			Geburten mit ausgebildeten Geburtshelfern/ -innen in % (2011–2016*)			Anteil der Kinder Verbreitung von Unterentwicklung (2011–2016*)[1]		
	Stadt	Land	Verhältnis Stadt zu Land	Stadt	Land	Verhältnis Stadt zu Land	Stadt	Land	Verhältnis Stadt zu
Nauru	–	–	–	–	–	–	–	–	
Nepal	57	58	1,0	68	47	1,4	32	40	1,
Neuseeland	–	–	–	–	–	–	–	–	
Nicaragua	–	–	–	97	79	1,2	15 x	30 x	2,
Niederlande	–	–	–	–	–	–	–	–	
Niger	92	60	1,5	83	32	2,6	34	45	1,
Nigeria	50 y	19 y	2,7 y	62	21	3,0	26	43	1,
Niue (NZ)	–	–	–	–	–	–	–	–	
Norwegen	–	–	–	–	–	–	–	–	
Oman	–	–	–	99	98	1,0	14	15	1,
Österreich	–	–	–	–	–	–	–	–	
Pakistan	59	23	2,6	71	44	1,6	37	48	1,
Palästina	99	100	1,0	100	100	1,0	8	8	1,
Palau	–	–	–	–	–	–	–	–	
Panama	98	93	1,1	100	78	1,3	–	–	
Papua-Neuguinea	–	–	–	88 x	48 x	1,9 x	36 x	51 x	1,
Paraguay	87 y	80 y	1,1 y	94 x	79 x	1,2 x	12	10	0,
Peru	98 y	96 y	1,0 y	98	75	1,3	9	28	3,
Philippinen	–	–	–	83	64	1,3	28	38	1,
Polen	–	–	–	–	–	–	–	–	
Portugal	–	–	–	–	–	–	–	–	
Ruanda	55	56	1,0	97	89	1,1	27	40	1,
Rumänien	–	–	–	94	96	1,0	14 x	13 x	0,
Russische Föderation	–	–	–	–	–	–	–	–	
Salomonen	89	88	1,0	96	84	1,1	27	32	1,
Sambia	20	7	3,0	88	51	1,7	36	42	1,
Samoa	68	57	1,2	97	79	1,2	4	5	1,
San Marino	–	–	–	–	–	–	–	–	
São Tomé und Príncipe	96	93	1,0	95	88	1,1	16	19	1,
Saudi-Arabien	–	–	–	–	–	–	–	–	
Schweden	–	–	–	–	–	–	–	–	
Schweiz	–	–	–	–	–	–	–	–	
Senegal	87	58	1,5	70	44	1,6	14	24	1
Serbien	100	99	1,0	98	99	1,0	7	5	0
Seychellen	–	–	–	–	–	–	–	–	
Sierra Leone	80	76	1,1	79	53	1,5	30	40	1
Simbabwe	67	34	1,9	93	71	1,3	22	29	1,
Singapur	–	–	–	–	–	–	–	–	
Slowakei	–	–	–	–	–	–	–	–	
Slowenien	–	–	–	–	–	–	–	–	
Somalia	6 x	2 x	3,7 x	21 x	3 x	7,4 x	32 x	48 x	1

Tabelle 10: Unterschiede nach Wohnort – Stadt/Land

unter 5 J. in %										
chfallerkrankungen ORT-Behandlung) (2011–2016*)		Schulbesuchsrate Grundschule (bereinigt) (2011–2016*)			Anteil der umfassend über HIV/Aids informierten Frauen (15–24 J.) in % (2011–2016*)			Nutzung verbesserter Sanitäranlagen in % (2015)		
Land	Verhältnis Stadt zu Land	Stadt	Land	Verhältnis Stadt zu Land	Stadt	Land	Verhältnis Stadt zu Land	Stadt	Land	Verhältnis Stadt zu Land
–	–	–	–	–	–	–	–	66	–	–
38	0,9	80	76	1,1	25	14	1,7	52	45	1,2
–	–	–	–	–	–	–	–	100	100	1,0
57	1,3	76 x,y	64 x,y	1,2 x,y	–	–	–	86	63	1,4
–	–	–	–	–	–	–	–	98	100	1,0
44	1,1	83	45	1,9	31	9	3,3	44	6	7,4
28	1,6	87	57	1,5	30	20	1,4	39	27	1,4
–	–	100	100	1,0	–	–	–	–	–	–
–	–	–	–	–	–	–	–	98	98	1,0
62	0,9	98	97	1,0	–	–	–	99	99	1,0
–	–	–	–	–	–	–	–	100	100	1,0
37	1,1	75	59	1,3	–	–	–	74	48	1,5
34	0,9	99	99	1,0	8 x	6 x	1,3 x	95	99	1,0
–	–	–	–	–	–	–	–	100	100	1,0
44	1,4	97	97	1,0	–	–	–	86	59	1,4
–	–	–	–	–	–	–	–	55	13	4,2
–	–	92 y	90 y	1,0 y	–	–	–	98	81	1,2
22	1,7	92 y	92 y	1,0 y	27 x	8 x	3,3 x	82	58	1,4
45	1,2	90 x	87 x	1,0 x	23 x	17 x	1,4 x	79	72	1,1
–	–	–	–	–	–	–	–	98	98	1,0
–	–	–	–	–	–	–	–	99	100	1,0
27	1,3	96	94	1,0	74	62	1,2	57	64	0,9
–	–	–	–	–	–	–	–	93	68	1,4
–	–	–	–	–	–	–	–	93	76	1,2
35	1,3	–	–	–	34 x	28 x	1,2 x	76	18	4,1
62	1,1	92	84	1,1	50	34	1,5	49	19	2,6
–	–	89 y	88 y	1,0 y	5 x	2 x	2,4 x	98	96	1,0
–	–	–	–	–	–	–	–	–	–	–
57	0,8	94	94	1,0	43	40	1,1	47	28	1,7
–	–	–	–	–	–	–	–	–	–	–
–	–	–	–	–	–	–	–	99	100	1,0
–	–	–	–	–	–	–	–	100	100	1,0
31	1,0	72	43	1,7	–	–	–	66	35	1,9
22 x	2,3 x	100	98	1,0	63 x	41 x	1,5 x	98	91	1,1
–	–	–	–	–	–	–	–	–	–	–
85	1,0	88	71	1,2	38	22	1,7	24	8	2,8
38	1,2	98	94	1,0	56	41	1,4	54	31	1,7
–	–	–	–	–	–	–	–	100	–	–
–	–	–	–	–	–	–	–	99	98	1,0
–	–	–	–	–	–	–	–	99	99	1,0
9 x	3,0 x	39 x	11 x	3,4 x	7 x	2 x	4,1 x	28	8	3,5

222 Statistik

	Geburtenregistrierung in % (2010–2016*)[w]			Geburten mit ausgebildeten Geburtshelfern/-innen in % (2011–2016*)			Anteil der Kinder Verbreitung von Unterentwicklung (2011–2016*)[1]		
	Stadt	Land	Verhältnis Stadt zu Land	Stadt	Land	Verhältnis Land zu Stadt	Stadt	Land	Verhältnis zu
Spanien	–	–	–	–	–	–	–	–	
Sri Lanka	97 x	98 x	1,0 x	99 x	99 x	1,0 x	–	–	
St. Kitts und Nevis	–	–	–	–	–	–	–	–	
St. Lucia	91	92	1,0	–	–	–	4	2	0,
St. Vincent u. d. Grenadinen	–	–	–	–	–	–	–	–	
Südafrika	–	–	–	98	95	1,0	26 y	29 y	1,
Sudan	89	59	1,5	93	72	1,3	27	43	1,
Südsudan	45	32	1,4	31 x	15 x	2,0 x	29 x	32 x	1,
Suriname	100	98	1,0	93 x	84 x	1,1 x	7 x	12 x	1,
Swasiland	64	51	1,3	93	86	1,1	19	27	1,
Syrien	97 x	95 x	1,0 x	99 x	93 x	1,1 x	28 x	28 x	1,
Tadschikistan	88	89	1,0	93	86	1,1	22	28	1,
Tansania	51	18	2,9	87	55	1,6	25	38	1,
Thailand	99 y	100 y	1,0 y	99	100	1,0	10	11	1,
Timor-Leste	50	57	0,9	59 x	20 x	2,9 x	39	55	1
Togo	95	69	1,4	82	24	3,4	16	33	2,
Tokelau (NZ)	–	–	–	–	–	–	–	–	
Tonga	92	94	1,0	94	96	1,0	9	8	0,
Trinidad und Tobago	–	–	–	–	–	–	–	–	
Tschad	36	6	5,6	54	12	4,6	32	42	1,
Tschechische Republik	–	–	–	–	–	–	–	–	
Tunesien	100	98	1,0	77	67	1,1	8	14	1,
Türkei	99 y	98 y	1,0 y	99	92	1,1	8	14	1,
Turkmenistan	100	100	1,0	100	100	1,0	12	11	0,
Turks- und Caicosinseln (GB)	–	–	–	–	–	–	–	–	
Tuvalu	60 x	38 x	1,6 x	93 x	93 x	1,0 x	10 x	11 x	1
Uganda	38	29	1,3	89	52	1,7	24	30	1,
Ukraine	100	100	1,0	99	99	1,0	–	–	
Ungarn	–	–	–	–	–	–	–	–	
Uruguay	100	100	1,0	98	98	1,0	–	–	
Usbekistan	100 x	100 x	1,0 x	100	100	1,0	18 x	19 x	1
Vanuatu	61 y	37 y	1,7 y	96	87	1,1	19	32	1
Vatikanstadt	–	–	–	–	–	–	–	–	
Venezuela									
Ver. Arabische Emirate	–	–	–	–	–	–	–	–	
Ver. Staaten von Amerika	–	–	–	–	–	–	–	–	
Vietnam	97	96	1,0	99	92	1,1	12	27	2
Weißrussland	–	–	–	100	100	1,0	3 x	8 x	2
Zentralafrikanische Republik	78	52	1,5	74 x	22 x	3,4 x	38	42	1
Zypern	–	–	–	–	–	–	–	–	

Tabelle 10: Unterschiede nach Wohnort – Stadt/Land

Durchfallerkrankungen ORT-Behandlung (2011–2016*) unter 5 J. in %		Schulbesuchsrate Grundschule (bereinigt) (2011–2016*)			Anteil der umfassend über HIV/Aids informierten Frauen (15–24 J.) in % (2011–2016*)			Nutzung verbesserter Sanitäranlagen in % (2015)		
Land	Verhältnis Stadt zu Land	Stadt	Land	Verhältnis Stadt zu Land	Stadt	Land	Verhältnis Stadt zu Land	Stadt	Land	Verhältnis Stadt zu Land
–	–	–	–	–	–	–	–	100	100	1,0
–	–	–	–	–	–	–	–	89	95	0,9
–	–	–	–	–	–	–	–	–	–	–
–	–	99	100	1,0	57	63	0,9	86	92	0,9
–	–	–	–	–	–	–	–	–	–	–
49	1,1	–	–	–	–	–	–	76	69	1,1
18	1,4	86	61	1,4	12	7	1,9	58	23	2,5
37 x	1,2 x	40	19	2,1	16 x	7 x	2,3 x	28	6	4,3
55 x	0,6 x	97	94	1,0	45 x	33 x	1,4 x	88	61	1,4
90	0,7	98	98	1,0	56	47	1,2	58	58	1,0
44 x	1,3 x	98 x	96 x	1,0 x	7 x	7 x	1,0 x	96	89	1,1
61	0,9	87	85	1,0	11	8	1,4	94	96	1,0
44	1,0	91	77	1,2	52	36	1,5	37	17	2,2
75	0,9	95	95	1,0	55	56	1,0	94	96	1,0
74 x	0,9 x	80	70	1,1	14 x	12 x	1,2 x	73	30	2,4
19	0,9	96	85	1,1	28	19	1,5	28	5	6,2
–	–	–	–	–	–	–	–	–	93	0,0
–	–	92 y	93 y	1,0 y	11	13	0,8	97	92	1,0
–	–	–	–	–	–	–	–	–	–	–
18	1,5	72	45	1,6	25	6	4,0	33	3	11,3
–	–	–	–	–	–	–	–	99	99	1,0
59	1,2	99	97	1,0	22	13	1,7	98	83	1,2
–	–	95	96	1,0	–	–	–	99	89	1,1
–	–	98	98	1,0	7 x	4 x	2,0 x	94	99	1,0
–	–	–	–	–	–	–	–	–	–	–
–	–	98 x,y	99 x,y	1,0 x,y	38 x	41 x	0,9 x	92	91	1,0
45	1,2	91	86	1,1	55	42	1,3	28	17	1,6
–	–	100	100	1,0	52	45	1,1	97	93	1,1
–	–	–	–	–	–	–	–	98	99	1,0
–	–	97	97	1,0	34	–	–	96	95	1,0
31 x	1,1 x	–	–	–	33 x	30 x	1,1 x	100	100	1,0
52	0,7	77 y	77 y	1,0 y	23 x	13 x	1,8 x	61	51	1,2
–	–	–	–	–	–	–	–	–	–	–
–	–	–	–	–	–	–	–	98	72	1,4
–	–	–	–	–	–	–	–	100	100	1,0
–	–	–	–	–	–	–	–	100	100	1,0
49	1,2	98	97	1,0	54	47	1,1	91	72	1,3
–	–	91	93	1,0	56	57	1,0	94	95	1,0
12 x	2,0 x	86	66	1,3	19 x	16 x	1,2 x	49	9	5,4
–	–	–	–	–	–	–	–	100	99	1,0

224 Statistik

	Geburtenregistrierung in % (2010–2016*)^w			Geburten mit ausgebildeten Geburtshelfern/-innen in % (2011–2016*)			Anteil der Kinder Verbreitung von Unterentwicklun (2011–2016*)¹		
	Stadt	Land	Verhältnis Stadt zu Land	Stadt	Land	Verhältnis Stadt zu Land	Stadt	Land	Ve nis zu
Weltregionen									
Afrika südlich der Sahara	57	35	1,6	80	46	1,7	26	39	1,
Östliches und südliches Afrika	52	33	1,6	86	50	1,7	26	38	1,
West- und Zentralafrika	60	38	1,6	76	41	1,8	26	40	1,
Europa und Zentralasien	–	–	–	–	–	–	–	–	
Osteuropa und Zentralasien	99	97	1,0	99	96	1,0	10 r	14 r	1,
Westeuropa	–	–	–	–	–	–	–	–	
Lateinamerika und Karibik	96	93	1,0	–	–	–	13 N	23 N	1
Naher Osten und Nordafrika	96	87	1,1	93	76	1,2	17	21	1
Nordamerika	–	–	–	–	–	–	–	–	
Ostasien und Pazifik	85 **	77 **	1,1 **	98	91	1,1	13	21	1,
Südasien	73	56	1,3	84	68	1,2	32	42	1
Am wenigsten entwickelte Länder	52	36	1,5	81	48	1,7	28	40	1
Welt	82 **	59 **	1,4 **	89	67	1,3	23	32	1

Definitionen der Weltregionen s. Seite 265 ff.
* Werte beziehen sich auf die neuesten verfügbaren Daten aus dem genannten Zeitraum.
** Angaben ohne China
‡ Angaben ohne Indien
r Angaben ohne die Russische Föderation
N Angaben ohne Brasilien
p Werte beruhen auf einer kleinen Stichprobe (25–49 Fälle).
w Die Definition des Indikators »Geburtenregistrierung« wurde nach der zweiten und dritten Runde der MICS (MICS2 und MICS3) für die vierte Runde (MICS4) geändert, um eine Vergleichbarkeit mit späteren Runden zu gewährleisten. Die statistischen Daten aus MICS2 und MICS3 zu »Geburtenregistrierung« wurden entsprechend der Indikatordefinition der MICS4 neu berechnet, daher können die hier vorgestellten Daten von den nationalen Erhebungen der MICS2 und MICS3 abweichen.

Tabelle 10: Unterschiede nach Wohnort – Stadt/Land

unter 5 J. in % chfallerkrankungen)RT-Behandlung) (2011–2016*)			Schulbesuchsrate Grundschule (bereinigt) (2011–2016*)			Anteil der umfassend über HIV/Aids informierten Frauen (15–24 J.) in % (2011–2016*)			Nutzung verbesserter Sanitäranlagen in % (2015)		
	Land	Verhältnis Stadt zu Land	Stadt	Land	Verhältnis Stadt zu Land	Stadt	Land	Verhältnis Stadt zu Land	Stadt	Land	Verhältnis Stadt zu Land
	36	1,2	86	68	1,3	37	23	1,6	42	20	2,1
	39	1,2	87	73	1,2	45	30	1,5	48	21	2,2
	32	1,3	86	61	1,4	28	17	1,7	37	19	2,0
	–	–	–	–	–	–	–	–	98	92	1,1
	–	–	96	96	1,0	–	–	–	95	87	1,1
	–	–	–	–	–	–	–	–	99	99	1,0
	–	–	95	93	1,0	–	–	–	90	68	1,3
	27	1,0	96	91	1,0	–	–	–	94	81	1,2
	–	–	–	–	–	–	–	–	100	100	1,0
*	46 **	1,1 **	98	96	1,0	29 **	23 **	1,3 **	87	63	1,4
	49	1,2	86	79	1,1	13 ‡	7 ‡	1,8 ‡	65	37	1,8
	42	1,2	87	72	1,2	31	18	1,7	46	26	1,8
*	42 **	1,1 **	92	81	1,1	30 ‡**	20 ‡**	1,5 ‡**	83	50	1,7

nitionen s. Seite 268 ff., Hauptquellen s. Seite 279 ff.

)aten beziehen sich auf andere Jahre oder Zeiträume. Diese Werte werden nicht bei der Berechnung er regionalen und globalen Werte berücksichtigt (ausgenommen Daten zur Schulbesuchsrate der ;rundschule aus Indien von 2005–2006). Schätzungen aus den Jahren vor 2000 sind nicht aufgeführt.

)aten weichen von der Standarddefinition ab oder beziehen sich nur auf einen Teil des Landes. Diese Verte werden bei der Berechnung der regionalen und globalen Werte berücksichtigt, sofern sie in den ngegebenen Referenzzeitraum fallen.

eine Daten verfügbar

-lobale und regionale Durchschnittswerte für Unterentwicklung (moderat und stark) wurden anand der statistischen Modellierung der Daten der Joint Global Nutrition Database von UNICEF, VHO und Weltbank geschätzt (Überprüfung vom Mai 2017). Mehr Informationen: http://data. nicef.org/nutrition/malnutrition. Detailangaben hinsichtlich Unterentwicklung (moderat und ark) basieren auf populationsbasierten, aktuellen Schätzungen. Daher stimmen sie häufig nicht mit en Gesamtschätzungen auf globaler und regionaler Ebene überein.

Tabelle 11: Unterschiede nach Haushaltsvermögen

	Geburtenregistrierung in % (2010–2016*)[w]			Geburten mit ausgebildeten Geburtshelfern/-innen in % (2011–2016*)			Anteil der Kinder Verbreitung von Unterentwicklung (moderat und stark)		
	Ärmste 20%	Reichste 20%	Verhältnis Reichste zu Ärmsten	Ärmste 20%	Reichste 20%	Verhältnis Reichste zu Ärmsten	Ärmste 20%	Reichste 20%	Ver r Är a Reic
Afghanistan	30	70	2,3	24	85	3,6	49	31	1,6
Ägypten	99	100	1,0	82	99	1,2	24	23	1,0
Albanien	98 x	99 x	1,0 x	98 x	100 x	1,0 x	27 x	13 x	2,
Algerien	99	100	1,0	95	99	1,0	3	11	0,2
Andorra	–	–	–	–	–	–	–	–	
Angola	10	55	5,7	17	90	5,2	47	7	6,8
Anguilla (GB)	–	–	–	–	–	–	–	–	
Antigua und Barbuda	–	–	–	–	–	–	–	–	
Äquatorialguinea	60	60	1,0	48	88	1,8	28	19	1,
Argentinien	99 y	100 y	1,0 y	–	–	–	–	–	
Armenien	98	99	1,0	100	100	1,0	12	6	2,
Aserbaidschan	92 x	97 x	1,1 x	90	100	1,1	28	16	1,
Äthiopien	1	10	11,9	13	67	5,1	42	27	1,
Australien	–	–	–	–	–	–	–	–	
Bahamas	–	–	–	–	–	–	–	–	
Bahrain	–	–	–	–	–	–	–	–	
Bangladesch	15	28	1,8	18	74	4,2	50	21	2,
Barbados	98	99	1,0	–	–	–	8	3	2,
Belgien	–	–	–	–	–	–	–	–	
Belize	94	99	1,1	93	99	1,1	26	5	4,
Benin	69	96	1,4	61	91	1,5	46	18	2,
Bhutan	100	100	1,0	34 x	95 x	2,8 x	41 x	21 x	1,
Bolivien	68 x,y	90 x,y	1,3 x,y	57	99	1,7	32	9	3,
Bosnien und Herzegowina	100 x	99 x	1,0 x	100	100	1,0	10	10	1,
Botsuana	–	–	–	–	–	–	38 x	20 x	1,
Brasilien	–	–	–	–	–	–	7 x	3 x	2,
Britische Jungferninseln (GB)	–	–	–	–	–	–	–	–	
Brunei Darussalam	–	–	–	–	–	–	–	–	
Bulgarien	–	–	–	–	–	–	–	–	
Burkina Faso	62	95	1,5	68	95	1,4	42 x	19 x	2,
Burundi	64	87	1,4	77	96	1,2			
Chile	–	–	–	–	–	–	–	–	
China	–	–	–	–	–	–	–	–	
Cookinseln (NZ)	–	–	–	–	–	–	–	–	
Costa Rica	99	100	1,0	97	99	1,0	–	–	
Dänemark	–	–	–	–	–	–	–	–	
Deutschland	–	–	–	–	–	–	–	–	

Tabelle 11: Unterschiede nach Haushaltsvermögen

unter 5 J. in % (2011–2016*)						Anteil der umfassend über HIV/Aids informierten (2011–2016*)					
Durchfallerkrankungen (ORT-Behandlung)			Schulbesuchsrate Grundschule (bereinigt) (2011–2016*)			Frauen (15–24 J.) in %			Männer (15–24 J.) in %		
Ärmste 20%	Reichste 20%	Verhältnis Reichste zu Ärmsten	Ärmste 20%	Reichste 20%	Verhältnis Reichste zu Ärmsten	Ärmste 20%	Reichste 20%	Verhältnis Reichste zu Ärmsten	Ärmste 20%	Reichste 20%	Verhältnis Reichste zu Ärmsten
45	42	0,9	59	83	1,4	0	5	23,0	–	–	–
27	23	0,9	95	98	1,0	6	14	2,1	2	10	5,8
–	–	–	91	94	1,0	20 x	60 x	3,0 x	10 x	38 x	3,8 x
21	31	1,5	96	98	1,0	4	17	3,8	–	–	–
–	–	–	–	–	–	–	–	–	–	–	–
29	57	1,9	56	95	1,7	8	58	7,3	10	46	4,8
–	–	–	–	–	–	–	–	–	–	–	–
–	–	–	–	–	–	–	–	–	–	–	–
26	6	0,2	98	99	1,0	–	54	–	–	–	–
–	–	–	99	100	1,0	13	30	2,3	4	23	5,5
3 x	36 x	13,3 x	67 y	70 y	1,0 y	1 x	12 x	10,3 x	2 x	14 x	6,3 x
32	37	1,2	49 y	82 y	1,7 y	–	–	–	–	–	–
–	–	–	–	–	–	–	–	–	–	–	–
–	–	–	–	–	–	–	–	–	–	–	–
72	81	1,1	88	93	1,1	2	18	8,9	–	–	–
–	–	–	99	100	1,0	57	66	1,2	–	–	–
–	–	–	–	–	–	–	–	–	–	–	–
–	–	–	93	99	1,1	20	53	2,7	–	–	–
20	31	1,6	54	92	1,7	15	29	2,0	26	42	1,6
60 x	56 x	0,9 x	–	–	–	7 x	32 x	4,4 x	–	–	–
18	27	1,5	95 x	99 x	1,0 x	5 x	40 x	8,4 x	11 x	45 x	4,3 x
–	–	–	93	94	1,0	37	44	1,2	38	45	1,2
–	–	–	–	–	–	–	–	–	–	–	–
–	–	–	–	–	–	–	–	–	–	–	–
–	–	–	–	–	–	–	–	–	–	–	–
–	–	–	–	–	–	–	–	–	–	–	–
38	47	1,2	31	85	2,8	8 x	37 x	4,4 x	–	–	–
34	38	1,1									
–	–	–	–	–	–	–	–	–	–	–	–
–	–	–	–	–	–	–	–	–	–	–	–
–	–	–	94	98	1,0	20	54	2,7	–	–	–
–	–	–	–	–	–	–	–	–	–	–	–
–	–	–	–	–	–	–	–	–	–	–	–

	Geburtenregistrierung in % (2010–2016*)[w]			Geburten mit ausgebildeten Geburtshelfern/-innen in % (2011–2016*)			Anteil der Kinder Verbreitung von Unterentwicklung (moderat und stark)		
	Ärmste 20%	Reichste 20%	Verhältnis Reichste zu Ärmsten	Ärmste 20%	Reichste 20%	Verhältnis Reichste zu Ärmsten	Ärmste 20%	Reichste 20%	Ver. Är Reic
Dominica	–	–	–	–	–	–	–	–	–
Dominikanische Republik	73	98	1,4	96	99	1,0	11	4	2,
Dschibuti	–	–	–	–	–	–	–	–	–
Ecuador	90	96	1,1	99 x	98 x	1,0 x	37	14	2,
El Salvador	98	99	1,0	94	99	1,1	24	5	4,
Elfenbeinküste	44	90	2,0	35	91	2,6	38	16	2,
Eritrea	–	–	–	9 x	90 x	10,5 x	57 x	27 x	2,
Estland	–	–	–	–	–	–	–	–	
Fidschi	–	–	–	–	–	–	–	–	
Finnland	–	–	–	–	–	–	–	–	
Frankreich	–	–	–	–	–	–	–	–	
Gabun	92	86	0,9	74	95	1,3	30	6	5,
Gambia	69	75	1,1	46	82	1,8	30	15	1,
Georgien	99	100	1,0	95 x	99 x	1,0 x	–	–	
Ghana	58	88	1,5	42	94	2,2	25	9	2,
Grenada	–	–	–	–	–	–	–	–	
Griechenland	–	–	–	–	–	–	–	–	
Großbritannien	–	–	–	–	–	–	–	–	
Guatemala	–	–	–	37	96	2,6	66	17	3,
Guinea	38	89	2,4	19	92	4,9	34	15	2,
Guinea-Bissau	13	43	3,3	26	83	3,2	31	15	2,
Guyana	84	95	1,1	70	96	1,4	21	7	2,
Haiti	71	92	1,3	10	78	8,1	31	7	4,
Honduras	92	95	1,0	58	98	1,7	42	8	5,
Indien	57	86	1,5	64	95	1,5	51	22	1,
Indonesien	41	88	2,2	63	98	1,6	48	29	1,
Irak	98	100	1,0	82	96	1,2	25	22	1,
Iran	–	–	–	–	–	–	21	1	17,
Irland	–	–	–	–	–	–	–	–	
Island	–	–	–	–	–	–	–	–	
Israel	–	–	–	–	–	–	–	–	
Italien	–	–	–	–	–	–	–	–	
Jamaika	99	100	1,0	97	100	1,0	4	8	0,
Japan	–	–	–	–	–	–	–	–	
Jemen	17	56	3,3	19	81	4,2	59	26	2
Jordanien	98	100	1,0	99	100	1,0	14	2	7
Kambodscha	59	87	1,5	75	98	1,3	42	19	2
Kamerun	38	92	2,4	21	98	4,7	42	15	2
Kanada	–	–	–	–	–	–	–	–	

Tabelle 11: Unterschiede nach Haushaltsvermögen

unter 5 J. in % (2011–2016*)						Anteil der umfassend über HIV/Aids informierten (2011–2016*)					
Durchfallerkrankungen (ORT-Behandlung)			Schulbesuchsrate Grundschule (bereinigt) (2011–2016*)			Frauen (15–24 J.) in %			Männer (15–24 J.) in %		
Ärmste 20%	Reichste 20%	Verhältnis Reichste zu Ärmsten	Ärmste 20%	Reichste 20%	Verhältnis Reichste zu Ärmsten	Ärmste 20%	Reichste 20%	Verhältnis Reichste zu Ärmsten	Ärmste 20%	Reichste 20%	Verhältnis Reichste zu Ärmsten
–	–	–	–	–	–	–	–	–	–	–	–
43	57	1,3	91	98	1,1	34	55	1,6	–	–	–
–	–	–	–	–	–	–	–	–	–	–	–
41	64	1,6	97 y	98 y	1,0 y	–	–	–	–	–	–
71	68	1,0	92	99	1,1	17	46	2,8	17	46	2,8
6	24	3,7	62	94	1,5	–	–	–	–	–	–
42 x	50 x	1,2 x	71 y	96 y	1,3 y	9 x	37 x	4,3 x	21 x	43 x	2,0 x
–	–	–	–	–	–	–	–	–	–	–	–
–	–	–	–	–	–	–	–	–	–	–	–
–	–	–	–	–	–	–	–	–	–	–	–
24	19	0,8	96	98	1,0	–	–	–	–	–	–
56	58	1,0	60 y	80 y	1,3 y	20 x	48 x	2,4 x	–	–	–
–	–	–	–	–	–	–	–	–	–	–	–
47	50	1,1	63	84	1,3	18	53	2,9	19	49	2,6
–	–	–	–	–	–	–	–	–	–	–	–
–	–	–	–	–	–	–	–	–	–	–	–
–	–	–	–	–	–	–	–	–	–	–	–
49	55	1,1	89	98	1,1	7	41	6,0	7	36	5,4
25	49	1,9	38	87	2,3	–	–	–	–	–	–
26	30	1,2	56	76	1,4	21	27	1,3	13	32	2,5
–	–	–	96	97	1,0	40	62	1,5	28	56	2,0
52	62	1,2	73	96	1,3	18 x	41 x	2,2 x	28 x	52 x	1,9 x
63	52	0,8	–	–	–	13 x	44 x	3,4	–	–	–
33	45	1,4	70 x	96 x	1,4 x	4 x	45 x	11,7 x	15 x	55 x	3,8 x
39	34	0,9	99	100	1,0	3 x	23 x	7,5 x	2 x	27 x	12,2 x
19	22	1,1	79	98	1,2	1	8	7,2	–	–	–
–	–	–	–	–	–	–	–	–	–	–	–
–	–	–	–	–	–	–	–	–	–	–	–
–	–	–	–	–	–	–	–	–	–	–	–
–	–	–	98	99	1,0	–	–	–	–	–	–
–	–	–	–	–	–	–	–	–	–	–	–
27	21	0,8	56	90	1,6	0 x	4 x	– x	–	–	–
22	21	1,0	97	99	1,0	–	–	–	–	–	–
40	27	0,7	86	98	1,1	27	55	2,1	28	63	2,2
9	37	4,3	65	99	1,5	12 x	50 x	4,0 x	–	–	–
–	–	–	–	–	–	–	–	–	–	–	–

Statistik

	Geburtenregistrierung in % (2010–2016*)[w]			Geburten mit ausgebildeten Geburtshelfern/-innen in % (2011–2016*)			Anteil der Kinder		
							Verbreitung von Unterentwicklung (moderat und stark)		Ver
	Ärmste 20%	Reichste 20%	Verhältnis Reichste zu Ärmsten	Ärmste 20%	Reichste 20%	Verhältnis Reichste zu Ärmsten	Ärmste 20%	Reichste 20%	Är Reic
Kap Verde	–	–	–	–	–	–	–	–	
Kasachstan	99	100	1,0	100	100	1,0	10	6	1,2
Katar	–	–	–	–	–	–	–	–	
Kenia	52	89	1,7	31	93	3,0	36	14	2,
Kirgisistan	96	99	1,0	97	99	1,0	18	11	1,
Kiribati	93 x	94 x	1,0 x	76 x	93 x	1,2 x	–	–	
Kolumbien	96	98	1,0	86	99	1,2	19 x	7 x	2,
Komoren	85	93	1,1	66	93	1,4	38	22	1,
Kongo, Dem. Republik	16	38	2,4	66	98	1,5	50	23	2,2
Kongo, Republik	80	99	1,2	78	99	1,3	35	9	3,
Korea, Dem. Volksrepublik	–	–	–	–	–	–	–	–	
Korea, Republik	–	–	–	–	–	–	–	–	
Kroatien	–	–	–	–	–	–	–	–	
Kuba	–	–	–	–	–	–	–	–	
Kuwait	–	–	–	–	–	–	–	–	
Laos	66	93	1,4	11	90	8,5	61	20	3,
Lesotho	34	63	1,8	60	94	1,6	46	13	3,
Lettland	–	–	–	–	–	–	–	–	
Libanon	–	–	–	–	–	–	–	–	
Liberia	16 y	31 y	1,9 y	43	89	2,1	35	20	1,
Libyen	–	–	–	–	–	–	–	–	
Liechtenstein	–	–	–	–	–	–	–	–	
Litauen	–	–	–	–	–	–	–	–	
Luxemburg	–	–	–	–	–	–	–	–	
Madagaskar	72	94	1,3	27	73	2,7	48 x	44 x	1,
Malawi	65	74	1,1	87	95	1,1	46	24	1,
Malaysia	–	–	–	–	–	–	–	–	
Malediven	92 x	94 x	1,0 x	89 x	99 x	1,1 x	22 x	16 x	1,
Mali	69	98	1,4	6 x	81 x	12,6 x	41	15	3,
Malta	–	–	–	–	–	–	–	–	
Marokko	–	–	–	38	96	2,5	28	7	4
Marshallinseln	92 x	98 x	1,1 x	68 x	99 x	1,5 x	–	–	
Mauretanien	33	84	2,6	27	96	3,6	39	18	2
Mauritius	–	–	–	–	–	–	–	–	
Mazedonien	99	100	1,0	78	97	1,2	7	2	3
Mexiko	83	99	1,2	92	100	1,1	23	5	4
Mikronesien	–	–	–	–	–	–	–	–	
Moldau	99	100	1,0	98	99	1,0	11	3	4
Monaco	–	–	–	–	–	–	–	–	

Tabelle 11: Unterschiede nach Haushaltsvermögen

unter 5 J. in % (2011–2016*)						Anteil der umfassend über HIV/Aids informierten (2011–2016*)					
Durchfallerkrankungen (ORT-Behandlung)			Schulbesuchsrate Grundschule (bereinigt) (2011–2016*)			Frauen (15–24 J.) in %			Männer (15–24 J.) in %		
Ärmste 20%	Reichste 20%	Verhältnis Reichste zu Ärmsten	Ärmste 20%	Reichste 20%	Verhältnis Reichste zu Ärmsten	Ärmste 20%	Reichste 20%	Verhältnis Reichste zu Ärmsten	Ärmste 20%	Reichste 20%	Verhältnis Reichste zu Ärmsten
–	–	–	–	–	–	–	–	–	–	–	–
–	–	–	100	99	1,0	15	33	2,2	–	–	–
–	–	–	–	–	–	–	–	–	–	–	–
52	55	1,0	69	94	1,4	29	61 x	2,1 x	42 x	68 x	1,6 x
–	–	–	99	100	1,0	22	18	0,8	–	–	–
–	–	–	–	–	–	42 x	49 x	1,2 x	38 x	51 x	1,3 x
47 x	61 x	1,3 x	93	96	1,0	15 x	32 x	2,2 x	–	–	–
39	36	0,9	72	95	1,3	–	–	–	–	–	–
31	42	1,4	79	94	1,2	8 x	24 x	2,8 x	–	–	–
22	37	1,7	–	–	–	5 x	12 x	2,4 x	12 x	27 x	2,3 x
–	–	–	–	–	–	–	–	–	–	–	–
–	–	–	–	–	–	–	–	–	–	–	–
–	–	–	–	–	–	–	–	–	–	–	–
35	69	2,0	71	97	1,4	6	41	6,5	12	43	3,6
–	–	–	88	95	1,1	26	48	1,8	19	36	1,9
–	–	–	–	–	–	–	–	–	–	–	–
57	44	0,8	25	65	2,6	14 x	29 x	2,1 x	17 x	37 x	2,2 x
–	–	–	–	–	–	–	–	–	–	–	–
–	–	–	–	–	–	–	–	–	–	–	–
11	17	1,6	54 y	82 y	1,5 y	10	40	4,1	13	41	3,2
63	61	1,0	89	98	1,1	34	48	1,4	32	53	1,7
–	–	–	–	–	–	–	–	–	–	–	–
–	–	–	94	94	1,0	23	48 x	2,0 x	–	–	–
18 x	25 x	1,4 x	27	86	3,2	12	33	2,7	17	53	3,2
14	23	1,7	77 x	97 x	1,3 x	–	–	–	–	–	–
–	–	–	–	–	–	12 x	39 x	3,3 x	37 x	58 x	1,6 x
9	33	3,8	–	–	–	2	12	7,9	–	–	–
–	–	–	96	99	1,0	9 x	45 x	5,0 x	–	–	–
–	–	–	96	99	1,0	21	39	1,9	–	–	–
–	–	–	–	–	–	–	–	–	–	–	–
–	–	–	98	99	1,0	14	47	3,3	13	40	3,1
–	–	–	–	–	–	–	–	–	–	–	–

	Geburtenregistrierung in % (2010–2016*)[w]			Geburten mit ausgebildeten Geburtshelfern/-innen in % (2011–2016*)			Anteil der Kinder Verbreitung von Unterentwicklung (moderat und stark)		
	Ärmste 20%	Reichste 20%	Verhältnis Reichste zu Ärmsten	Ärmste 20%	Reichste 20%	Verhältnis Reichste zu Ärmsten	Ärmste 20%	Reichste 20%	Ver r Är 2 Reic
Mongolei	99	100	1,0	97	99	1,0	19	6	3,3
Montenegro	99	99	1,0	99	100	1,0	5	9	0,5
Montserrat (GB)	–	–	–	–	–	–	–	–	–
Mosambik	42	60	1,4	32	90	2,8	51	24	2,1
Myanmar	69	97	1,4	36	97	2,7	38	16	2,4
Namibia	83 y	93 y	1,1 y	73	98	1,4	31	9	3,6
Nauru	71 x	88 x	1,2 x	97 x	98 x	1,0 x	52 x	18 x	2,
Nepal	55	58	1,1	34	89	2,6	49	17	3,0
Neuseeland	–	–	–	–	–	–	–	–	–
Nicaragua	–	–	–	42 x	99 x	2,4 x	35 x	6 x	6,
Niederlande	–	–	–	–	–	–	–	–	–
Niger	50	89	1,8	12	71	6,0	47	35	1,
Nigeria	7 y	65 y	9,7 y	5	81	15,6	54	18	3,
Niue (NZ)	–	–	–	–	–	–	–	–	–
Norwegen	–	–	–	–	–	–	–	–	–
Oman	–	–	–	–	–	–	–	–	–
Österreich	–	–	–	–	–	–	–	–	–
Pakistan	5	71	14,3	30	85	2,9	62	23	2,
Palästina	100	99	1,0	100	99	1,0	8	7	1,
Palau	–	–	–	–	–	–	–	–	–
Panama	90	97	1,1	72	100	1,4	–	–	–
Papua-Neuguinea	–	–	–	–	–	–	–	–	–
Paraguay	67 y	89 y	1,3 y	–	–	–	28	13	2,
Peru	95 y	99 y	1,0 y	71	100	1,4	32	3	11,
Philippinen	–	–	–	42	96	2,3	49	15	3,
Polen	–	–	–	–	–	–	–	–	–
Portugal	–	–	–	–	–	–	–	–	–
Ruanda	43	64	1,5	84	97	1,2	49	21	2,
Rumänien	–	–	–	–	–	–	–	–	–
Russische Föderation	–	–	–	–	–	–	–	–	–
Salomonen	87	88	1,0	72	96	1,3	36,2	25	
Sambia	5	29	6,0	45	94	2,1	47	28	1,
Samoa	47	77	1,6	72	94	1,3	6	3	2,
San Marino	–	–	–	–	–	–	–	–	–
São Tomé und Príncipe	88	100	1,1	85	98	1,1	26	7	3,
Saudi-Arabien	–	–	–	–	–	–	–	–	–
Schweden	–	–	–	–	–	–	–	–	–
Schweiz	–	–	–	–	–	–	–	–	–
Senegal	44	93	2,1	29	81	2,8	28	10	2,

Tabelle 11: Unterschiede nach Haushaltsvermögen

Durchfallerkrankungen (ORT-Behandlung) unter 5 J. in % (2011–2016*)			Schulbesuchsrate Grundschule (bereinigt) (2011–2016*)			Anteil der umfassend über HIV/Aids informierten (2011–2016*)					
						Frauen (15–24 J.) in %			Männer (15–24 J.) in %		
Ärmste 20%	Reichste 20%	Verhältnis Reichste zu Ärmsten	Ärmste 20%	Reichste 20%	Verhältnis Reichste zu Ärmsten	Ärmste 20%	Reichste 20%	Verhältnis Reichste zu Ärmsten	Ärmste 20%	Reichste 20%	Verhältnis Reichste zu Ärmsten
35	43	1,3	96	99	1,0	17 x	42 x	2,5 x	12 x	48 x,p	4,1 x,p
–	–	–	95	100	1,0	39	51	1,3	33	47 p	1,4
–	–	–	–	–	–	–	–	–	–	–	–
41	70	1,7	58	93	1,6	19	44	2,3	20	44	2,2
–	–	–	84	97	1,2	–	–	–	–	–	–
64	70	1,1	88	97	1,1	61 x	69 x	1,1 x	55 x	67 x	1,2 x
–	–	–	–	–	–	13 x,p	10 x,p	0,8 x,p	–	25 x,p	–
–	–	–	81	82	1,0	26	54	2,1	–	–	–
–	–	–	–	–	–	–	–	–	–	–	–
53 x	64 x	1,2 x	–	–	–	–	–	–	–	–	–
–	–	–	–	–	–	–	–	–	–	–	–
34	49	1,4	35	81	2,3	6	30	5,0	6	42	7,2
20	53	2,6	28	95	3,3	15	33	2,2	23	43	1,9
–	–	–	100	100	1,0	–	–	–	–	–	–
–	–	–	–	–	–	–	–	–	–	–	–
–	–	–	–	–	–	–	–	–	–	–	–
34	48	1,4	39	87	2,2	–	–	–	–	–	–
23	31	1,3	99	99	1,0	5 x	10 x	2,1 x	–	–	–
–	–	–	–	–	–	–	–	–	–	–	–
–	–	–	96	97	1,0	–	–	–	–	–	–
–	–	–	–	–	–	–	–	–	–	–	–
23	44	1,9	92 y	92 y	1,0 y	–	–	–	–	–	–
–	–	–	79 x	92 x	1,2 x	14 x	26 x	1,8 x	–	–	–
–	–	–	–	–	–	–	–	–	–	–	–
22	37	1,7	88	97	1,1	–	–	–	–	–	–
–	–	–	–	–	–	–	–	–	–	–	–
37	39	1,0	–	–	–	17 x	37 x	2,1 x	35 x	50 x	1,5 x
59	68	1,1	75	97	1,3	24 x	48 x	2,0 x	24 x	51 x	2,1 x
–	–	–	85 y	91 y	1,1 y	3 x	3 x	1,0 x	3 x	9 x	2,7 x
–	–	–	–	–	–	–	–	–	–	–	–
–	–	–	92	96	1,1	39	51	1,3	38	56	1,5
–	–	–	–	–	–	–	–	–	–	–	–
–	–	–	–	–	–	–	–	–	–	–	–
28	23	0,8	43	78	1,8	–	–	–	–	–	–

Statistik

	Geburtenregistrierung in % (2010–2016*)"			Geburten mit ausgebildeten Geburtshelfern/-innen in % (2011–2016*)			Anteil der Kinder Verbreitung von Unterentwicklung (moderat und stark)		
	Ärmste 20%	Reichste 20%	Verhältnis Reichste zu Ärmsten	Ärmste 20%	Reichste 20%	Verhältnis Reichste zu Ärmsten	Ärmste 20%	Reichste 20%	Ver r Ärm z Reic
Serbien	97	100	1,0	98	95	1,0	14	4	3,3
Seychellen	–	–	–	–	–	–	–	–	–
Sierra Leone	77	80	1,0	51	84	1,6	43	28	1,5
Simbabwe	24	79	3,3	62	96	1,6	33	17	2,0
Singapur	–	–	–	–	–	–	–	–	–
Slowakei	–	–	–	–	–	–	–	–	–
Slowenien	–	–	–	–	–	–	–	–	–
Somalia	1 x	7 x	6,6 x	1 x	27 x	27,1 x	52 x	25 x	2,0
Spanien	–	–	–	–	–	–	–	–	–
Sri Lanka	97 x	98 x	1,0 x	97 x	99 x	1,0 x	19	10	2,
St. Kitts und Nevis	–	–	–	–	–	–	–	–	–
St. Lucia	–	–	–	–	–	–	–	–	–
St. Vincent u. d. Grenadinen	–	–	–	–	–	–	–	–	–
Südafrika	–	–	–	93	99	1,1	36	13	2,
Sudan	37	98	2,6	48	99	2,1	44	21	2,
Südsudan	21	57	2,7	8 x	41 x	5,1 x	31 x	27 x	1,
Suriname	98	100	1,0	83 x	94 x	1,1 x	13 x	6 x	2,
Swasiland	39	78	2,0	76	95	1,2	30	9	3,
Syrien	93 x	99 x	1,1 x	75 x	99 x	1,3 x	35 x	25 x	1,
Tadschikistan	86	90	1,0	74	96	1,3	32	21	1,
Tansania	8	65	8,5	42	95	2,3	40	19	2,
Thailand	100 y	100 y	1,0 y	98	100	1,0	13	12	1,
Timor-Leste	50	56	1,1	10 x	69 x	6,9 x	59	39	1,
Togo	67	97	1,5	11	87	8,1	33	11	3,
Tokelau (NZ)	–	–	–	–	–	–	–	–	–
Tonga	92	96	1,1	93	97	1,0	7	10	0,
Trinidad und Tobago	96 x	99 x	1,0 x	98 x	99 x	1,0 x	–	–	–
Tschad	6	39	6,5	11	58	5,3	41	32	1,
Tschechische Republik	–	–	–	–	–	–	–	–	–
Tunesien	98	100	1,0	63	89	1,4	16	8	2,
Türkei	98 y	99 y	1,0 y	91	100	1,1	18	4	4,
Turkmenistan	100	99	1,0	100	100	1,0	16	11	1,
Turks- und Caicosinseln (GB)	–	–	–	–	–	–	–	–	–
Tuvalu	39 x	71 x	1,8 x	95 x	90 x	1,0 x	8 x	13 x	0,
Uganda	27	44	1,6	43	88	2,0	32	17	1,
Ukraine	100	99	1,0	99	100	1,0	–	–	–
Ungarn	–	–	–	–	–	–	–	–	–
Uruguay	–	–	–	–	–	–	–	–	–
Usbekistan	100 x	100 x	1,0 x	99 x	100 x	1,0 x	21 x	15 x	1,

Tabelle 11: Unterschiede nach Haushaltsvermögen

unter 5 J. in % (2011–2016*)						Anteil der umfassend über HIV/Aids informierten (2011–2016*)					
Durchfallerkrankungen (ORT-Behandlung)			Schulbesuchsrate Grundschule (bereinigt) (2011–2016*)			Frauen (15–24 J.) in %			Männer (15–24 J.) in %		
Ärmste 20%	Reichste 20%	Verhältnis Reichste zu Ärmsten	Ärmste 20%	Reichste 20%	Verhältnis Reichste zu Ärmsten	Ärmste 20%	Reichste 20%	Verhältnis Reichste zu Ärmsten	Ärmste 20%	Reichste 20%	Verhältnis Reichste zu Ärmsten
–	–	–	97	100	1,0	28 x	69 x	2,4 x	28 x	66 x	2,4 x
–	–	–	–	–	–	–	–	–	–	–	–
87	88	1,0	62	92	1,5	14 x	36 x	2,6 x	–	–	–
30	44	1,5	91	100	1,1	47	65	1,4	43	67	1,6
–	–	–	–	–	–	–	–	–	–	–	–
–	–	–	–	–	–	–	–	–	–	–	–
7 x	31 x	4,8 x	4 x	50 x	13,2 x	1 x	8 x	13,5 x	–	–	–
–	–	–	–	–	–	–	–	–	–	–	–
–	–	–	–	–	–	–	–	–	–	–	–
–	–	–	98	100	1,0	–	–	–	–	–	–
–	–	–	–	–	–	–	–	–	–	–	–
16	21	1,3	48	94	1,9	2	19	8,7	–	–	–
27 x	52 x	1,9 x	10	50	5,1	3 x	18 x	6,1 x	–	–	–
–	–	–	92	97	1,1	26 x	52 x	2,0 x	–	–	–
–	–	–	97	98	1,0	38	54	1,4	40	69	1,7
46 x	59 x	1,3 x	92 x	99 x	1,1 x	4 x	10 x	2,9 x	–	–	–
53	62	1,2	85	88	1,0	–	–	–	–	–	–
40	45	1,1	63	95	1,5	39 x,p	55 x	1,4 x	34 x	56 x	1,7 x
78	81	1,0	92	97	1,1	42	53	1,3	37	53	1,4
70 x	71 x	1,0 x	60	84	1,4	9 x	16 x	1,8 x	11 x	35 x	3,0 x
28	25	0,9	80	97	1,2	18 x	42 x	2,3 x	20 x	55 x	2,7 x
–	–	–	–	–	–	–	–	–	–	–	–
–	–	–	94 y	94 y	1,0 y	11	16	1,4	13	14	1,1
–	–	–	95	98	1,0	48 x	62 x	1,3 x	–	–	–
14	30	2,2	44	76	1,7	6 x	18 x	2,9 x	–	–	–
–	–	–	96	99	1,0	10 p	29	2,8	–	–	–
–	–	–	92	96	1,0	–	–	–	–	–	–
–	–	–	98	98	1,0	17 p	32	1,9	–	–	–
–	–	–	99 x,y	100 x,y	1,0 x,y	34 x,p	39 x	1,2 x	–	67 x,p	–
48	53	1,1	79	92	1,2	20 x,p	47 x	2,3 x	28 x	47 x	1,6 x
–	–	–	100	100	1,0	41 p	53	1,3	40	54	1,3
–	–	–	97	98	1,0	–	–	–	–	–	–
27 x	19 x	0,7 x	–	–	–	25 x	33 x	1,3 x	–	–	–

	Geburtenregistrierung in % (2010–2016*)[w]			Geburten mit ausgebildeten Geburtshelfern/-innen in % (2011–2016*)			Anteil der Kinder Verbreitung von Unterentwicklung (moderat und stark		
	Ärmste 20%	Reichste 20%	Verhältnis Reichste zu Ärmsten	Ärmste 20%	Reichste 20%	Verhältnis Reichste zu Ärmsten	Ärmste 20%	Reichste 20%	Ver Är Rei
Vanuatu	33 y	59 y	1,8 y	77	95	1,2	40	16	2,
Vatikanstadt	–	–	–	–	–	–	–	–	
Venezuela	–	–	–	99	93	0,9	–	–	
Ver. Arabische Emirate	–	–	–	–	–	–	–	–	
Ver. Staaten von Amerika	–	–	–	–	–	–	–	–	
Vietnam	91	98	1,1	73	100	1,4	41	6	6,
Weißrussland	–	–	–	100	100	1,0	11 x	2 x	5,
Zentralafrikanische Republik	46	85	1,8	18 x	79 x	4,3 x	45	30	1,
Zypern	–	–	–	–	–	–	–	–	
Weltregionen									
Afrika südlich der Sahara	27	63	2,3	34	87	2,6	44	19	2,
Östliches und südliches Afrika	27	55	2,1	40	87	2,2	42	19	2,
West- und Zentralafrika	28	70	2,5	28	86	3,1	46	19	2,
Europa und Zentralasien									
Osteuropa und Zentralasien	98	98	1,0	93	99	1,1	18 r	8 r	2,
Westeuropa	–	–	–	–	–	–	–	–	
Lateinamerika und Karibik	88	98	1,1	80	98	1,2	30 N	7 N	4,
Naher Osten und Nordafrika	88	94	1,1	72	96	1,3	24	15	1,
Nordamerika	–	–	–	–	–	–	–	–	
Ostasien und Pazifik	59 **	92 **	1,6 **	60 **	98 **	1,6 **	44 **	20 **	2,
Südasien	45	78	1,7	53	91	1,7	52	22	2,
Am wenigsten entwickelte Länder	30	56	1,9	36	85	2,4	45	21	2,
Welt	56 **	82 **	1,5 **	51 **	91 **	1,8 **	44	19	2,

Definitionen der Weltregionen s. Seite 265 ff.
* Werte beziehen sich auf die neuesten verfügbaren Daten aus dem genannten Zeitraum.
** Angaben ohne China
‡ Angaben ohne Indien
r Angaben ohne die Russische Föderation
N Angaben ohne Brasilien
p Werte beruhen auf einer kleinen Stichprobe (25–49 Fälle)
w Die Definition des Indikators »Geburtenregistrierung« wurde nach der zweiten und dritten Runde der MICS (MICS2 und MICS3) für die vierte Runde (MICS4) geändert, um eine Vergleichbarkeit mit späteren Runden zu gewährleisten. Die statistischen Daten aus MICS2 und MICS3 zu »Geburtenregistrierung« wurden entsprechend der Indikatordefinition der MICS4 neu berechnet, daher können die hier vorgestellten Daten von den nationalen Erhebungen der MICS2 und MICS3 abweichen.

Tabelle 11: Unterschiede nach Haushaltsvermögen

unter 5 J. in % (2011–2016*)						Anteil der umfassend über HIV/Aids informierten (2011–2016*)					
Durchfallerkrankungen (ORT-Behandlung)			Schulbesuchsrate Grundschule (bereinigt) (2011–2016*)			Frauen (15–24 J.) in %			Männer (15–24 J.) in %		
Ärmste 20%	Reichste 20%	Verhältnis Reichste zu Ärmsten	Ärmste 20%	Reichste 20%	Verhältnis Reichste zu Ärmsten	Ärmste 20%	Reichste 20%	Verhältnis Reichste zu Ärmsten	Ärmste 20%	Reichste 20%	Verhältnis Reichste zu Ärmsten
–	–	–	75 y	80 y	1,1 y	9 x	23 x	2,7 x	–	–	–
–	–	–	–	–	–	–	–	–	–	–	–
–	–	–	86	99	1,2	–	–	–	–	–	–
–	–	–	–	–	–	–	–	–	–	–	–
–	–	–	–	–	–	–	–	–	–	–	–
–	–	–	94	98	1,0	30	65	2,2	–	–	–
–	–	–	93	93	1,0	55	55	1,0	42	43	1,0
11 x	28 x	2,5 x	57	90	1,6	12 x	21 x	1,7 x	19 x	29 x	1,5 x
–	–	–	–	–	–	–	–	–	–	–	–
31	45	1,5	54	91	1,7	–	–	–	–	–	–
37	46	1,2	63	90	1,4	–	–	–	–	–	–
25	45	1,8	46	91	2,0	14	34	2,4	–	–	–
–	–	–	94	96	1,0	–	–	–	–	–	–
–	–	–	94	97	1,0	–	–	–	–	–	–
23	24	1,0	86	97	1,1	–	–	–	–	–	–
–	–	–	–	–	–	–	–	–	–	–	–
–	–	–	95 **	99 **	1,0 **	–	–	–	–	–	–
37	49	1,3	67	94	1,4	5 ‡	21 ‡	4,1 ‡	–	–	–
39	47	1,2	64	89	1,4	–	–	–	–	–	–
34 **	45 **	1,3 **	70 **	94 **	1,3 **	–	–	–	–	–	–

Definitionen s. Seite 268 ff., Hauptquellen s. Seite 279 ff.

x Daten beziehen sich auf andere Jahre oder Zeiträume. Diese Werte werden nicht bei der Berechnung der regionalen und globalen Werte berücksichtigt (ausgenommen Daten zur Schulbesuchsrate der Grundschule aus Indien von 2005–2006). Schätzungen aus den Jahren vor 2000 sind nicht aufgeführt.

y Daten weichen von der Standarddefinition ab oder beziehen sich nur auf einen Teil des Landes. Diese Werte werden bei der Berechnung der regionalen und globalen Werte berücksichtigt, sofern sie in den angegebenen Referenzzeitraum fallen.

– keine Daten verfügbar

1 Globale und regionale Durchschnittswerte für Unterentwicklung (moderat und stark) wurden anhand der statistischen Modellierung der Daten der Joint Global Nutrition Database von UNICEF, WHO und Weltbank geschätzt (Überprüfung vom Mai 2017). Mehr Informationen: http://data.unicef.org/nutrition/malnutrition. Detailangaben hinsichtlich Unterentwicklung (moderat und stark) basieren auf populationsbasierten, aktuellen Schätzungen. Daher stimmen sie häufig nicht mit den Gesamtschätzungen auf globaler und regionaler Ebene überein.

Tabelle 12: Frühkindliche Entwicklung

Anteil der Kinder (36–59 Monate) in % (2005–2016*)

	mit Zugang zu frühkindlicher Bildung					mit Lernunterstützung durch Erwachsene[w]				
	gesamt	männl.	weibl.	Ärmste 20 %	Reichste 20 %	gesamt	männl.	weibl.	Ärmste 20 %	2
Afghanistan	1	1	1	0	4	73	74	73	72	8
Ägypten	47 y	48 y	47 y	34 y	50 y	–	–	–	–	
Albanien	40	39	42	26	60	86	85	87	68	9
Algerien	17	17	16	7	31	78	79	78	64	9
Andorra	–	–	–	–	–	–	–	–	–	
Angola	–	–	–	–	–	–	–	–	–	
Anguilla (GB)	–	–	–	–	–	–	–	–	–	
Antigua und Barbuda	–	–	–	–	–	–	–	–	–	
Äquatorialguinea	–	–	–	–	–	–	–	–	–	
Argentinien	63	61	66	46	85	84	83	85	73	9
Armenien	–	–	–	–	–	–	–	–	–	
Aserbaidschan	–	–	–	–	–	–	–	–	–	
Äthiopien	–	–	–	–	–	–	–	–	–	
Australien	–	–	–	–	–	–	–	–	–	
Bahamas	–	–	–	–	–	–	–	–	–	
Bahrain	–	–	–	–	–	–	–	–	–	
Bangladesch	13	13	14	12	18	78	78	78	64	9
Barbados	90	88	91	90 p	97 p	97	97	97	100 p	10
Belgien	–	–	–	–	–	–	–	–	–	
Belize	55	52	58	29	72	88	89	86	80	9
Benin	13	13	14	2	38	28	28	27	18	4
Bhutan	10	10	10	3	27	54	52	57	40	7
Bolivien	–	–	–	–	–	–	–	–	–	
Bosnien und Herzegowina	13	12	14	2	31	95	95	96	87	10
Botsuana	18	–	–	–	–	–	–	–	–	
Brasilien	70 y	–	–	–	–	–	–	–	–	
Britische Jungferninseln (GB)	–	–	–	–	–	–	–	–	–	
Brunei Darussalam	–	–	–	–	–	–	–	–	–	
Bulgarien	–	–	–	–	–	–	–	–	–	
Burkina Faso	3 y	3 y	3 y	–	–	14	14	14	12	
Burundi	5	5	5	4	10	34	35	34	32	
Chile	–	–	–	–	–	–	–	–	–	
China	–	–	–	–	–	–	–	–	–	
Cookinseln (NZ)	–	–	–	–	–	–	–	–	–	
Costa Rica	18	17	18	8	40	68	69	66	54	
Dänemark	–	–	–	–	–	–	–	–	–	
Deutschland	–	–	–	–	–	–	–	–	–	
Dominica	–	–	–	–	–	–	–	–	–	
Dominikanische Republik	40	39	40	16	72	58	58	59	38	
Dschibuti	14	12	16	–	–	37 y	38 y	35 y	–	

Anteil der Kinder (0–59 Monate) in % (2005–2016*)

mit Lernunterstützung durch den Vater[w]	mit Lernmaterialien zu Hause						ohne angemessene Aufsicht				
	Kinderbücher			Spielsachen[w]							
	gesamt	Ärmste 20 %	Reichste 20 %	gesamt	Ärmste 20 %	Reichste 20 %	gesamt	männl.	weibl.	Ärmste 20 %	Reichste 20 %
62 y	2	1	5	53	52	57	40	42	39	43	27
–	–	–	–	–	–	–	4	4	4	7	2
53 y	32	16	52	53	57	48	13	14	11	9	16
79 y	11	3	23	35	32	36	6	6	5	6	6
–	–	–	–	–	–	–	–	–	–	–	–
–	–	–	–	–	–	–	–	–	–	–	–
–	–	–	–	–	–	–	–	–	–	–	–
–	–	–	–	–	–	–	–	–	–	–	–
57 y	61	40	83	61	58	63	8	9	8	10	5
–	–	–	–	–	–	–	–	–	–	–	–
–	–	–	–	–	–	–	–	–	–	–	–
–	–	–	–	–	–	–	–	–	–	–	–
–	–	–	–	–	–	–	–	–	–	–	–
10	9	2	23	60	57	60	12	11	12	14	12
46 y	85	83	89	76	68	77	1	2	1	0	3
–	–	–	–	–	–	–	–	–	–	–	–
24	44	23	73	68	70	66	13	15	11	15	11
5	1	0	6	48	39	65	34	35	34	39	25
51 y	6	1	24	52	36	60	14	13	15	17	7
–	–	–	–	–	–	–	–	–	–	–	–
76 y	56	39	73	56	58	60	2	2	2	3	1
–	–	–	–	–	–	–	–	–	–	–	–
–	–	–	–	–	–	–	–	–	–	–	–
–	–	–	–	–	–	–	–	–	–	–	–
–	–	–	–	–	–	–	–	–	–	–	–
24 y	–	–	–	–	–	–	–	–	–	–	–
20 y	–	–	–	–	–	–	–	–	–	–	–
–	–	–	–	–	–	–	–	–	–	–	–
–	–	–	–	–	–	–	–	–	–	–	–
52 y	37	13	70	73	68	74	4	4	4	6	3
–	–	–	–	–	–	–	–	–	–	–	–
–	–	–	–	–	–	–	–	–	–	–	–
6	10	2	28	57	57	58	5	5	5	7	3
28 y	15	–	–	24	–	–	8	8	8	–	–

	Anteil der Kinder (36–59 Monate) in % (2005–2016*)								
	mit Zugang zu frühkindlicher Bildung					mit Lernunterstützung durch Erwachsene[w]			
	gesamt	männl.	weibl.	Ärmste 20 %	Reichste 20 %	gesamt	männl.	weibl.	Ärmste 20 %
Ecuador	–	–	–	–	–	–	–	–	–
El Salvador	25	24	26	19	44	59	57	62	45
Elfenbeinküste	5	5	5	1	15	50	50	51	55
Eritrea	–	–	–	–	–	–	–	–	–
Estland	–	–	–	–	–	–	–	–	–
Fidschi	–	–	–	–	–	–	–	–	–
Finnland	–	–	–	–	–	–	–	–	–
Frankreich	–	–	–	–	–	–	–	–	–
Gabun	–	–	–	–	–	–	–	–	–
Gambia	18	17	19	12	32	48	49	47	50
Georgien	62 y	–	–	–	–	83	82	84	85
Ghana	68	65	72	42	97	40	38	42	23
Grenada	–	–	–	–	–	–	–	–	–
Griechenland	–	–	–	–	–	–	–	–	–
Großbritannien	–	–	–	–	–	–	–	–	–
Guatemala	–	–	–	–	–	–	–	–	–
Guinea	–	–	–	–	–	–	–	–	–
Guinea-Bissau	13	13	14	3	46	34	41	28	33
Guyana	61	63	59	45	76	87	85	90	82
Haiti	–	–	–	–	–	–	–	–	–
Honduras	19	17	21	13	28	48	47	49	28
Indien	–	–	–	–	–	–	–	–	–
Indonesien	17	16	18	–	–	–	–	–	–
Irak	4	4	4	1	10	58	58	59	40
Iran	20 y	19 y	22 y	–	–	70 y	69 y	70 y	–
Irland	–	–	–	–	–	–	–	–	–
Island	–	–	–	–	–	–	–	–	–
Israel	–	–	–	–	–	–	–	–	–
Italien	–	–	–	–	–	–	–	–	–
Jamaika	92	92	91	88	100	88	86	90	76
Japan	–	–	–	–	–	–	–	–	–
Jemen	3	3	3	0	8	33	34	32	16
Jordanien	22 y	21 y	23 y	11 y	39 y	82 y	81 y	83 y	75 y
Kambodscha	15 y	12 y	17 y	7 y	38 y	59 y	57 y	62 y	48 y
Kamerun	28	27	29	2	66	44	45	44	50
Kanada	–	–	–	–	–	–	–	–	–
Kap Verde	–	–	–	–	–	–	–	–	–
Kasachstan	55	53	58	45	70	86	84	87	83
Katar	41	41	41	–	–	88	89	88	–
Kenia	–	–	–	–	–	–	–	–	–
Kirgisistan	23	23	23	12	50	72	74	70	63
Kiribati	–	–	–	–	–	–	–	–	–
Kolumbien	37 y	–	–	–	–	–	–	–	–

Tabelle 12: Frühkindliche Entwicklung

Anteil der Kinder (0–59 Monate) in % (2005–2016*)

mit Lern- unterstüt- zung durch den Vater[w]	mit Lernmaterialien zu Hause						ohne angemessene Aufsicht				
	Kinderbücher			Spielsachen[w]							
	ge- samt	Ärmste 20 %	Reichste 20 %	ge- samt	Ärmste 20 %	Reichste 20 %	ge- samt	männl.	weibl.	Ärmste 20 %	Reichste 20 %
–	–	–	–	–	–	–	–	–	–	–	–
8	18	6	44	62	62	58	4	4	3	4	4
40 y	5	3	13	39	44	35	59	60	58	62	51
–	–	–	–	–	–	–	–	–	–	–	–
–	–	–	–	–	–	–	–	–	–	–	–
–	–	–	–	–	–	–	–	–	–	–	–
–	–	–	–	–	–	–	–	–	–	–	–
–	–	–	–	–	–	–	–	–	–	–	–
21 y	1	0	4	42	28	50	21	22	19	25	18
35 y	58 y	40 y	74 y	38	41	41	6 y	6 y	7 y	6 y	8 y
30 y	6	1	23	41	31	51	21	21	21	27	15
–	–	–	–	–	–	–	–	–	–	–	–
–	–	–	–	–	–	–	–	–	–	–	–
–	–	–	–	–	–	–	–	–	–	–	–
–	–	–	–	–	–	–	–	–	–	–	–
0	1	0	3	31	24	46	31	31	31	27	38
16	47	25	76	69	65	70	5	5	5	10	1
–	–	–	–	–	–	–	–	–	–	–	–
59 y	11	1	34	78	74	81	4	5	4	8	2
–	–	–	–	–	–	–	–	–	–	–	–
–	–	–	–	–	–	–	–	–	–	–	–
55 y	5	1	16	34	34	32	8	8	7	9	8
60 y	36 y	–	–	67 y	–	–	15 y	15 y	15 y	–	–
–	–	–	–	–	–	–	–	–	–	–	–
–	–	–	–	–	–	–	–	–	–	–	–
–	–	–	–	–	–	–	–	–	–	–	–
28 y	55	34	73	61	64	56	2	2	2	2	1
–	–	–	–	–	–	–	–	–	–	–	–
37 y	10	4	31	49	45	49	34	36	33	46	22
72 y	23 y	11 y	40 y	70 y	68 y	74 y	9 y	9 y	9 y	11 y	8 y
9 y	4 y	1 y	12 y	34 y	20 y	53 y	10 y	10 y	10 y	16 y	4 y
4	4	0	17	53	47	65	34	34	35	52	23
–	–	–	–	–	–	–	–	–	–	–	–
–	–	–	–	–	–	–	–	–	–	–	–
7	51	35	73	60	63	61	5	4	6	8	3
85 y	40	–	–	55	–	–	12	12	11	–	–
–	–	–	–	–	–	–	–	–	–	–	–
3	27	15	54	59	63	54	5	5	4	6	5
–	–	–	–	–	–	–	–	–	–	–	–
–	–	–	–	–	–	–	–	–	–	–	–

242 Statistik

Anteil der Kinder (36–59 Monate) in % (2005–2016*)

	mit Zugang zu frühkindlicher Bildung					mit Lernunterstützung durch Erwachsene[w]				
	gesamt	männl.	weibl.	Ärmste 20 %	Reichste 20 %	gesamt	männl.	weibl.	Ärmste 20 %	Rei 20
Komoren	–	–	–	–	–	–	–	–	–	–
Kongo, Dem. Republik	7 y	7 y	7 y	1 y	20 y	52 y	55 y	48 y	45 y	6
Kongo, Republik	36	–	–	–	–	59	–	–	–	
Korea, Dem. Volksrepublik	98	98	97	–	–	91	88	93	–	
Korea, Republik	–	–	–	–	–	–	–	–	–	
Kroatien	74 y	75 y	73 y	–	–	–	–	–	–	
Kuba	76	75	77	–	–	89	89	90	–	
Kuwait	–	–	–	–	–	–	–	–	–	
Laos	23	21	25	5	73	57	58	57	42	8
Lesotho	–	–	–	–	–	–	–	–	–	
Lettland	–	–	–	–	–	–	–	–	–	
Libanon	62	63	60	–	–	56 y	58 y	54 y	–	
Liberia	–	–	–	–	–	–	–	–	–	
Libyen	–	–	–	–	–	–	–	–	–	
Liechtenstein	–	–	–	–	–	–	–	–	–	
Litauen	–	–	–	–	–	–	–	–	–	
Luxemburg	–	–	–	–	–	–	–	–	–	
Madagaskar	–	–	–	–	–	–	–	–	–	
Malawi	39	37	41	26	67	29	29	30	22	4
Malaysia	53	52	55	–	–	25	25	24	–	
Malediven	–	–	–	–	–	–	–	–	–	
Mali	5	6	5	1	21	55	55	55	53	6
Malta	–	–	–	–	–	–	–	–	–	
Marokko	39	36	41	6	78	35 y	34 y	35 y	16 y	5
Marshallinseln	–	–	–	–	–	–	–	–	–	
Mauretanien	12	–	–	–	–	44	–	–	–	
Mauritius	–	–	–	–	–	–	–	–	–	
Mazedonien	30	–	–	–	–	92	92	91	81	9
Mexiko	60	58	62	58	71	76	71	80	62	9
Mikronesien	–	–	–	–	–	–	–	–	–	
Moldau	71	74	67	50	88	89	86	92	81	9
Monaco	–	–	–	–	–	–	–	–	–	
Mongolei	68	68	68	36	90	55	55	55	38	7
Montenegro	40	39	42	7	66	98	97	99	93	9
Montserrat (GB)	–	–	–	–	–	–	–	–	–	
Mosambik	–	–	–	–	–	47	45	48	48	5
Myanmar	23 y	22 y	25 y	11 y	42 y	54 y	53 y	56 y	43 y	7
Namibia	–	–	–	–	–	–	–	–	–	
Nauru	–	–	–	–	–	–	–	–	–	
Nepal	51	52	49	41	84	67	70	64	51	9
Neuseeland	–	–	–	–	–	–	–	–	–	
Nicaragua	–	–	–	–	–	–	–	–	–	
Niederlande	–	–	–	–	–	–	–	–	–	

Tabelle 12: Frühkindliche Entwicklung

Anteil der Kinder (0–59 Monate) in % (2005–2016*)

mit Lernunterstützung durch den Vater^w	mit Lernmaterialien zu Hause							ohne angemessene Aufsicht				
	Kinderbücher			Spielsachen^w								
	gesamt	Ärmste 20 %	Reichste 20 %	gesamt	Ärmste 20 %	Reichste 20 %	gesamt	männl.	weibl.	Ärmste 20 %	Reichste 20 %
–	–	–	–	–	–	–	–	–	–	–	–
4 y	1 y	0 y	2 y	27 y	18 y	49 y	49 y	50 y	48 y	57 y	29 y
6	3	–	–	51	–	–	42	–	–	–	–
75 y	79	–	–	47	–	–	17	17	16	–	–
–	–	–	–	–	–	–	–	–	–	–	–
–	–	–	–	–	–	–	–	–	–	–	–
18	48	–	–	78	–	–	4	4	4	–	–
–	–	–	–	–	–	–	–	–	–	–	–
52 y	5	1	24	41	29	50	14	15	13	20	8
–	–	–	–	–	–	–	–	–	–	–	–
–	–	–	–	–	–	–	–	–	–	–	–
74 y	29	–	–	16 y	–	–	9	8	10	–	–
–	–	–	–	–	–	–	–	–	–	–	–
–	–	–	–	–	–	–	–	–	–	–	–
–	–	–	–	–	–	–	–	–	–	–	–
–	–	–	–	–	–	–	–	–	–	–	–
–	–	–	–	–	–	–	–	–	–	–	–
3	1	0	6	45	35	66	37	37	37	39	28
–	56	–	–	62	–	–	3	3	3	–	–
–	–	–	–	–	–	–	–	–	–	–	–
5	0	0	2	52	42	70	32	32	32	31	27
–	–	–	–	–	–	–	–	–	–	–	–
58 y	21 y	9 y	52 y	14 y	19 y	7 y	11	–	–	–	–
–	–	–	–	–	–	–	–	–	–	–	–
5	1	–	–	33	–	–	34	–	–	–	–
–	–	–	–	–	–	–	–	–	–	–	–
71 y	52	18	81	71	70	79	5	5	5	11	1
14	35	15	64	76	74	85	5	5	5	8	3
–	–	–	–	–	–	–	–	–	–	–	–
47 y	68	33	87	68	75	69	6	6	6	9	5
–	–	–	–	–	–	–	–	–	–	–	–
10	33	13	57	56	57	58	10	9	11	15	8
45	73	48	87	60	61	66	3	3	3	2	3
20 y	3	2	10	–	–	–	33	33	32	–	–
6 y	5 y	1 y	15 y	72 y	64 y	76 y	13 y	14 y	13 y	21 y	5 y
–	–	–	–	–	–	–	–	–	–	–	–
–	–	–	–	–	–	–	–	–	–	–	–
10	5	1	16	59	60	60	21	20	21	30	12
–	–	–	–	–	–	–	–	–	–	–	–
–	–	–	–	–	–	–	–	–	–	–	–
–	–	–	–	–	–	–	–	–	–	–	–

244 Statistik

Anteil der Kinder (36–59 Monate) in % (2005–2016*)

	mit Zugang zu frühkindlicher Bildung					mit Lernunterstützung durch Erwachsene[w]				
	gesamt	männl.	weibl.	Ärmste 20 %	Reichste 20 %	gesamt	männl.	weibl.	Ärmste 20 %	Rei 2
Niger	–	–	–	–	–	–	–	–	–	
Nigeria	43	42	43	10	84	65	66	64	48	8
Niue (NZ)	–	–	–	–	–	–	–	–	–	
Norwegen	–	–	–	–	–	–	–	–	–	
Oman	29	28	31	–	–	81	78	84	–	
Österreich	–	–	–	–	–	–	–	–	–	
Pakistan	–	–	–	–	–	–	–	–	–	
Palästina	26	27	26	21	38	78	77	78	69	8
Palau	–	–	–	–	–	–	–	–	–	
Panama	37	38	35	28	67	74	73	74	55	8
Papua-Neuguinea	–	–	–	–	–	–	–	–	–	
Paraguay	–	–	–	–	–	–	–	–	–	
Peru	77 y	76 y	79 y	70 y	90 y	–	–	–	–	
Philippinen	–	–	–	–	–	–	–	–	–	
Polen	–	–	–	–	–	–	–	–	–	
Portugal	–	–	–	–	–	–	–	–	–	
Ruanda	13 y	12 y	14 y	3 y	45 y	49 y	49 y	49 y	36 y	6
Rumänien	82 y	82 y	83 y	–	–	–	–	–	–	
Russische Föderation	–	–	–	–	–	–	–	–	–	
Salomonen	–	–	–	–	–	–	–	–	–	
Sambia	–	–	–	–	–	–	–	–	–	
Samoa	–	–	–	–	–	–	–	–	–	
San Marino	–	–	–	–	–	–	–	–	–	
São Tomé und Príncipe	36	34	39	21	63	63	63	63	48	7
Saudi-Arabien	–	–	–	–	–	–	–	–	–	
Schweden	–	–	–	–	–	–	–	–	–	
Schweiz	–	–	–	–	–	–	–	–	–	
Senegal	35 y	35 y	34 y	12 y	68 y	–	–	–	–	
Serbien	50	52	49	9	82	96	95	96	87	9
Seychellen	–	–	–	–	–	–	–	–	–	
Sierra Leone	14	13	15	5	42	54	53	55	45	7
Simbabwe	22	20	23	17	34	43	43	43	35	5
Singapur	–	–	–	–	–	–	–	–	–	
Slowakei	–	–	–	–	–	–	–	–	–	
Slowenien	–	–	–	–	–	–	–	–	–	
Somalia	2	2	2	1	6	79	80	79	76	8
Spanien	–	–	–	–	–	–	–	–	–	
Sri Lanka	–	–	–	–	–	–	–	–	–	
St. Kitts und Nevis	–	–	–	–	–	–	–	–	–	
St. Lucia	85	87	84	–	–	93	89	96	–	
St. Vincent u. d. Grenadinen	–	–	–	–	–	–	–	–	–	
Südafrika	48 y	–	–	–	–	–	–	–	–	
Sudan	22	22	23	7	59	–	–	–	–	

Tabelle 12: Frühkindliche Entwicklung

Anteil der Kinder (0–59 Monate) in % (2005–2016*)

mit Lern- unterstüt- zung durch den Vater[w]	mit Lernmaterialien zu Hause							ohne angemessene Aufsicht				
	Kinderbücher			Spielsachen[w]							
	ge- samt	Ärmste 20 %	Reichste 20 %	ge- samt	Ärmste 20 %	Reichste 20 %	ge- samt	männl.	weibl.	Ärmste 20 %	Reichste 20 %
–	–	–	–	–	–	–	–	–	–	–	–
37 y	6	0	19	38	29	48	40	40	40	40	34
–	–	–	–	–	–	–	–	–	–	–	–
22	25	–	–	75	–	–	45	44	45	–	–
–	–	–	–	–	–	–	–	–	–	–	–
–	–	–	–	–	–	–	–	–	–	–	–
12	20	13	31	69	64	72	14	14	15	15	12
–	–	–	–	–	–	–	–	–	–	–	–
45 y	26	7	59	69	67	68	3	3	2	6	1
–	–	–	–	–	–	–	–	–	–	–	–
–	–	–	–	–	–	–	–	–	–	–	–
–	–	–	–	–	–	–	–	–	–	–	–
–	–	–	–	–	–	–	–	–	–	–	–
3 y	1 y	0 y	3 y	30 y	21 y	41 y	35 y	35 y	35 y	38 y	21 y
–	–	–	–	–	–	–	–	–	–	–	–
–	–	–	–	–	–	–	–	–	–	–	–
–	–	–	–	–	–	–	–	–	–	–	–
–	–	–	–	–	–	–	–	–	–	–	–
–	–	–	–	–	–	–	–	–	–	–	–
3	6	1	20	65	65	57	16	17	14	26	8
–	–	–	–	–	–	–	–	–	–	–	–
–	–	–	–	–	–	–	–	–	–	–	–
–	–	–	–	–	–	–	–	–	–	–	–
–	–	–	–	–	–	–	–	–	–	–	–
37	72	44	83	75	78	76	1	2	1	3	2
–	–	–	–	–	–	–	–	–	–	–	–
42 y	2	0	10	35	24	50	32	33	32	29	28
3	3	1	12	62	48	74	19	19	18	25	7
–	–	–	–	–	–	–	–	–	–	–	–
–	–	–	–	–	–	–	–	–	–	–	–
–	–	–	–	–	–	–	–	–	–	–	–
48 y	–	–	–	–	–	–	–	–	–	–	–
–	–	–	–	–	–	–	–	–	–	–	–
–	–	–	–	–	–	–	–	–	–	–	–
–	–	–	–	–	–	–	–	–	–	–	–
50 y	68	–	–	59	–	–	5	5	5	–	–
–	–	–	–	–	–	–	–	–	–	–	–
–	–	–	–	–	–	–	–	–	–	–	–
–	2	0	7	46	36	55	–	–	–	–	–

Statistik

Anteil der Kinder (36–59 Monate) in % (2005–2016*)

	mit Zugang zu frühkindlicher Bildung					mit Lernunterstützung durch Erwachsene[w]				
	gesamt	männl.	weibl.	Ärmste 20 %	Reichste 20 %	gesamt	männl.	weibl.	Ärmste 20 %	Reichste 20 %
Südsudan	6	6	6	2	13	–	–	–	–	–
Suriname	34	33	35	16	63	73	71	75	56	9
Swasiland	30	26	33	28	48	39	33	44	25	5
Syrien	8	8	7	4	18	70	70	69	52	8
Tadschikistan	6	–	–	–	–	74	73	74	56	8
Tansania	–	–	–	–	–	–	–	–	–	–
Thailand	85	84	85	86	84	93	93	92	87	9
Timor-Leste	–	–	–	–	–	–	–	–	–	–
Togo	26 y	26 y	26 y	15 y	52 y	25 y	25 y	25 y	20 y	4
Tokelau (NZ)	–	–	–	–	–	–	–	–	–	–
Tonga	–	–	–	–	–	–	–	–	–	–
Trinidad und Tobago	75	74	76	65	87	98	98	98	96	10
Tschad	3 y	3 y	3 y	1 y	11 y	47 y	48 y	46 y	41 y	5
Tschechische Republik	–	–	–	–	–	–	–	–	–	–
Tunesien	44	42	47	13	81	71	68	74	44	9
Türkei	–	–	–	–	–	–	–	–	–	–
Turkmenistan	43	43	43	17	81	94	94	95	92	9
Turks- und Caicosinseln (GB)	–	–	–	–	–	–	–	–	–	–
Tuvalu	–	–	–	–	–	–	–	–	–	–
Uganda	–	–	–	–	–	–	–	–	–	–
Ukraine	52	54	50	30	68	98	97	98	95	9
Ungarn	–	–	–	–	–	–	–	–	–	–
Uruguay	81	83	80	–	–	93	94	91	–	
Usbekistan	21 y	21 y	21 y	–	–	91	91	90	83	9
Vanuatu	–	–	–	–	–	–	–	–	–	–
Vatikanstadt	–	–	–	–	–	–	–	–	–	–
Venezuela	66 y	–	–	–	–	–	–	–	–	–
Ver. Arabische Emirate	–	–	–	–	–	–	–	–	–	–
Ver. Staaten von Amerika	–	–	–	–	–	–	–	–	–	–
Vietnam	71	74	69	53	86	76	76	76	52	9
Weißrussland	88	86	89	75	91	96	94	97	90	9
Zentralafrikanische Republik	5	5	6	2	17	74	74	74	70	7
Zypern	–	–	–	–	–	–	–	–	–	–

Tabelle 12: Frühkindliche Entwicklung

Anteil der Kinder (0–59 Monate) in % (2005–2016*)

mit Lern-unterstützung durch den Vater[w]	mit Lernmaterialien zu Hause						ohne angemessene Aufsicht				
	Kinderbücher			Spielsachen[w]							
	gesamt	Ärmste 20 %	Reichste 20 %	gesamt	Ärmste 20 %	Reichste 20 %	gesamt	männl.	weibl.	Ärmste 20 %	Reichste 20 %
–	–	–	–	–	–	–	–	–	–	–	–
26 y	25	4	61	59	61	60	7	7	7	9	8
2	6	2	19	67	56	78	17	16	17	18	15
62 y	30	12	53	52	52	51	17	17	17	22	15
23 y	17	4	33	46	43	44	13	13	12	15	11
–	–	–	–	–	–	–	–	–	–	–	–
34	41	23	73	76	81	67	2	6	6	8	3
–	–	–	–	–	–	–	–	–	–	–	–
21 y	1 y	0 y	3 y	34 y	22 y	48 y	29 y	26 y	33 y	36 y	26 y
–	–	–	–	–	–	–	–	–	–	–	–
63 y	81	66	93	65	63	72	1	1	1	2	0
20 y	1 y	1 y	2 y	41 y	33 y	52 y	47 y	50 y	45 y	43 y	46 y
–	–	–	–	–	–	–	–	–	–	–	–
71 y	18	3	40	53	46	56	13	13	14	18	9
–	–	–	–	–	–	–	–	–	–	–	–
15	48	30	66	53	59	56	1	0	1	1	1
–	–	–	–	–	–	–	–	–	–	–	–
–	–	–	–	–	–	–	–	–	–	–	–
–	–	–	–	–	–	–	–	–	–	–	–
71 y	91	92	92	52	61	51	7	6	7	11	5
66 y	59	–	–	75	–	–	3	3	3	–	–
54 y	43	32	59	67	74	62	5	5	5	6	7
–	–	–	–	–	–	–	–	–	–	–	–
–	–	–	–	–	–	–	–	–	–	–	–
–	–	–	–	–	–	–	–	–	–	–	–
–	–	–	–	–	–	–	–	–	–	–	–
15	26	6	58	52	44	54	7	6	8	14	2
68 y	92	83	96	79	77	79	4	4	4	4	5
42 y	1	0	3	49	41	51	61	60	62	58	60
–	–	–	–	–	–	–	–	–	–	–	–

Statistik

Anteil der Kinder (36–59 Monate) in % (2005–2016*)

	mit Zugang zu frühkindlicher Bildung					mit Lernunterstützung durch Erwachsene[w]				
	gesamt	männl.	weibl.	Ärmste 20 %	Reichste 20 %	gesamt	männl.	weibl.	Ärmste 20 %	Reichste 20 %
Weltregionen										
Afrika südlich der Sahara	27	25	26	8	54	53	53	52	44	6
Östliches und südliches Afrika	–	–	–	–	–	–	–	–	–	
West- und Zentralafrika	27	27	28	8	58	54	55	53	44	7
Europa und Zentralasien	–	–	–	–	–	–	–	–	–	
Osteuropa und Zentralasien	–	–	–	–	–	–	–	–	–	
Westeuropa	–	–	–	–	–	–	–	–	–	
Lateinamerika und Karibik	61	–	–	–	–	–	–	–	–	
Naher Osten und Nordafrika	26	25	26	15	37	61	61	61	–	
Nordamerika	–	–	–	–	–	–	–	–	–	
Ostasien und Pazifik	37 **	37 **	37 **	–	–	–	–	–	–	
Südasien	–	–	–	–	–	–	–	–	–	
Am wenigsten entwickelte Länder	13	13	14	7	29	55	56	55	47	6
Welt	–	–	–	–	–	–	–	–	–	

Definitionen der Weltregionen s. Seite 265 ff.
* Werte beziehen sich auf die neuesten verfügbaren Daten aus dem genannten Zeitraum.
– keine Daten verfügbar
p Werte beruhen auf einer kleinen Stichprobe (25–49 Fälle).
y Daten weichen von der Standarddefinition ab oder beziehen sich nur auf einen Teil des Landes. Diese Werte werden bei der Berechnung der regionalen und globalen Werte berücksichtigt, sofern sie in den angegebenen Referenzzeitraum fallen.

Tabelle 12: Frühkindliche Entwicklung

Anteil der Kinder (0–59 Monate) in % (2005–2016*)

mit Lern-unterstützung durch den Vater[w]	mit Lernmaterialien zu Hause							ohne angemessene Aufsicht			
	Kinderbücher			Spielsachen[w]							
	gesamt	Ärmste 20 %	Reichste 20 %	gesamt	Ärmste 20 %	Reichste 20 %	gesamt	männl.	weibl.	Ärmste 20 %	Reichste 20 %
23	3	0	12	39	–	–	39	–	–	–	–
–	–	–	–	–	–	–	–	–	–	–	–
24	4	0	13	38	30	50	41	41	41	44	32
–	–	–	–	–	–	–	–	–	–	–	–
–	–	–	–	–	–	–	–	–	–	–	–
–	–	–	–	–	–	–	–	–	–	–	–
–	–	–	–	–	–	–	–	–	–	–	–
58	19	–	–	45	–	–	11	12	11	14	8
–	–	–	–	–	–	–	–	–	–	–	–
–	–	–	–	–	–	–	–	–	–	–	–
–	–	–	–	–	–	–	–	–	–	–	–
17	4	1	11	47	40	57	31	–	–	–	–
–	–	–	–	–	–	–	–	–	–	–	–

Definitionen s. Seite 268 ff., Hauptquellen s. Seite 279 ff.

w Die Definitionen verschiedener Indikatoren zu frühkindlicher Entwicklung wurden von der dritten zur vierten Runde der MICS (MICS3 und MICS4) geändert. Um eine Vergleichbarkeit mit den MICS4 zu gewährleisten, wurden die statistischen Daten aus den MICS3 entsprechend den Indikatordefinitionen der MICS4 neu berechnet. Die hier vorgestellten Daten können daher von den nationalen Erhebungen der MICS3 abweichen.

Tabelle 13: Ökonomische Indikatoren

	Anteil der Bevölkerung mit weniger als 1,90 US-$ pro Tag in %	Anteil der Kinder unter 17 J., die in Haushalten unter der Armutsschwelle leben, in %[m]	Staatliche Entwicklungshilfe in Mio. US-$	Staatliche Entwicklungshilfe in % des BNE des Empfängerlandes
	2010–2014*	2010–2016*	2015	
Afghanistan	–	–	4239	21
Ägypten	–	29	2488	1
Albanien	1	–	334	3
Algerien	–	–	88	0
Andorra	–	–	–	–
Angola	30 x	–	380	0
Anguilla (GB)	–	–	–	–
Antigua und Barbuda	–	24 x	1	0
Äquatorialguinea	–	–	8	0
Argentinien	2	–	–23	0
Armenien	2	34	348	3
Aserbaidschan	1 x	5	70	0
Äthiopien	34	–	3234	5
Australien	–	–	–	–
Bahamas	–	–	–	–
Bahrain	–	–	–	–
Bangladesch	19	–	2570	1
Barbados	–	32	–	–
Belgien	–	–	–	–
Belize	14 x	–	27	2
Benin	53	–	430	5
Bhutan	2	–	97	5
Bolivien	7	–	787	2
Bosnien und Herzegowina	0	–	355	2
Botsuana	18 x	26	66	0
Brasilien	4	–	999	0
Britische Jungferninseln (GB)	–	29 x	–	–
Brunei Darussalam	–	–	–	–
Bulgarien	2	25	–	–
Burkina Faso	44	–	997	9
Burundi	78 x	55	367	12
Chile	1	18	50	0
China	2	7 y	–332	0
Cookinseln (NZ)	–	–	–	–
Costa Rica	2	–	109	0
Dänemark	–	–	–	–
Deutschland	–	–	–	–
Dominica	–	38 x	11	2
Dominikanische Republik	2	–	278	0

Tabelle 13: Ökonomische Indikatoren 251

Anteil am gesamten Haushaltseinkommen in % (2009–2013*)	
Ärmste 40 %	Reichste 20 %
–	–
–	–
22	38
–	–
–	–
15 x	49 x
–	–
–	–
–	–
15	47
21	40
21 x	41 x
21	42
19	42
–	–
–	–
21	42
–	–
23	36
11 x	58 x
16	51
18	46
12	52
19	41
9	65
11	57
–	–
–	–
18	43
17	47
21 x	43 x
13	57
15	48
–	–
12	54
23	38
22	39
–	–
14	53

	Anteil der Bevölkerung mit weniger als 1,90 US-$ pro Tag in %	Anteil der Kinder unter 17 J., die in Haushalten unter der Armutsschwelle leben, in %[m]	Staatliche Entwicklungshilfe in Mio. US-$	Staatliche Entwicklungshilfe in % des BNE des Empfängerlandes
	2010–2014*	2010–2016*	2015	
Dschibuti	23	–	170	–
Ecuador	4	–	311	0
El Salvador	3	44	88	0
Elfenbeinküste	29 x	–	653	2
Eritrea	–	–	92	–
Estland	1	–	–	–
Fidschi	4 x	–	102	2
Finnland	–	–	–	–
Frankreich	–	–	–	–
Gabun	8 x	–	99	1
Gambia	45 x	–	108	12
Georgien	10	27	448	3
Ghana	25 x	–	1 768	5
Grenada	–	51 x	23	2
Griechenland	–	–	–	–
Großbritannien	–	–	–	–
Guatemala	9	68	408	1
Guinea	35	–	538	9
Guinea-Bissau	67	–	95	9
Guyana	14 x	–	31	1
Haiti	54	–	1 043	12
Honduras	16	74	537	3
Indien	21	–	3 163	0
Indonesien	8	17 x	–43	0
Irak	–	–	1 485	1
Iran	0	–	111	–
Irland	–	–	–	–
Island	–	–	–	–
Israel	–	–	–	–
Italien	–	–	–	–
Jamaika	2 x	–	57	0
Japan	–	–	–	–
Jemen	. –	–	1 531	4
Jordanien	–	19	2 150	6
Kambodscha	2	–	677	4
Kamerun	24	–	664	2
Kanada	–	–	–	–
Kap Verde	8 x	–	153	10
Kasachstan	0	45	83	0
Katar	–	–	–	–
Kenia	34 x	–	2 474	4

Tabelle 13: Ökonomische Indikatoren

Anteil am gesamten
Haushaltseinkommen
in %
(2009–2013*)

Ärmste 40 %	Reichste 20 %
15	50
13	53
15	50
–	–
–	–
20	41
16 x	50 x
23	37
20	41
16 x	49 x
14 x	53 x
16	46
15 x	49 x
–	–
17	42
20	40
12	57
20	42
13	57
14 x	50 x
8	64
10	58
20	44
18	47
–	–
18	45
20	41
23	36
14	47
19	42
15 x	52 x
20 x	40 x
–	–
–	–
22	40
15 x	49 x
20	41
14 x	53 x
24	36
–	–
13 x	54 x

	Anteil der Bevölkerung mit weniger als 1,90 US-$ pro Tag in %	Anteil der Kinder unter 17 J., die in Haushalten unter der Armutsschwelle leben, in % [m]	Staatliche Entwicklungshilfe in Mio. US-$	Staatliche Entwicklungshilfe in % des BNE des Empfängerlandes
	2010–2014*	2010–2016*	2015	
Kirgisistan	1	46	769	12
Kiribati	14 x	–	65	19
Kolumbien	6	–	1 347	0
Komoren	14 x	–	66	12
Kongo, Dem. Republik	77	–	2 599	8
Kongo, Republik	37	54 x	89	1
Korea, Dem. Volksrepublik	–	–	131	–
Korea, Republik	–	–	–	–
Kroatien	1	21	–	–
Kuba	–	–	553	–
Kuwait	–	–	–	–
Laos	17	–	471	3
Lesotho	60	–	83	3
Lettland	1	–	–	–
Libanon	–	–	975	2
Liberia	69 x	–	1 094	62
Libyen	–	–	158	–
Liechtenstein	–	–	–	–
Litauen	1	–	–	–
Luxemburg	–	–	–	–
Madagaskar	78	78	677	7
Malawi	71	–	1 049	17
Malaysia	0 x	–	–1	0
Malediven	7 x	–	27	1
Mali	49 x	–	1 200	10
Malta	–	–	–	–
Marokko	3 x	–	1 369	1
Marshallinseln	–	–	57	24
Mauretanien	6	–	318	7
Mauritius	1	–	77	1
Mazedonien	1 x	29	214	2
Mexiko	3	54	309	0
Mikronesien	17	–	81	22
Moldau	0	13	313	4
Monaco	–	–	–	–
Mongolei	0	–	236	2
Montenegro	0	13	100	2
Montserrat (GB)	–	47 x	–	–
Mosambik	69 x	–	1 815	12
Myanmar	–	–	1 169	2
Namibia	23 x	34	142	1

Tabelle 13: Ökonomische Indikatoren

Anteil am gesamten Haushaltseinkommen in % (2009–2013*)	
Ärmste 40 %	Reichste 20 %
23	38
18 x	44 x
11	58
11 x	61 x
16	48
12	54
–	–
–	–
20	40
–	–
–	–
18	46
10	58
19	42
–	–
18 x	44 x
–	–
–	–
19	42
19	42
16	49
15	52
13	51
17	45
20	41
–	–
17 x	48 x
–	–
18 x	42 x
19	44
15 x	50 x
14	54
15	48
–	–
–	–
20	42
20	40
–	–
15 x	51 x
–	–
9	66

	Anteil der Bevölkerung mit weniger als 1,90 US-$ pro Tag in %	Anteil der Kinder unter 17 J., die in Haushalten unter der Armutsschwelle leben, in %[m]	Staatliche Entwicklungshilfe in Mio. US-$	Staatliche Entwicklungshilfe in % des BNE des Empfängerlandes
	2010–2014*	2010–2016*	2015	
Nauru	–	–	31	25
Nepal	15	–	1 216	6
Neuseeland	–	–	–	–
Nicaragua	6	–	454	4
Niederlande	–	–	–	–
Niger	46	63 x	866	12
Nigeria	54 x	–	2 432	1
Niue (NZ)	–	–	–	–
Norwegen	–	–	–	–
Oman	–	–	–	–
Österreich	–	–	–	–
Pakistan	6	–	3 790	1
Palästina	0 x	–	1 873	13
Palau	–	–	14	5
Panama	4	–	9	0
Papua-Neuguinea	39 x	–	590	–
Paraguay	3	32	56	0
Peru	3	–	332	0
Philippinen	13	–	515	0
Polen	0	–	–	–
Portugal	–	–	–	–
Ruanda	60	47	1 082	13
Rumänien	0	38	–	–
Russische Föderation	0	–	–	–
Salomonen	46 x	–	190	17
Sambia	64	65	797	4
Samoa	1 x	–	94	12
San Marino	–	–	–	–
São Tomé und Príncipe	32	–	49	15
Saudi-Arabien	–	–	–	–
Schweden	–	–	–	–
Schweiz	–	–	–	–
Senegal	38	49	879	7
Serbien	0	30	313	1
Seychellen	1	–	7	0
Sierra Leone	52	–	946	23
Simbabwe	21	78	788	5
Singapur	–	–	–	–
Slowakei	0	–	–	–
Slowenien	0	–	–	–
Somalia	–	–	1 254	23

Tabelle 13: Ökonomische Indikatoren

Anteil am gesamten Haushaltseinkommen in % (2009–2013*)	
Ärmste 40 %	Reichste 20 %
–	–
20	42
–	–
14	51
23	37
22	41
15	49
–	–
24	35
–	–
21	38
22	40
20	43
–	–
11	56
14	49
13	53
14	50
15	50
20	41
19	43
14	57
23	36
16	48
14 x	52 x
11	61
16 x	50 x
–	–
21	40
–	–
23	36
21	40
17	47
22	38
15	53
20	42
15	50
–	–
23	35
24	35
–	–

	Anteil der Bevölkerung mit weniger als 1,90 US-$ pro Tag in %	Anteil der Kinder unter 17 J., die in Haushalten unter der Armutsschwelle leben, in %ᵐ	Staatliche Entwicklungshilfe in Mio. US-$	Staatliche Entwicklungshilfe in % des BNE des Empfängerlandes
	2010–2014*	2010–2016*	2015	
Spanien	–	–	–	–
Sri Lanka	2	–	427	1
St. Kitts und Nevis	–	31 x	–	–
St. Lucia	36 x	37 x	13	1
St. Vincent u. d. Grenadinen	–	38 x	13	2
Südafrika	17	56	1 421	0
Sudan	15 x	–	900	1
Südsudan	43 x	–	1 675	21
Suriname	23 x	–	15	0
Swasiland	42 x	–	93	2
Syrien	–	–	4 882	–
Tadschikistan	20	–	426	5
Tansania	47	29	2 580	6
Thailand	0	–	59	0
Timor-Leste	47 x	48	212	8
Togo	54	–	200	5
Tokelau (NZ)	–	–	–	–
Tonga	1 x	–	68	16
Trinidad und Tobago	3 x	–	–	–
Tschad	38	–	607	6
Tschechische Republik	0	–	–	–
Tunesien	2	–	475	1
Türkei	0	33	2 145	0
Turkmenistan	42 x	–	24	0
Turks- und Caicosinseln (GB)	–	26	–	–
Tuvalu	3	–	50	89
Uganda	35	22	1 628	6
Ukraine	0	–	1 458	2
Ungarn	0	–	–	–
Uruguay	0	–	19	0
Usbekistan	67 x	13	448	1
Vanuatu	15	–	187	–
Vatikanstadt	–	–	–	–
Venezuela	9 x	–	37	–
Ver. Arabische Emirate	–	–	–	–
Ver. Staaten von Amerika	–	–	–	–
Vietnam	3	–	3 157	2
Weißrussland	0	9	105	0
Zentralafrikanische Republik	66 x	–	487	31
Zypern	–	–	–	–

Tabelle 13: Ökonomische Indikatoren

Anteil am gesamten Haushaltseinkommen in % (2009–2013*)	
Ärmste 40 %	Reichste 20 %
18	42
18	47
–	–
15 x	48 x
–	–
7	69
19	42
13	51
– x	– x
12	57
–	–
22	40
19	46
18	45
22 x	41 x
14	52
–	–
18	45
–	–
15	49
24	36
18	43
16	47
16 x	48 x
–	–
16	48
17	48
25	35
21	39
15	48
19 x	43 x
18	44
–	–
12 x	51 x
–	–
15	46
17	46
24	36
10 x	61 x
20	43

	Anteil der Bevölkerung mit weniger als 1,90 US-$ pro Tag in %	Anteil der Kinder unter 17 J., die in Haushalten unter der Armutsschwelle leben, in %[m]	Staatliche Entwicklungshilfe in Mio. US-$	Staatliche Entwicklungshilfe in % des BNE des Empfängerlandes
	2010–2014*	2010–2016*	2015	
Weltregionen				
Afrika südlich der Sahara	45	–	40 194	3
Östliches und südliches Afrika	40	–	22 915	3
West- und Zentralafrika	–	–	17 279	2
Europa und Zentralasien	–	–	7 950	1
Osteuropa und Zentralasien	1	–	7 950	1
Westeuropa	–	–	–	–
Lateinamerika und Karibik	5	–	7 896	0
Naher Osten und Nordafrika	–	–	17 585	1
Nordamerika	–	–	–	–
Ostasien und Pazifik	3	–	7 781	0
Südasien	19	–	15 530	1
Am wenigsten entwickelte Länder	40	–	42 980	5
Welt	13	–	96 936	0

Definitionen der Weltregionen s. Seite 265 ff.
* Werte beziehen sich auf die neuesten verfügbaren Daten aus dem genannten Zeitraum.
m Aufgrund unterschiedlicher nationaler Vorgehensweisen bei der Berechnung dieses Indikators stellen diese Zahlen keine verlässlichen Daten auf regionaler und globaler Ebene dar.

Tabelle 13: Ökonomische Indikatoren

Anteil am gesamten Haushaltseinkommen in % (2009–2013*)	
Ärmste 40 %	Reichste 20 %
16	49
16	50
16	48
20	42
19	44
20	40
12	55
–	–
16	46
16	48
20	43
18	45
17	46

Definitionen s. Seite 268 ff., Hauptquellen s. Seite 279 ff.

x Daten beziehen sich auf andere Jahre oder Zeiträume. Diese Werte werden nicht bei der Berechnung der regionalen und globalen Werte berücksichtigt.

y Daten weichen von der Standarddefinition ab oder beziehen sich nur auf einen Teil des Landes. Diese Werte werden bei der Berechnung der regionalen und globalen Werte berücksichtigt, sofern sie in den angegebenen Referenzzeitraum fallen.

– keine Daten verfügbar

Definitionen

Definitionen der Weltregionen

Die unter den Weltregionen in Tabelle 1–13 angegebenen Daten wurden entsprechend der folgenden Einordnungen ermittelt.

Einordnung nach Regionen

Afrika südlich der Sahara	Östliches und südliches Afrika	West- und Zentralafrika		
Östliches und südliches Afrika	Angola	Komoren	Ruanda	Südsudan
	Äthiopien	Lesotho	Sambia	Swasiland
	Botsuana	Madagaskar	Seychellen	Tansania
	Burundi	Malawi	Simbabwe	Uganda
	Dschibuti	Mauritius	Somalia	
	Eritrea	Mosambik	Südafrika	
	Kenia	Namibia	Sudan	
West- und Zentralafrika	Äquatorialguinea	Guinea	Liberia	Senegal
	Benin	Guinea-Bissau	Mali	Sierra Leone
	Burkina Faso	Kamerun	Mauretanien	Togo
	Elfenbeinküste	Kap Verde	Niger	Tschad
	Gabun	Kongo, Dem. Republik	Nigeria	Zentralafrikanische Republik
	Gambia	Kongo, Rep.	São Tomé und Príncipe	
	Ghana			
Europa und Zentralasien	Osteuropa und Zentralasien	Westeuropa		
Osteuropa und Zentralasien	Albanien	Georgien	Montenegro	Türkei
	Armenien	Kasachstan	Rumänien	Turkmenistan
	Aserbaidschan	Kirgisistan	Russische Föderation	Ukraine
	Bosnien und Herzegowina	Kroatien	Serbien	Usbekistan
	Bulgarien	Mazedonien	Tadschikistan	Weißrussland
		Moldau		
Westeuropa	Andorra	Irland	Niederlande	Slowenien
	Belgien	Island	Norwegen	Spanien
	Dänemark	Italien	Österreich	Tschechische Rep.
	Deutschland	Lettland	Polen	Ungarn
	Estland	Liechtenstein	Portugal	Vatikanstadt
	Finnland	Litauen	San Marino	Zypern
	Frankreich	Luxemburg	Schweden	
	Griechenland	Malta	Schweiz	
	Großbritannien	Monaco	Slowakei	

Definitionen der Weltregionen

Lateinamerika und Karibik	Anguilla (GB)	Chile	Jamaika	St. Lucia
	Antigua und Barbuda	Costa Rica	Kolumbien	St. Vincent u. d. Grenadinen
		Dominica	Kuba	
	Argentinien	Dominikan. Rep.	Mexiko	Suriname
	Bahamas		Montserrat (GB)	Trinidad und Tobago
	Barbados	Ecuador		
	Belize	El Salvador	Nicaragua	Turks- und Caicosinseln (GB)
	Bolivien	Grenada	Panama	
	Brasilien	Guatemala	Paraguay	
	Britische Jungferninseln (GB)	Guyana	Peru	Uruguay
		Haiti	St. Kitts u. Nevis	Venezuela
		Honduras		
Naher Osten und Nordafrika	Ägypten	Israel	Libanon	Saudi-Arabien
	Algerien	Jemen	Libyen	Syrien
	Bahrain	Jordanien	Marokko	Tunesien
	Irak	Katar	Oman	Ver. Arabische Emirate
	Iran	Kuwait	Palästina	
Nordamerika	Kanada	Ver. Staaten von Amerika		
Ostasien und Pazifik	Australien	Korea, Dem. Volksrep.	Nauru	Thailand
	Brunei Darussalam		Neuseeland	Timor-Leste
	China	Korea, Rep.	Niue (NZ)	Tokelau (NZ)
	Cookinseln (NZ)	Laos	Palau	Tonga
	Fidschi	Malaysia	Papua-Neuguinea	Tuvalu
	Indonesien	Marshallinseln	Philippinen	Vanuatu
	Japan	Mikronesien	Salomonen	Vietnam
	Kambodscha	Mongolei	Samoa	
	Kiribati	Myanmar	Singapur	
Südasien	Afghanistan	Bhutan	Malediven	Pakistan
	Bangladesch	Indien	Nepal	Sri Lanka

Definitionen der Weltregionen 267

Einordnung nach Entwicklungsstand

Am	Afghanistan	Haiti	Mauretanien	Sudan
wenigsten	Angola	Jemen	Mosambik	Südsudan
entwickelte	Äthiopien	Kambodscha	Myanmar	Tansania
Länder[1]	Bangladesch	Kiribati	Nepal	Timor-Leste
	Benin	Komoren	Niger	Togo
	Bhutan	Kongo, Dem.	Ruanda	Tschad
	Burkina Faso	Republik	Salomonen	Tuvalu
	Burundi	Laos	Sambia	Uganda
	Dschibuti	Lesotho	São Tomé u.	Vanuatu
	Eritrea	Liberia	Príncipe	Zentralafrikanische
	Gambia	Madagaskar	Senegal	Republik
	Guinea	Malawi	Sierra Leone	
	Guinea-Bissau	Mali	Somalia	

1 Die Einteilung erfolgte durch das Büro des Hohen Beauftragten für die am wenigsten entwickelten Länder, Binnenentwicklungsländer und kleinen Inselentwicklungsländer (UN-OHRLLS).

Definitionen

Alphabetisierungsrate von Erwachsenen
Prozentualer Anteil der Personen über 15 Jahren, die lesen und schreiben können.

Alphabetisierungsrate von Jugendlichen
Prozentualer Anteil der Jugendlichen zwischen 15 und 24 Jahren, die lesen und schreiben können.

Anteil der Bevölkerung, der weniger als 1,90 US-$ pro Tag zur Verfügung hat
Einkommensgrenze (absolute Armutsgrenze), unterhalb derer eine Mindestversorgung mit lebensnotwendigen Nahrungsmitteln sowie mit den notwendigen Dingen des täglichen Bedarfs nicht mehr gewährleistet ist. Basis ist weniger als 1,90 US-$ pro Tag in internationalen Preisen von 2011.

Auszehrung
Moderate und starke bzw. starke Auszehrung bei Kindern im Alter zwischen 0 und 59 Monaten – unterhalb von zwei bzw. drei Standardabweichungen unter dem mittleren, der jeweiligen Körpergröße entsprechenden Gewicht der erfassten Bevölkerungsgruppe.

BCG
Prozentualer Anteil der Kinder, die zum Schutz vor Tuberkulose den Impfstoff Bacille Calmette-Guérin erhielten.

DTP1/3
Prozentualer Anteil der Kinder, die ein- bzw. dreimal gegen Diphtherie, Pertussis (Keuchhusten) und Tetanus geimpft wurden.

Durchfallerkrankungen, Behandlung von (ORT-Anwendung)
Prozentualer Anteil aller Fälle von Durchfallerkrankungen von Kindern unter 5 Jahren, die in den letzten zwei Wochen vor der Erhebung mit Salzlösungen für die orale Rehydratationstherapie (ORT) in Verbindung mit fortgesetzter Nahrungsaufnahme behandelt wurden.

Einschulungsrate (Werte bereinigt)
Zahl der eingeschulten Kinder, die zu der Altersgruppe gehören, die dem amtlichen Einschulungsalter für Grund- bzw. weiterführende Schulen entspricht, geteilt durch die Gesamtzahl dieser Altersgruppe.

Einschulungsrate (Werte unbereinigt)
Zahl der Kinder, die eine Vorschule, Grundschule oder weiterführende Schule besuchen, unabhängig davon, ob sie der entsprechenden Altersgruppe angehören, geteilt durch die Gesamtzahl der Altersgruppe,

die dem amtlichen Alter der jeweiligen Schulstufe entspricht.

Familienplanung mit modernen Methoden
Prozentualer Anteil der Frauen zwischen 15 und 49 Jahren, die auf moderne Methoden bei der Empfängnisverhütung zurückgreifen.

Familienstand
Darstellung einer Momentaufnahme über den aktuellen Familienstand von Mädchen und Jungen in der Altersgruppe 15–19 Jahre. Festzuhalten ist jedoch, dass für sie nach wie vor das Risiko besteht, noch vor dem Erwachsenenalter verheiratet zu werden.

Fruchtbarkeitsrate
Gesamtzahl der Kinder, die von einer Frau zur Welt gebracht werden unter der Annahme, dass sie bis zum Ende des gebärfähigen Alters lebt und in jeder Altersstufe so viele Kinder bekommt, wie es der jeweils altersspezifischen Fruchtbarkeitsrate der Bevölkerung entspricht.

Geburten in Geburtskliniken oder -häusern
Prozentualer Anteil der Frauen zwischen 15 und 49 Jahren, die ihr Baby in einer Geburtsklinik oder einem Geburtshaus zur Welt gebracht haben.

Geburten mit ausgebildeten Geburtshelfern/-innen
Prozentualer Anteil der Geburten im Beisein von Ärzten, Hebammen, Krankenschwestern oder qualifizierten Geburtshelfern/-innen.

Geburten mit Kaiserschnitt
Prozentualer Anteil der Geburten mit Kaiserschnitt. Bei einem angemessenen Standard der Geburtshilfe wäre ein Anteil der Kaiserschnittgeburten zwischen 5 und 15 Prozent zu erwarten.

Geburtenrate (Werte unbereinigt)
Jährliche Anzahl von Geburten pro 1000 Einwohner.

Geburtenrate von Mädchen
Anzahl der Geburten pro 1000 Mädchen zwischen 15 und 19 Jahren.

Geburtenregistrierung
Prozentualer Anteil der Kinder unter 5 Jahren, die zum Zeitpunkt der Erhebung in ein Geburtenregister eingetragen waren: Vorlage der Geburtsurkunde oder nach Aussage der Mutter oder einer anderen Pflegeperson.

Gesundheitscheck nach der Geburt (Neugeborene und Mütter)
Prozentualer Anteil der Neugeborenen und Mütter (15–49 Jahre), die in den letzten zwei Jahren innerhalb von zwei Tagen nach der Geburt umfassend untersucht wurden.

Haushaltseinkommen, Anteil am gesamten
Anteil am Gesamteinkommen der Haushalte, den die reichsten 20 Prozent bzw. die ärmsten 40 Prozent erzielen.

Häusliche Gewalt, Akzeptanz von
Prozentualer Anteil der Mädchen und Frauen zwischen 15 und 49 Jahren (s. Tabelle 8: Kinderschutz) bzw. der Heranwachsenden zwischen 15 und 19 Jahren (s. Tabelle 9: Heranwachsende und junge Erwachsene), die die Anwendung von Gewalt durch ihren bzw. einen Ehemann als gerechtfertigt ansehen. Als Gründe, die Gewalt rechtfertigen, wurden genannt: das Anbrennen von Essen, Streit mit dem Partner, Verlassen des Hauses ohne sein Wissen, Vernachlässigung der Kinder oder Verweigerung von Sexualverkehr.

HepB3 (Hepatitis B)
Prozentualer Anteil der Kinder, die dreimal gegen Hepatitis B geimpft wurden.

Hib3 (Haemophilus influenzae)
Prozentualer Anteil der Kinder, die dreimal mit dem Typ B-Vakzin gegen Haemophilus influenzae geimpft wurden.

HIV/Aids
Aids-bedingte Todesfälle
Geschätzte Zahl aller Altersgruppen, der Kinder unter 15 Jahren sowie der 10–19-Jährigen, die 2016 mit HIV infiziert waren.

HIV-Infektionen pro 1000 Nichtinfizierte
Geschätzte Zahl aller Altersgruppen, der Kinder unter 5 Jahren sowie der 15–19-Jährigen, die sich 2016 mit HIV infiziert haben.

HIV-Infizierte insgesamt
Geschätzte Zahl aller Altersgruppen, der Kinder unter 15 Jahren sowie der 10–19-Jährigen, die 2016 mit HIV infiziert waren.

HIV-Infizierte, die eine antiretrovirale Therapie (ART) erhalten
Geschätzter prozentualer Anteil aller Altersgruppen, der Kinder unter 15 Jahren sowie der 10–19-Jährigen, denen 2016 Medikamente zur antiretroviralen Therapie verabreicht wurden.

HIV-Tests
Prozentualer Anteil der 15–19-Jährigen, die in den vergangenen zwölf Monaten einen HIV-Test gemacht und das Ergebnis des jüngsten Tests erhalten haben.

Neuinfektionen
Geschätzte Zahl aller Altersgruppen, der Kinder unter 5 Jahren sowie der 15–19-Jährigen, die sich 2016 mit HIV infiziert haben.

Umfassendes Wissen über HIV
Prozentualer Anteil von jungen Frauen zwischen 15 und 24 Jahren (s. Tabelle 10: Unterschiede nach Wohnort – Stadt/Land, Tabelle 11: Unterschiede nach Haushaltsvermögen) bzw. jungen Männern und Frauen zwischen 15 und 19 Jahren (s. Tabelle 9: Heranwachsende und junge Erwachsene), die über die zwei wichtigsten Schutzmaßnah-

men vor sexueller Übertragung von HIV (Anwendung von Kondomen und Beschränkung auf einen vertrauenswürdigen und nicht infizierten Sexualpartner) Bescheid wissen und denen bekannt ist, dass auch eine gesund aussehende Person HIV-infiziert sein kann.

Verabreichung von Medikamenten an HIV-infizierte Schwangere
Geschätzter prozentualer Anteil der HIV-infizierten Schwangeren, die 2016 antiretrovirale Medikamente erhielten, um eine Übertragung des HI-Virus von Mutter zu Kind zu verhindern (einmalige Gabe von Nevirapin ausgeschlossen).

Verwendung von Kondomen bei wechselnden Sexualpartnern
Prozentualer Anteil der 15–19-Jährigen, die in den vergangenen zwölf Monaten mehr als einen Sexualpartner hatten und beim letzten Geschlechtsverkehr ein Kondom benutzt haben.

Internetzugang
Die geschätzte Zahl von Internetnutzern der Bevölkerung in den vergangenen zwölf Monaten.

Kinder im Grundschulalter, die keine Schule besuchen
Prozentualer Anteil sowie absolute Zahl der Kinder im Grundschulalter, die weder eine Grundschule noch eine weiterführende Schule besuchen. Der Besuch einer Vorschule gilt nicht als Schulbesuch.

Kinderarbeit
Prozentualer Anteil der Kinder zwischen 5 und 17 Jahren, die zum Zeitpunkt der Erhebung gearbeitet haben. Darunter fallen a) Kinder im Alter zwischen 5 und 11 Jahren, die in der Referenzwoche mindestens 1 Stunde wirtschaftliche Aktivitäten ausgeübt oder mindestens 28 Stunden Hausarbeit verrichtet haben, b) Kinder im Alter zwischen 12 und 14 Jahren, die in der Referenzwoche mindestens 14 Stunden wirtschaftliche Aktivitäten ausgeübt oder mindestens 28 Stunden Hausarbeit verrichtet haben, c) Heranwachsende im Alter zwischen 15 und 17 Jahren, die in der Referenzwoche mindestens 43 Stunden wirtschaftliche Aktivitäten ausgeübt oder Hausarbeit verrichtet haben, und d) Kinder und Heranwachsende im Alter zwischen 5 und 17 Jahren, die unter gefährlichen oder ausbeuterischen Bedingungen arbeiten müssen.

Kinderehen
Prozentualer Anteil der Frauen zwischen 20 und 24 Jahren, die vor dem 15. bzw. 18. Lebensjahr verheiratet waren oder in einer eheähnlichen Beziehung lebten.

Kinder ohne angemessene Aufsicht
Prozentsatz von Kindern im Alter zwischen 0 und 59 Monaten, die mindestens einmal in der vergangenen Woche allein zu Hause gelassen wurden oder für mehr als 1 Stunde

in der Obhut eines Kindes waren, das jünger als 10 Jahre ist.

Lebenserwartung bei der Geburt
Anzahl der Jahre, die ein Neugeborenes zu leben hat, wenn es dem Sterblichkeitsrisiko ausgesetzt ist, das zum Zeitpunkt der Geburt für den Durchschnitt der Bevölkerung gilt.

Lernmaterialien zu Hause: Kinderbücher
Prozentsatz von Kindern im Alter zwischen 0 und 59 Monaten, die drei oder mehr Kinderbücher zu Hause haben.

Lernmaterialien zu Hause: Spielsachen
Prozentsatz von Kindern im Alter zwischen 0 und 59 Monaten, die zwei oder mehr der folgenden Spielsachen zu Hause haben: Haushaltsgegenstände oder draußen gefundene Objekte (Stöcke, Steine, Tiere, Muscheln, Blätter etc.), selbstgemachte oder gekaufte Spielsachen.

Lernunterstützung durch Erwachsene
Prozentsatz von Kindern im Alter zwischen 36 und 59 Monaten, die in den vergangenen drei Tagen von einem Erwachsenen mit vier oder mehr der folgenden Aktivitäten zur Lernförderung und Vorbereitung auf die Schule unterstützt wurden: a) Vorlesen von Büchern, b) Geschichtenerzählen, c) Vorsingen von Liedern, d) Mitnahme des Kindes nach draußen, e) Spielen mit dem Kind und f) Rechnen, Malen und Dinge benennen.

Lernunterstützung durch den Vater
Prozentsatz von Kindern im Alter zwischen 36 und 59 Monaten, die in den vergangenen drei Tagen von ihrem Vater mit vier oder mehr der folgenden Aktivitäten zur Lernförderung und Vorbereitung auf die Schule unterstützt wurden: a) Vorlesen von Büchern, b) Geschichtenerzählen, c) Vorsingen von Liedern, d) Mitnahme des Kindes nach draußen, e) Spielen mit dem Kind und f) Rechnen, Malen und Dinge benennen.

Lungenentzündung, Verdacht auf
Prozentualer Anteil der Kinder unter 5 Jahren, bei denen in den vergangenen zwei Wochen Verdacht auf Lungenentzündung bestand, sowie der Kinder mit Fieber, die eine angemessene ärztliche Behandlung erhielten.

Malaria
Prozentualer Anteil der Kinder unter 5 Jahren, die bei Fieber in einer Gesundheitsstation oder von einem Arzt Medikamente erhalten. Bei der Datenberechnung werden freie Verkäufe in Geschäften und Läden sowie traditionelle Heiler nicht berücksichtigt.

Massenmedien, Nutzung von
Prozentualer Anteil der Heranwachsenden zwischen 15 und 19 Jahren, die mindestens einmal pro Woche die folgenden Massenmedien nutzen: Zeitungen, Zeitschriften, Fernsehen oder Radio.

MCV1/2
Prozentualer Anteil der Kinder, denen entsprechend der nationalen Impfpläne die erste bzw. zweite Impfgabe gegen Masern verabreicht wurde.

Mobiltelefone
Die Anzahl aktiver Abonnements bei einem öffentlichen Mobilfunkanbieter, einschließlich der Anzahl von Prepaid-Karten, die während der letzten drei Monate aktiv genutzt wurden.

Müttersterblichkeitsrate
Jährliche Anzahl der Todesfälle von Frauen durch schwangerschafts- und geburtsbedingte Ursachen, bezogen auf 100 000 Lebendgeburten im gleichen Zeitraum. Die offiziellen Daten basieren auf nationalen Angaben, die nicht alle Fälle von Müttersterblichkeit oder falsch klassifizierte Todesfälle enthalten und daher ungenau oder unvollständig sind. Höhere Werte (ab 100) wurden gerundet.

Nahrung, ausreichend vielfältige
Prozentualer Anteil der gestillten Kinder zwischen 6 und 23 Monaten, die am Vortag eine Mindestvielfalt an Nahrungsmitteln und eine Mindestzahl an Mahlzeiten erhielten sowie der Anteil der nicht gestillten Kinder im Alter von 6 bis 23 Monaten, die am Vortag mindestens zwei Milchmahlzeiten, eine Mindestvielfalt an Nahrungsmitteln und eine Mindestzahl an Mahlzeiten erhielten.

Neugeborenensterblichkeitsrate
Jährliche Anzahl der Todesfälle von Kindern während der ersten 28 Lebenstage, bezogen auf 1000 Lebendgeburten.

Niedriges Geburtsgewicht
Prozentsatz der Säuglinge, die bei der Geburt weniger als 2500 Gramm wiegen.

PCV3
Prozentualer Anteil der Kinder, die dreimal gegen Pneumokokken geimpft wurden.

Polio3
Prozentualer Anteil der Kinder, die dreimal gegen Poliomyelitis geimpft wurden.

Rota
Prozentualer Anteil der Kinder, denen die letzte Impfgabe gegen Rotaviren verabreicht wurde.

Sanitäreinrichtungen
Prozentualer Anteil der Bevölkerung, die die folgenden verbesserten Sanitäranlagen nutzt: Einrichtungen mit Kanalisation, Klärgruben, Latri-

nenspülklosett, Grubenlatrinen mit verbesserter Belüftung, Grubenlatrinen mit Deckel, Komposttoiletten.

Säuglingssterblichkeitsrate (SSR)
Jährliche Anzahl der Todesfälle von Kindern unter 1 Jahr, bezogen auf 1000 Lebendgeburten. Dieser Wert gibt das Sterblichkeitsrisiko zwischen der Geburt und dem ersten Geburtstag eines Kindes an.

Schulbesuchsrate (Werte bereinigt)
Prozentualer Anteil der Kinder der Altersgruppe, die dem amtlichen Schulalter entsprechen und die Grundschule bzw. weiterführende Schule (Sekundarstufe 1) tatsächlich besuchen.

Schwangerschaftsvorsorge
Anteil der Frauen zwischen 15 und 49 Jahren, die mindestens einmal bzw. viermal während der Schwangerschaft von geschultem Personal (Ärzte, Krankenschwestern, Hebammen) untersucht worden sind.

Städtische Bevölkerung
Prozentualer Anteil der Bevölkerung, die in städtischen Gebieten wohnt, gemäß der letzten nationalen Volkszählung.

Sterberate (Werte unbereinigt)
Jährliche Anzahl der Todesfälle pro 1000 Einwohner.

Sterblichkeitsrate von Kindern unter 5 Jahren (SRUJ5)
Jährliche Anzahl der Todesfälle von Kindern unter 5 Jahren, bezogen auf 1000 Lebendgeburten.

Todesfallrisiko von Müttern
Das kumulierte Risiko für die gesamte Zeit, in der Frauen gebärfähig sind. Höhere Werte (ab 100) wurden gerundet.

Trinkwasser
Prozentualer Anteil der Bevölkerung, die innerhalb von 30 Minuten eine der folgenden Trinkwassereinrichtungen nutzen kann: Wasserleitungen, Wasserstellen, gebohrte oder gegrabene Brunnen, Regenwasser, geschützte Wasserquellen, abgefülltes Wasser.

Übergewicht
Moderates und starkes Übergewicht bei Kindern im Alter zwischen 0 und 59 Monaten – mehr als zwei Standardabweichungen über dem mittleren, der jeweiligen Körpergröße entsprechenden Gewicht der erfassten Bevölkerungsgruppe.

Unterentwicklung
Moderate und starke ernährungsbedingte Unterentwicklung bei Kindern im Alter zwischen 0 und 59 Monaten – unterhalb von zwei Standardabweichungen unter der mittleren, dem jeweiligen Alter entsprechenden Körpergröße der erfassten Bevölkerungsgruppe.

**Weibliche Genital-
verstümmelung/-beschneidung
Verbreitung Frauen:** Prozentsatz der Frauen im Alter zwischen 15 und 49 Jahren, die selbst beschnitten worden sind.

Verbreitung Mädchen: Prozentsatz der Mädchen zwischen 0 und 14 Jahren, die laut Aussage ihrer Mütter beschnitten wurden.

Einstellung befürwortend: Prozentsatz der Frauen im Alter zwischen 15 und 49 Jahren die glauben, dass die Praxis der weiblichen Genitalverstümmelung/-beschneidung fortgeführt werden sollte.

Hauptquellen

Alphabetisierungsrate von Erwachsenen und Jugendlichen
UNESCO Institute for Statistics (UIS)

Auszehrung
Demographic and Health Surveys (DHS), Multiple Indicator Cluster Surveys (MICS), nationale Erhebungen, UNICEF, Weltgesundheitsorganisation (WHO)

Bestrafung von Kindern, gewaltsame
DHS, MICS, nationale Erhebungen

Bevölkerung, Anteil, der weniger als 1,90 US-$ pro Tag zur Verfügung hat
Weltbank

Bevölkerung (gesamt und Heranwachsende)
United Nations Population Division (UNPOP)

Durchfallerkrankungen, Behandlung von (ORT-Anwendung)
DHS, MICS, nationale Erhebungen

Familienplanung mit modernen Methoden
DHS, MICS, andere nationalen Erhebungen und Gesundheitsinformationssysteme

Familienstand
DHS, MICS und andere nationale Erhebungen

Fruchtbarkeitsrate
UNPOP

Geburten
Geburt, Alter bei erster
DHS, MICS und andere nationale Erhebungen
Geburten in Geburtskliniken und -häusern
DHS, MICS und andere nationale repräsentative Quellen
Geburten mit ausgebildeten Geburtshelfern/-innen
SBA-Datenbank von UNICEF und WHO (Stand: November 2017), basierend auf DHS, MICS und anderen nationalen repräsentativen Quellen
Geburten mit Kaiserschnitt
DHS, MICS und andere nationale repräsentative Quellen
Geburtenrate (Werte unbereinigt)
UNPOP
Geburtenregistrierung
DHS, MICS, nationale Erhebungen, Sterberegister

Geburtsgewicht, niedriges
DHS, MICS, nationale Erhebungen, UNICEF, WHO

Gesundheitscheck nach der Geburt (Neugeborene und Mütter)
DHS, MICS (in Geburtskliniken, zu Hause)

Haushalte, die jodiertes Salz verwenden
DHS, MICS, nationale Erhebungen, schulbasierte Erhebungen, UNICEF

Haushalte, in denen Kinder unter der Armutsschwelle leben
Nationale repräsentative Quellen und Erhebungen, Eurostat

Haushaltseinkommen, Anteil am gesamten
Weltbank

Häusliche Gewalt, Akzeptanz von
DHS, MICS, nationale Erhebungen

HIV/Aids
Aids-bedingte Todesfälle
Joint United Nations Programme on HIV/AIDS (UNAIDS), Schätzungen aus 2016 basieren auf Datenmodellierungen, Juli 2017
HIV-Infektionen pro 1000 Nichtinfizierte
UNAIDS, Schätzungen aus 2016 basieren auf Datenmodellierungen, Juli 2017
HIV-Infizierte insgesamt
UNAIDS, Schätzungen aus 2016 basieren auf Datenmodellierungen, Juli 2017
HIV-Infizierte, die eine antiretrovirale Therapie (ART) erhalten
UNAIDS, Schätzungen aus 2016 basieren auf Datenmodellierungen, Juli 2017

HIV-Tests bei 15–19-Jährigen
AIDS Indicator Surveys (AIS), DHS, MICS und andere nationale Erhebungen
Neuinfektionen
UNAIDS, Schätzungen aus 2016 basieren auf Datenmodellierungen, Juli 2017
Umfassendes Wissen über HIV
AIS, DHS, MICS und andere nationalen Erhebungen; DHS STATcompiler (www.statcompiler.com)
Verabreichung von Medikamenten an HIV-infizierte Schwangere
UNAIDS, Schätzungen aus 2016 basieren auf Datenmodellierungen, Juli 2017
Verwendung von Kondomen bei wechselnden Sexualpartnern
AIS, DHS, MICS und andere nationale Erhebungen

Impfschutz
UNICEF, WHO

Kinderarbeit
DHS, MICS, nationale Erhebungen

Kinderehen
DHS, MICS, nationale Erhebungen

Lebenserwartung (bei der Geburt)
UNPOP

Lungenentzündung, Verdacht auf
DHS, MICS, nationale Erhebungen

Hauptquellen 281

Malaria
DHS, MICS, Malaria Indicator Surveys (MIS), nationale Erhebungen

Massenmedien, Nutzung von
DHS, MICS, nationale Erhebungen

Mobiltelefon- und Internetnutzer
International Telecommunications Union, Genf

Schulbildung und Betreuung
Abschluss der Grundschule bis zur letzten Klasse
DHS, MICS, UIS, nationale Erhebungen
Besuch der Grundschule und weiterführender Schulen (Sekundarstufe 1) (Werte bereinigt)
DHS, MICS, nationale Erhebungen
Einschulungsrate für Grundschulen und weiterführende Schulen (Sek. 1) (bereinigt)
UIS
Einschulungsrate für Vorschulen, Grundschulen, weiterführende Schulen (unbereinigt)
UIS
Frühkindliche Bildung, Zugang zu
DHS, MICS, nationale Erhebungen
Kinder im Grundschulalter, die keine Schule besuchen
UIS

Kinder ohne angemessene Aufsicht
DHS, MICS, nationale Erhebungen
Lernmaterialien zu Hause: Kinderbücher, Spielsachen
DHS, MICS, nationale Erhebungen
Lernunterstützung durch Erwachsene
DHS, MICS, nationale Erhebungen
Lernunterstützung durch den Vater
DHS, MICS, nationale Erhebungen
Schulbesuchsrate von Grundschulen und weiterführenden Schulen (Sek. 1)
DHS, MICS, nationale Erhebungen

Schwangerschaftsvorsorge
DHS, MICS und andere repräsentative nationale Quellen

Staatliche Entwicklungshilfe
Organisation für wirtschaftliche Zusammenarbeit und Entwicklung (OECD)

Sterblichkeitsraten
Müttersterblichkeitsrate (bereinigt)
UN Maternal Mortality Estimation Inter-agency Group (UNFPA, UNICEF, UNPOP, Weltbank, WHO)

Müttersterblichkeitsrate (offizielle Angaben)
Nationale repräsentative Quellen, einschließlich Haushaltsbefragungen und Sterberegister

Neugeborenensterblichkeitsrate
UN Inter-agency group for Child Mortality Estimation (UNICEF, UNPOP, Weltbank, WHO)

Säuglingssterblichkeitsrate (SSR)
UN Inter-agency group for Child Mortality Estimation (UNICEF, UNPOP, Weltbank, WHO)

Sterberate (Werte unbereinigt)
UNPOP

Sterblichkeitsrate von Kindern unter 5 Jahren (SRUJ5)
UN Inter-agency group for Child Mortality Estimation (UNICEF, UNPOP, Weltbank, WHO)

Todesfallrisiko von Müttern
UN Maternal Mortality Estimation Inter-agency Group (UNFPA, UNICEF, UNPOP, Weltbank, WHO)

Stillen (und Fütterung)
DHS, MICS, nationale Erhebungen, UNICEF

Trinkwasser und Sanitäreinrichtungen, Zugang zu
UNICEF/WHO Joint Monitoring Programme for Water Supply, Sanitation and Hygiene (JMP)

Übergewicht
DHS, MICS, nationale Erhebungen, UNICEF, WHO

Unterentwicklung
DHS, MICS, nationale Erhebungen, UNICEF, WHO

Vitamin A
UNICEF

Weibliche Genitalverstümmelung/ -beschneidung
DHS, MICS, nationale Erhebungen

UNICEF weltweit

UNICEF-Zentrale
UNICEF House
3 United Nations Plaza
New York, NY 10017, USA
www.unicef.org

UNICEF Regionalbüro für
Europa und Zentralasien
Palais des Nations
CH-1211 Genf 10, Schweiz

UNICEF Regionalbüro für das
östliche und südliche Afrika
P.O. Box 44145
Nairobi, Kenia 00100

UNICEF Regionalbüro für
West- und Zentralafrika
P.O. Box 29720 Yoff
Dakar, Senegal

UNICEF Regionalbüro für
Lateinamerika und die Karibik
Apartado postal 0843-03045
Panama City, Panama

UNICEF Regionalbüro für
Ostasien und Pazifik
P.O. Box 2-154
Bangkok 10200, Thailand

UNICEF Regionalbüro für den
Nahen Osten und Nordafrika
P.O. Box 1551
Amman 11821, Jordanien

UNICEF Regionalbüro für
Südasien
P.O. Box 5815, Lekhnath Marg
Kathmandu, Nepal

In Deutschland, der Schweiz und Österreich geben weitere Auskünfte über die Arbeit von UNICEF:

Deutsches Komitee für UNICEF
Höninger Weg 104
D-50969 Köln
Tel.: 0221-93650-0
E-Mail: mail@unicef.de
www.unicef.de

Schweizerisches Komitee für UNICEF
Pfingstweidstr. 10
CH-8005 Zürich
Tel.: 0041-(0)44-3172266
E-Mail: info@unicef.ch
www.unicef.ch

Österreichisches Komitee für UNICEF
Mariahilfer Str. 176/10
A-1150 Wien
Tel.: 0043-(0)1-8790000
E-Mail: service@unicef.at
www.unicef.at

Schule ist Hoffnung auf ein besseres Leben!

Helfen Sie mit, dass Kinder auch in Krisengebieten und auf der Flucht zur Schule gehen und an eine Zukunft glauben können.

Kindheit braucht Frieden – jetzt spenden: **unicef.de/kindheit**